MARIA RAQUEL FREIRE

A Rússia de Putin:

Vectores Estruturantes de Política Externa

Coordenação:
JOSÉ MANUEL PUREZA
BOAVENTURA DE SOUSA SANTOS

A RÚSSIA DE PUTIN:
VECTORES ESTRUTURANTES
DE POLÍTICA EXTERNA

AUTOR
MARIA RAQUEL FREIRE

COORDENADORES
JOSÉ MANUEL PUREZA
BOAVENTURA DE SOUSA SANTOS

EDITOR
EDIÇÕES ALMEDINA, S.A.
Rua Fernandes Tomás, nºs 76, 78, 80
3000-167 Coimbra
Tel.: 239 851 904 · Fax: 239 851 901
www.almedina.net · editora@almedina.net

DESIGN DE CAPA
FBA

PRÉ-IMPRESSÃO | IMPRESSÃO | ACABAMENTO
G.C. GRÁFICA DE COIMBRA, LDA.
Palheira – Assafarge
3001-453 Coimbra
producao@graficadecoimbra.pt ·

Dezembro, 2011

DEPÓSITO LEGAL
338334/12

Os dados e as opiniões inseridos na presente publicação
são da exclusiva responsabilidade do(s) seu(s) autor(es).

Toda a reprodução desta obra, por fotocópia ou outro qualquer
processo, sem prévia autorização escrita do Editor, é ilícita
e passível de procedimento judicial contra o infractor.

Biblioteca Nacional de Portugal – Catalogação na Publicação

FREIRE, Maria Raquel

A Rússia de Putin: vectores estruturantes
de política externa.- (Cosmopolis)
ISBN 978-972-40-4639-6

CDU 327

ÍNDICE

PREFÁCIO – Carlos Gaspar	9
NOTA DE ABERTURA – Richard Sakwa	11
INTRODUÇÃO	27
Organização do volume	33
CAPÍTULO 1. A Rússia de Putin	37
Autoridade vertical, centralização de poder e o novo realismo da política russa	39
A "nova" Rússia: construção identitária pós-soviética	43
A reforma militar: consolidação de autoridade e autoritarismo legitimado	46
Pragmatismo e "realismo assertivo": linhas transversais aos vectores estruturantes da política externa russa	50

PARTE I

A CEI: DEFINIÇÃO DO ESPAÇO PÓS-SOVIÉTICO COMO ÁREA DE INFLUÊNCIA VITAL	59
CAPÍTULO 2. A CEI ocidental: Bielorrússia, Moldova e Ucrânia	65
O triângulo eslavo: crescentemente um triângulo escaleno	66
Ucrânia: integração europeia e relações difíceis com a Rússia	69
Bielorrússia: uma política de isolamento?	74
República da Moldova: uma peça perdida na CEI ocidental?	80
A CEI ocidental entre a Rússia e a UE	87
CAPÍTULO 3. O Cáucaso do Sul: (dis)paridades numa área estratégica	91
Azerbaijão: autonomia e independência face à Rússia	93
Arménia: exclusão regional, opções limitadas, dependência da Rússia	97
Geórgia: curso pró-ocidental e relações difíceis com Moscovo	101
CAPÍTULO 4. Ásia Central: mosaico de desafios e oportunidades	111
O regresso do Eurasianismo às políticas russas	112
Energia: oportunidades e desafios	116
Integração regional? A heterogeneidade a condicionar a rede complexa de relações bilaterais e multilaterais	119
A Rússia na Ásia Central: (des)encontros nas dinâmicas regionais	122
Eurasianismo e supremacia russa na Ásia Central: formulações descoincidentes	130

PARTE II

A DIMENSÃO OCIDENTAL NA POLÍTICA EXTERNA RUSSA: ESTRATÉGIAS EM COMPETIÇÃO 133

CAPÍTULO 5. Rússia-União Europeia: parceria estratégica ou estratégia de parceria? 139
Fundamentos das relações UE-Rússia 140
A nova ordem pós-11 de Setembro 144
A caminho de uma independência contestada: o caso do Kosovo 150
O "realismo assertivo" de Putin nas relações com a UE 152
A questão energética: (in)segurança a leste 155
    A centralidade das relações germano-russas no contexto europeu 157
As relações UE-Rússia no quadro da vizinhança alargada 159
Balanço das relações UE-Rússia na era Putin 161

CAPÍTULO 6. Rússia-Estados Unidos: contextos e dinâmicas na (re)definição de políticas 165
Uma relação assimétrica 168
A Aliança Atlântica: parceria, parcimónia ou parcialidade? 173
Possibilidades e limites nas relações Moscovo-Washington 178
Entre o esfriar da relação e projectos de cooperação – que perspectivas? 182

PARTE III

O VECTOR ORIENTAL NA POLÍTICA EXTERNA RUSSA: PODER E INFLUÊNCIA 185

CAPÍTULO 7. A dimensão oriental na política externa russa: função dupla de complemento e contraponto 191
Relações bilaterais: níveis diferenciados de proximidade num quadro diverso 192
Rússia, China e Índia: triangulação de poder? 197
A "OTAN do Oriente": Organização de Cooperação de Xangai 201

CAPÍTULO 8. A Rússia e o "Grande Médio Oriente" 205
A Rússia no Quarteto: ambivalência, contenção e duplicidade 206
Um quadro securitário complexo: actores e dinâmicas 209
Jogos de influência assimétricos 211
    Síria: para além do isolamento 212
    Irão: o parceiro difícil 213
    Turquia: entre o Leste e o Ocidente 216
Extensão de influência no Grande Médio Oriente? 217

CAPÍTULO 9. Uma política externa multivectorial: gestão de equilíbrios num
contexto de competição internacional 219

PROSPECTIVA 229

BIBLIOGRAFIA 233

PREFÁCIO

O livro de Raquel Freire sobre a política externa da Rússia durante os dois mandatos presidenciais de Vladimir Putin é o primeiro estudo de um investigador português sobre esse tema que é não só um trabalho pertinente, sério e interessante como tem uma qualidade académica de nível internacional. Raquel Freire tem escrito frequentemente sobre a Rússia, a Ucrânia e os problemas do "espaço pós-soviético", revelando uma maturidade analítica rara e indispensável num domínio que continua dominado por divisões profundas na comunidade científica. Nesse sentido, a qualidade do seu livro não é uma surpresa, mas nem por isso deixa de marcar o início de um novo ciclo nos estudos portugueses de relações internacionais, onde uma nova geração de investigadores, bem inserida nas redes académicas internacionais, se revela capaz de tratar todas as principais questões relevantes nesse domínio, desde a teoria das relações internacionais aos estudos mais clássicos da política externa das potências.

Três temas obrigatórios – a definição da identidade da Rússia pós-soviética, a estratégia de Putin e as principais dimensões da política externa russa – estruturam o ensaio de Raquel Freire. No fim da transição aberta por Gorbachev, há vinte e cinco anos, a questão da identidade russa continua em aberto, o que torna a Rússia um caso singular entre as grandes potências. O dilema é óbvio: a Rússia não pode regressar nem à tragédia soviética, nem ao passado imperial, mas não tem outras referências na sua história para definir uma identidade nacional. A decomposição da União Soviética e o fracasso da Comunidade de Estados Independentes – que não é uma comunidade, nem é composta por Estados dignos desse nome, a maior parte dos quais não é independente – mostram os limites do destino imperial da Rússia, mas as elites russas, como o demonstra a sua relutância em admitir a independência da Ucrânia, não estão preparadas para desistir e querem reconstituir a Rússia como uma grande potência. Esse desígnio resume toda a estratégia de Putin e serve para legitimar a consolidação de um regime autoritário. É impossível separar a política externa e a política interna da Rússia. A autocracia czarista, entre as monarquias constitucionais europeias e os despotismos orientais, reproduzia a dualidade da sua política externa. Disraeli dizia que a Rússia era como Janus, o deus grego com duas faces – com a sua face ocidental virada para a Ásia e a face oriental virada para Europa. A continuidade desse padrão foi resumida por Bukharin, quando dizia que a Rússia Soviética existia entre dois mundos – «o mundo capitalista-imperialista do Ocidente e os números colossais da população do Oriente cujas forças revolucionárias estão a crescer: a república soviética balança entre essas duas forças enormes que em certa medida se contrabalançam reciprocamente».

Raquel Freire ordena a sua análise da política externa de Putin nesse registo clássico, separando as relações com o Ocidente e as relações com o Oriente e acrescentando um terceiro capítulo para tratar uma dimensão específica: no pós-Guerra Fria, a prioridade das relações externas da Rússia são as relações com as outras antigas repúblicas soviéticas, que eram relações internas no tempo da União Soviética. Esse capítulo, que analisa separadamente as três marcas do velho império na Europa, no Cáucaso e na Ásia Central, mostra como a diplomacia russa se concentra no "espaço pós-soviético" e revela uma notável continuidade entre as estratégias de Boris Yeltsin e de Vladimir Putin. De certa maneira, a eleição presidencial de 2000 não mudou as prioridades, nem as tensões entre a preferência "atlantista" e a vocação "eurasiática", nem a oscilação entre a linha conservadora e a tentação revisionista. A mudança mais importante resulta da instalação de uma nova geração política, determinada a restaurar a autoridade do centro e a manter a unidade do Estado na política externa. Nesse contexto, as qualidades notáveis da velha diplomacia russa têm podido mostrar a sua capacidade para defender os interesses da Rússia e para compensar as suas vulnerabilidades perante a preponderância dos Estados Unidos e a ressurgência da China. Os velhos dilemas da balança do poder persistem na política externa: a Rússia é a única potência que tanto pode ser um aliado dos Estados Unidos como um aliado da China, mas essa qualidade singular desaparece no momento em que escolher estar ao lado de um dos dois competidores.

Na medida em que o "novo realismo" de Putin, sem demasiadas ilusões sobre os "Estados pós-nacionais" e outros "fins da história", se filia na melhor tradição da diplomacia clássica, a Rússia está preparada para o regresso da balança de poder. Mas as suas escolhas, como sublinha Raquel Freire, podem não estar nas suas mãos. No pós-Guerra Fria, o essencial da política externa de Putin e de Medvedev é uma adaptação permanente às mudanças internacionais que a Rússia deixou de condicionar.

Carlos Gaspar

NOTA DE ABERTURA

A POLÍTICA EXTERNA RUSSA CONTEXTUALIZADA

Richard Sakwa
Universidade de Kent, Reino Unido
Janeiro de 2010

A literatura comparativa tem pouco contributo a dar para o debate sobre o que sucede quando um Estado que alega ser uma grande potência embarca na democratização. Ainda que não haja dois países iguais, o caso da Rússia é diferente de qualquer outro na região pós-soviética. É uma grande potência, na verdade já foi uma superpotência, que tentou entrar na comunidade internacional de nações democráticas, mas nos seus próprios termos, enquanto defendia a sua definição de identidade e de interesses geopolíticos.[1] O caso da Rússia é um dos poucos na História mundial em que uma grande potência cede voluntariamente aos seus anteriores princípios de governo e à ideologia que os sustentava e adopta as normas de governo dos seus oponentes de outrora, mas mantém as suas grandiosas ambições de poder. Algo do género ocorreu em Roma quando Constantino adoptou o cristianismo como religião oficial e o império perdurou mais trezentos anos com a nova configuração. No caso da Rússia, a adopção da ideologia dos seus oponentes foi acompanhada de algumas assimetrias fundamentais que acabaram por minar a própria tentativa de integrar a Rússia na nova ordem e que, na verdade, ameaçaram a própria ordem do pós-guerra fria na sua totalidade (Sakwa, 2008a: 241-267). Não é de admirar que os anteriores antagonistas achem difícil aceitar um tal Estado como igual, especialmente quando esse Estado em transformação mantém orgulhosamente a sua independência e afirma o seu papel na configuração dos assuntos internacionais. Ainda que a Rússia tenha moderado as suas pretensões a ser um pólo alternativo nos assuntos mundiais, não deixou de afirmar a sua autonomia. Ao contrário da Alemanha e do Japão, cujo âmbito de actuação nos assuntos mundiais continua limitado mesmo depois de passados mais de sessenta anos desde a guerra, a Rússia não se considera a si própria uma potência

---

[1] Para uma análise comparativa da China, Brasil e Índia, assim como da Rússia, ver Hurrell (2006: 1-19; 2007).

derrotada, que, por esse facto, estaria constrangida a adoptar uma posição de humildade e de submissão (Simes, 2007: 36-52). A mistura de geopolítica e de democratização impregna a análise da política contemporânea da Rússia de uma vertente axiológica que é reminiscente de discussões da União Soviética durante a guerra fria.

Do alinhamento ao neo-revisionismo

A emergência da Rússia como um Estado democrático tem uma dinâmica revisionista implícita que não é nada menor do que a da Rússia como Estado comunista. As dinâmicas do revisionismo de um Estado democrático e de um autoritário são, evidentemente, muito diferentes, mas são de algum modo igualmente ameaçadoras para os padrões de dominação da ordem mundial vigente. Sob a presidência de Vladimir Putin, a Rússia não desafiou a hegemonia dos EUA e, excepto no período final do seu mandato, a sua política externa caracterizou-se pelo alinhamento e cooperação (Goldgeier e McFaul, 2004: 232-256). Todavia, a emergência de um novo pólo de influência na ordem mundial vigente, que ainda por cima afirmava ser democrático, por mais que essa asserção, na prática, pudesse ser infundada, em última instância representava um desafio a essa ordem. Foi por esta razão que o debate sobre o desenvolvimento da Rússia pós-comunista – os seus desaires e sucessos – assumiu uma vertente ideológica tão rígida.[2] Pela mesma razão, os realistas das relações internacionais argumentam que tem que se lidar com a Rússia em função do país que é de facto actualmente e não em função de uma qualquer versão idealizada que pode ou não emergir no futuro.[3]

O reflexo do revisionismo inerente da Rússia, induzido simplesmente pela sua reemergência enquanto interventor sério no sistema internacional, é a tentativa por parte de outros Estados de a tornar o "outro" com base na história da sua existência geopolítica. Como David Lane aponta, «[a] Revolução Laranja foi uma tentativa não apenas de mudar o processo eleitoral alegadamente fraudulento, mas também de definir o "outro" político como a Rússia e o "nós" amistoso como o Ocidente em geral, e a União Europeia em particular (...)» (Lane, 2008: 540). Este autor caracteriza os acontecimentos na Ucrânia no Outono de 2004, em que o resultado eleitoral original sofreu uma reviravolta, como um "golpe revolucionário" em que a mobilização das massas tomou a forma de

---

[2] Para uma boa panorâmica destas questões, ver por exemplo Tsygankov (2004 e 2006).
[3] Para uma discussão desta questão, ver Lieven e Hulsman (2006).

"participação das audiências" a favor ou contra determinados candidatos com o intuito de conseguir a substituição de pessoas e não mudanças substantivas no sistema (Lane, 2008: 545). Tem havido pouca convergência entre os estudos da dinâmica da política externa da Rússia e a forma como esta interage com as questões discursivas e práticas da reconstituição política.[4] As contradições na geopolítica da democratização são acompanhadas pelos dilemas geoeconómicos. As políticas de energia são mais amplas do que os habituais modelos de "maldição" ou de lucros inesperados discutidos na literatura, mas levantam questões sobre o compromisso da Rússia com a globalização e a agenda internacional para a liberalização económica. Um "petro-Estado" burocratizado e monopolista corria o risco de dar consigo associado à Venezuela e à Bolívia num novo alinhamento terceiro-mundista desafiador da hegemonia ocidental.

Estas questões deram origem a uma extensa literatura, mas em última instância esta é dominada pela mentalidade do *status quo*. Esta mentalidade atinge o seu auge nas discussões do processo de "condicionalidade" para os Estados que pretendem aderir à União Europeia[5] e há elementos de condicionalidade nas discussões mais amplas de democratização comparada. A tentativa de aplicar mecanismos de condicionalidade sem uma agenda integradora provocou tensões distintas. A inexistência de uma correlação entre a democratização e a integração internacional emprestou uma vertente permanente de desconfiança mútua nas relações entre a Rússia e a UE, com os dois lados a debater-se para encontrar algum tipo de ideia integradora nos anos 2000.

Uma nova guerra fria?

Uma das características mais intrigantes da era do pós-guerra fria é a razão pela qual a Rússia – em relação à qual se tinha previsto que fosse o aliado natural do Ocidente, e até mesmo da OTAN – se tornou um adversário potencial. Em vez de uma convergência de interesses, os dois lados afastaram-se cada vez mais. Isto pode muito bem ter sido o resultado de factores contingentes, nomeadamente, decisões mal preparadas associadas ao alargamento da OTAN, a guerra no Iraque e planos para instalar partes do escudo de defesa antimíssil na Europa Central. Também pode ter sido o resultado de factores estruturais, nomeadamente, a incapacidade de absorver a Rússia num sistema "Ocidental"

---

[4] Dmitry Trenin (2006) segue de algum modo este caminho.

[5] Para uma análise geral e um estudo de caso da "condicionalidade democrática", ver Pridham (1999: 1221-1244); Vachudova (2005) e Grabbe (2006).

alargado e a recusa da Rússia em fazer parte de um sistema desses em condições de subalternidade. Sem dúvida que também houve interferência de factores sistémicos, acima de tudo a percepção de um "retrocesso na democratização" da Rússia e um deslumbramento dos EUA pela agenda neoconservadora de reconfiguração da ordem mundial à imagem dos EUA.

Mikhail Gorbachev, que, enquanto último líder da URSS, fez mais do que qualquer outra pessoa para ultrapassar a era do confronto de blocos, expõe um comentário vivo sobre estas questões. Gorbachev defende que o "novo pensamento" na União Soviética pôs fim à guerra fria, afirmando que «a Guerra Fria era contrária aos interesses da humanidade». No entanto, também tinha consciência de que, por si só, «o fim do conflito ideológico não levava automaticamente a uma paz geral e definitiva». Ainda que a ameaça de uma catástrofe nuclear possa ter diminuído (e mesmo isto não é certo), novas ameaças surgiram. Nas palavras de Gorbachev, «[a] Guerra Fria congelou numerosos conflitos geopolíticos, nacionais e étnicos, nem todos ligados à própria Guerra Fria. (...) A quase-estabilidade da Guerra Fria criou uma impressão tranquilizadora de que a ordem mundial pós-conflito era previsível» (Gorbachev e Ikeda, 2005: 57). Com pesar, reconheceu que

> o fim da Guerra Fria não tornou o nosso mundo mais seguro. Actualmente, há muita gente a começar a pensar na ocidentalização total, tal como antes fizeram em relação à ameaça de uma comunização total e forçada. Aparentemente, o Ocidente é incapaz de lidar de forma razoável com os resultados do novo pensamento que libertou o mundo dos blocos políticos e da confrontação total (Gorbachev e Ikeda, 2005: 147).

Lamentou o facto de os frutos do novo pensamento estarem a «definhar à vista de todos» e de, apesar de a Rússia se ter «precipitado para o Ocidente de braços abertos e com a melhor das boas vontades», não ter encontrado reciprocidade por parte do Ocidente, que foi incapaz de «elaborar uma nova doutrina de segurança colectiva ou uma nova ideologia de desenvolvimento pacífico. Actualmente, o destino do mundo está nas mãos de institutos concebidos durante a Guerra Fria». Na perspectiva de Gorbachev, o processo europeu foi sacrificado à expansão da OTAN para leste, «tendo-se negligenciado as possíveis consequências adversas desta abordagem mecanicista ao problema da segurança europeia e global» (Gorbachev e Ikeda, 2005: 147). Esta perspectiva de Gorbachev reflecte a opinião de amplas camadas da sociedade russa contemporânea e as questões que ele levanta estão no centro do que Putin declara serem os interesses da Rússia.

As relações entre a Rússia e algumas das principais potências ocidentais deterioraram-se drasticamente durante a primeira década do século XXI, com a Rússia a considerar os EUA como ardilosos e falsos, sendo o cumprimento retribuído sob a forma da inclusão da Rússia no grupo dos Estados semiautoritários, se não mesmo totalmente ditatoriais, considerando-a determinada em restaurar não apenas o seu prestígio, mas também alguma forma de relacionamento neo-imperial com os seus vizinhos pós-soviéticos. Ao contrário do que sucedeu durante a guerra fria original, não há regras para gerir a nova relação nem qualquer enquadramento no âmbito do qual se limitem as ambições. Durante a existência da União Soviética havia esferas de influência aceites, mas a limiaridade da era do pós-guerra fria removeu esses limites. O território da ex-União Soviética tornou-se uma nova arena de contestação, tal como se viu nitidamente na guerra entre a Rússia e a Geórgia, em Agosto de 2008.

No entanto, isto não significa uma nova guerra fria. A Rússia e as potências ocidentais não se podem dar ao luxo de abrir uma nova frente sem fundamento quando já enfrentam tantos desafios (económicos e, para os EUA, ameaças graves no Médio Oriente e no Afeganistão/Paquistão), mas, acima de tudo, estão ausentes os pré-requisitos estruturais básicos para uma guerra fria sustentada. A Rússia não está certamente no centro de um desafio sistémico à hegemonia dos EUA, faltando-lhe não só os recursos para um tal desafio, mas também a base ideológica e popular. Por outro lado, a Rússia está bastante em baixo na lista de prioridades dos EUA e os dias da bipolaridade das superpotências da guerra fria já passaram há muito, e não irão voltar a ser algo que se pareça com a sua antiga forma. Obviamente que há elementos fundamentais da sua relação que continuam a ser decisivos, sobretudo em termos da gestão dos seus arsenais nucleares e de assegurar que as ameaças de destruição mútua continuam submetidas a tratados e a procedimentos de contenção de conflitos. A Rússia e os EUA partilham um interesse mútuo na não-proliferação de armas de destruição maciça e na resolução de conflitos em diversas partes do mundo.

A Rússia não é uma nova URSS, mas regressou ao palco mundial como um Estado assertivo e auto-referencial com uma agenda própria, ciosa da manutenção da sua soberania e ansiosa por promover as suas perspectivas. Neste contexto, noções como "parceria estratégica" com o Ocidente, assim como com a China, referem-se a uma era que já passou e não conseguem um compromisso adequado com a Rússia, que não só ganhou consciência dos seus interesses, mas que está também a começar a formular estratégias para os promover. O recrudescimento da esfera pública combina-se agora com um renovado sentido de desígnio nacional. A Rússia continua empenhada na modernização de acordo com padrões ocidentais, mas à medida que o faz torna-se cada vez mais antiocidental, ao mesmo tempo que se posiciona como o "terceiro Ocidente" (Trenin, 2008). O "debate civilizacional" coloca a Rússia como uma alternativa cultural ao Ocidente (Tsygankov, 2008: 762-765) e, implicitamente, como o centro de um novo sistema de segurança baseado no que Pavlovsky designa por "Euro-Leste" (Pavlovskii, 2004).

Como é que se chegou aqui?

Enquanto a dimensão internacional da democratização tem sido amplamente coberta na literatura,[6] a intersecção da reconstituição interna e da reagregação externa ainda não foi objecto de grande análise académica. Para a maioria dos países da "terceira vaga" da democratização, o problema fundamental tem sido a integração na ordem económica e política vigente, e a integração das normas internacionais nas políticas domésticas. Para a Rússia, e também para a China, mas de forma diferente, esta dupla integração tem sido fundamentalmente ambígua. No caso da Rússia, verifica-se um padrão de adaptação dupla e parcial. A Rússia tem em conta as normas e os padrões prevalecentes nos países da modernidade avançada e, simultaneamente, procura radicar o processo adaptativo nos seus próprios discursos e práticas. Este nativismo não é apenas uma abstracção ou um vulgar populismo, mas reflecte, isso sim, determinadas realidades políticas para as quais Putin era extremamente sensível. As elevadas taxas de popularidade registadas consistentemente por Putin nas sondagens de opinião podem em parte ser fabricadas, mas também reflectem a sua capacidade de articular as preferências "democráticas" populares. A liderança de Putin procurou negociar um novo equilíbrio, senão mesmo uma terceira via, entre a adaptação às normas internacionais vigentes e a afirmação do que era encarado como sendo elementos essenciais de identidade nacional (*samobytnost'*).[7] Emergiu um sistema de "adaptação parcial", que apela explicitamente à cultura política russa enquanto, simultaneamente, é moldado e limitado por tentativas anteriores de adaptação. A estratégia de adaptação dupla e parcial é, por isso, um acto de equilíbrio delicado destruído por exigências conflituantes. Putin tentou garantir que estas contradições intrínsecas não se tornassem antinomias irreconciliáveis, que poderiam muito bem ter retalhado o país.

---

[6] Por exemplo, Pridham *et al.* (1994); Badie (2000); Zielonka e Pravda (2001).
[7] Para uma discussão mais aprofundada, ver Sakwa (2005: 42-53).

As tensões eram visíveis desde o início e estão presentes em todas as quatro fases da política externa da Rússia. O primeiro período caracterizou-se por aspirações contraditórias que procuravam combinar a integração internacional com um compromisso continuado com o estatuto de grande potência da Rússia. Este período pode, assim, ser designado por *grande potência integradora*. Andrei Kozyrev, o primeiro ministro dos Negócios Estrangeiros da Rússia, no cargo entre Novembro de 1990 e Janeiro de 1996, que até hoje é criticado (a maioria das vezes injustamente) pelo seu atlantismo acrítico, alterou esta posição ao longo do tempo. Os seus inimigos acusam-no de oportunismo camaleónico para manter o cargo, envolvendo normalmente um apoio acrítico ao presidente Boris Yeltsin. Kozyrev procurou combinar dois princípios aparentemente contraditórios. Por um lado, procurou «garantir os direitos dos cidadãos e um desenvolvimento socioeconómico dinâmico da sociedade». Por outro lado, insistiu na afirmação de que a Rússia era «uma grande potência normal, promovendo os seus interesses não através do confronto, mas através da cooperação» (Kozyrev, 1994: 3). Nos finais de 1993, Kozyrev tinha adoptado uma estratégia mais bem definida de preservação do império, insistindo em que a Rússia tinha o direito de intervir para evitar que o país «perdesse posições geopolíticas que levaram séculos a conseguir» (*Izvestiya*, 1993). Alarmada pela atracção exercida pela retórica nacionalista de Vladimir Zhirinovsky durante a campanha para as eleições parlamentares de Dezembro de 1993, uma grande parte da elite política russa incorporou algumas das suas ideias nos seus próprios programas.

A tentativa de fazer da Rússia uma democracia *e* uma grande potência tornou-se o princípio central da política russa a partir do início de 1993, mas estes dois objectivos (típicos da ambiguidade característica da política externa contemporânea da Rússia) não eram facilmente compatibilizáveis. Kozyrev defendia agora que a Rússia poderia ser uma grande potência democrática pós-guerra fria promovendo uma definição não-ideológica dos interesses nacionais, ao mesmo tempo que admitia que isso poderia implicar elementos de competição com o Ocidente. Esta abordagem complexa manifestou-se vivamente na recusa de Kozyrev, em Novembro de 1994, em Bruxelas, em assinar documentos já acordados com a OTAN relativos ao programa de Parceria para a Paz. As tentativas do Ocidente de desacreditar a prossecução dos interesses "normais" de grande potência da Rússia ao agitar o espectro de um ressurgimento da guerra fria, nas palavras de Yeltsin no mês seguinte, em Budapeste, em Dezembro de 1994, na cimeira do que tinha acabado de se tornar a Organização para a Segurança e Cooperação na Europa (OSCE), ameaçavam precisamente conduzir à emergência de uma "paz fria" (Kozyrev, 1995: 3-14). Kozyrev abandonou o partido Escolha da Rússia, representado na Duma, quando o partido condenou o início da guerra na Chechénia. Kozyrev tornou-se um defensor da ideologia de poder reconstituída, o que não significou o abandono de todas as suas opiniões anteriores, tendo continuado empenhado numa relação viável com o Ocidente. Apesar da sua conversão parcial à ideologia de grande potência, os seus críticos continuaram a caracterizar a sua política externa como confusa e amadora (por exemplo, Migranyan, 1994).

O novo ministro dos Negócios Estrangeiros passou a ser Yevgeny Primakov, anterior chefe dos Serviços de Informações Externas (SVR). Primakov, um especialista em assuntos do Médio Oriente, tinha ocupado cargos de relevo no mundo académico e tinha sido membro candidato do Politburo. Foi o enviado de Gorbachev ao Golfo, com a missão de evitar a guerra na sequência da invasão do Kuwait pelo Iraque, em Agosto de 1990. Primakov era extremamente crítico do Ocidente, daí que a sua nomeação tivesse sido bem recebida pelos comunistas e nacionalistas no parlamento. Enquanto procurava manter boas relações com o Ocidente, Primakov reafirmava a posição da Rússia na China, no Extremo Oriente e com os seus aliados tradicionais no Médio Oriente, e chegou mesmo a falar de uma "parceria estratégica" com a China e a Índia para criar um contrapeso nos assuntos globais. Primakov afirmava que a Rússia era não só uma grande potência, mas também a pedra angular de uma comunidade internacional multipolar (*Izvestiya*, 1996: 3). As suas quatro tarefas prioritárias para a política externa russa eram a criação de condições externas para fortalecer a integridade territorial da Rússia; o apoio a tendências integradoras dentro da Comunidade de Estados Independentes; a estabilização de conflitos regionais (sobretudo na ex-URSS e na ex-Jugoslávia); e evitar a proliferação de armas de destruição maciça (*Independent*, 1996: 9).

O conceito fundamental definidor da política externa de Primakov era o "pragmatismo", no entanto tratava-se de um tipo distinto que caracterizo por "competitivo". *Pragmatismo competitivo* tem uma ressonância clara da "coexistência pacífica" de Nikita Khrushchev, que assumiu um combate contínuo com o Ocidente, mas um combate que, na era das armas nucleares, não apresentava necessariamente formas militares. Do mesmo modo, a política de Primakov baseava-se na ideia de uma dinâmica competitiva contínua nas relações com o Ocidente, o que não evitava a cooperação em questões de preocupação mútua. Esta política não só olhava para trás para a era soviética como prefigurava a lógica da política internacional no século XXI.

Enquanto primeiro-ministro entre Setembro de 1998 e Maio de 1999, Primakov continuou a ter influência na política externa, ainda que o novo ministro dos Negócios Estrangeiros, Igor Ivanov, tivesse as suas próprias opiniões. Durante a crise do Kosovo de 1999, Ivanov estava preparado para empregar alguma retórica antiocidental ríspida, ainda que tivesse o cuidado de não colocar a Rússia numa posição difícil. Enquanto exprimia apoio aos sérvios em geral, e a Slobodan Milošević em particular, a liderança russa manteve a sua liberdade de manobra e pouco fez para ajudar o presidente sérvio. Em Junho de 1999, a Rússia ajudou a negociar um acordo de paz entre os aliados da OTAN e Milošević, após 74 dias de bombardeamentos desde 24 de Março. O pragmatismo da política externa russa continuou mesmo depois do afastamento forçado de Primakov do governo.

A terceira fase da política externa russa representou uma tentativa de transcender a lógica competitiva inerente ao pragmatismo de Primakov e de, ao mesmo tempo, ultrapassar as contradições bem manifestas na gestão de Kozyrev dos Negócios Estrangeiros. Ao chegar ao poder, em 2000, Putin prosseguiu uma política que já descrevi noutro local como sendo de *"novo realismo"*. Tinha por base noções realistas clássicas da política internacional, em que os Estados prosseguem a sua concepção do interesse nacional sem receios ou favorecimentos; mas também procurava estabelecer uma dinâmica genuinamente equilateral da vantagem mútua na integração da Rússia nas estruturas europeias e globais. A questão de fundo era que a Rússia procurava obter autonomia na gestão da sua política externa, mas sem ter por base o que quer que fosse que se aproximasse das noções neo-soviéticas da Rússia como o núcleo de um bloco geopolítico ou ideológico alternativo (Sakwa, 2008b: 267-298). No entanto, os conflitos contínuos no espaço pós-soviético, a incapacidade de estabelecer relações de parceria genuínas com a União Europeia e o desapontamento que se seguiu às *démarches* positivas da Rússia na sua tentativa de reiniciar as relações com os EUA após o 11 de Setembro, tudo isto se combinou para estragar o projecto do novo realismo.

Putin deu finalmente livre curso às suas frustrações no discurso que fez na Conferência de Segurança de Munique, no dia 10 de Fevereiro de 2007, que revelou uma profunda decepção por a sua política do novo realismo se estar a desintegrar. Putin sublinhou o «carácter universal e indivisível da segurança» e preveniu contra os perigos de se estabelecer um «mundo unipolar... em que há um senhor, um soberano», ao mesmo tempo que observou que «aqueles que nos dão lições [sobre democracia] não querem eles próprios aprender». Putin enunciou uma série de problemas estratégicos, incluindo a marginalização da ONU, o insucesso na ratificação do Tratado sobre Forças Armadas Convencionais na Europa, a remilitarização da Europa por via do desenvolvimento da defesa antimíssil, o alargamento da OTAN, que representou «uma séria provocação que reduz o nível de confiança mútua», o enfraquecimento do regime de não- -proliferação e a tentativa de «transformar a OSCE num vulgar instrumento para promover os interesses de política externa de um país ou de um grupo de países».[8] O discurso reflectia o desencanto do líder russo por o Ocidente parecer rejeitar as preocupações russas por as considerar ilegítimas e agir com uma impunidade irresponsável (como na invasão do Iraque, em Março de 2003), o que nessa altura acabou por provocar a reacção da Rússia.

Depois de 2007 a política externa russa entrou numa quarta fase, cujo carácter ainda permanece incerto. O impulso de integração do primeiro período não desapareceu, e não houve um mero retorno ao período de pragmatismo competitivo, no entanto, com o esgotamento do projecto do novo realismo, a política russa entrou num período de crescente confusão e deriva. A partir dos últimos anos da presidência de Putin, o comportamento da Rússia foi, sem dúvida, mais assertivo, mas continua a ser uma matéria de considerável controvérsia saber se foi simplesmente uma posição de maior afirmação com origem na recuperação económica, na estabilização política e no *boom* prolongado dos seus produtos, com o consequente aumento de recursos para os cofres do Kremlin, ou se sinalizou uma abordagem mais agressiva e possivelmente belicosa para promover os seus interesses.

Explicações
Foram avançadas várias propostas para explicar a crise persistente nas relações entre a Rússia e o Ocidente, e que se podem reduzir a duas escolas de pensamento principais. A primeira concentra-se em factores domésticos russos, enquanto a segunda enereda por uma abordagem estrutural.

1. Dinâmica doméstica
Enquanto para todos os outros países pós-comunistas a queda do comunismo foi vista como um momento de libertação, na Rússia os sentimentos são muito mais ambivalentes. Na maioria dos outros países pós-comunistas, a democracia alinhou a auto-afirmação nacional, a integração económica e política internacional e a transformação democrática num único eixo, mas na Rússia não se

---

[8] *In* <http://president.kremlin.ru/text/appears/2007/02/118109.shtml>.

verificou um reforço mútuo desse tipo. Em vez disso, a ausência de relação entre a democracia e outras transformações agiu como uma irritação permanente. Pior ainda, a experiência da transição caótica para o mercado, na década de 1990, provocou a descorrelação da ordem social em relação à democratização política. A década de 1970 representa para os fazedores de mitos no Reino Unido o que a década de 1990 representa para a Rússia.[9] O mito do "caos da década de 1990" tornou-se de facto na narrativa mestra dos anos de Putin, um tema retomado pelo presidente Dmitry Medvedev a partir de 2008 (Svanidze e Svanidze, 2008: 120-121, 287, e *passim*), tendo sido denegridas as realizações da referida década.[10]

Zbigniew Brzezinski considerou que os EUA enfrentavam uma escolha entre dominar o mundo e liderá-lo, em que as duas características principais, «uma potência hegemónica internacionalmente e uma democracia», poderiam entrar em conflito. Na sua perspectiva, esta "combinação única" levantava a questão de saber se «a projecção para o exterior da democracia de massas dos EUA é compatível com uma responsabilidade quase imperial» (Brzezinski, 2004: 179). Numa escala bastante diferente, a Rússia enfrentava um dilema semelhante, uma vez que, para os seus líderes, as aspirações do país e a sua auto-identidade como grande potência eram encaradas como sendo perfeitamente compatíveis com o seu desenvolvimento como uma democracia; mas não era assim que as coisas eram vistas por Brzezinski e outros como ele. Era esta assimetria fundamental nas percepções que alimentava muita da preocupação sobre o desenvolvimento de uma "nova guerra fria".

2. Factores estruturais

Muita da teorização contemporânea sobre a democratização tem sido sobre a adaptação dos Estados em transição às normas da ordem mundial contemporânea, definida como a hegemonia de um conjunto de princípios universais centrados no Ocidente (Whitehead, 1996). Isto encorajou debates estimulantes sobre o peso relativo das pré-condições necessárias para uma democratização bem-sucedida (social e economicamente); sobre o papel dos factores culturais; sobre o impacto de factores endógenos (o próprio processo de transição); sobre a criação da democracia (abarcando questões de desenho institucional); sobre

---

[9] Como Elliott e Atkinson referem, "[t]anto para o Partido Trabalhista como para o Conservador, os anos 1970 tornaram-se o equivalente da Idade Média" (2008: 149).

[10] Para uma defesa dos anos 1990, ver Aron (2008a; 2008b).

o papel de factores exógenos (internacionais); e sobre o elemento experiencial – o factor "aprender fazendo" que é muitas vezes negligenciado em discussões académicas sobre o assunto.[11] No entanto, a literatura sobre a adaptação e a condicionalidade tem pouco a dizer sobre questões como a extensão dos interesses legítimos da Rússia, enquanto grande potência, na Eurásia pós-soviética. Verifica-se aqui uma competição implacável por vantagens estratégicas e económicas, acesso aos recursos energéticos da região e controlo sobre o respectivo transporte. As declarações pós-imperiais da Rússia entram em conflito com as preocupações de neo-imperialismo e de hegemonismo expansionista que vêm de fora da região.[12] O factor externo é um componente crucial da crise da democracia da Rússia.

Praticamente desde o início, a política externa da Rússia estava imbuída de um espírito de *derzhavnichestvo* (aspirações de grande potência), mas as interpretações do que significava ser uma grande potência eram radicalmente diferentes.[13] Ao mesmo tempo, a era da hegemonia dominante dos EUA nos anos do pós-guerra fria era a excepção histórica, e é improvável que seja mantida a longo prazo. Ironicamente, o colapso do "segundo mundo" de orientação comunista em 1989/91 abriu caminho para a emergência de uma série de potenciais candidatos do "terceiro mundo" com economias de mercado, e isto já se tornou o tema principal do século XXI. A emergência de novas potências, acompanhada de desafios à hegemonia das potências estabelecidas e à estrutura vigente de instituições multilaterais, anuncia o início de uma nova era de conflito global, mas também com o potencial de transcender os factores estruturais que envenenam as relações da Rússia com as potências estabelecidas.

Conclusão
O fim assimétrico da guerra fria (definido brevemente como sendo a restauração da lógica dos vencedores e dos vencidos em vez de ser o resultado de um empreendimento comum) manteve os padrões sistémicos do conflito da guerra fria, ainda que revestindo-se de novas formas. Caracterizei a política externa de Putin como um "novo realismo", repudiando algumas das ambições exageradas do tempo de Primakov como ministro dos Negócios Estrangeiros

---

[11] Para apresentações clássicas das preocupações "transitológicas", ver Diamond (1999); Linz e Stepan (1996); Nagle e Mahr (1999).

[12] Para um registo expressivo desta questão, ver Brzezinski (1994; 1997).

[13] Para uma boa panorâmica, ver Gomart (2008).

nos finais da década de 1990, que se desenvolveram no âmbito do quadro do conceito ambíguo de "pragmatismo", ao mesmo tempo que afirmava a identidade distintiva da Rússia na política mundial. Em vez de agir como uma potência de "contrapeso", que é prescrita pela teoria realista clássica como resposta ao poder hegemónico de um único Estado, a Rússia sob a liderança de Putin inclinou-se mais para o "alinhamento" e o país foi um enérgico "aderente da ordem internacional". No entanto, a insistência de Putin de que a Rússia devia manter a sua "autonomia" na política internacional, ao mesmo tempo que rejeitava as ideias anteriores de que a Rússia poderia constituir o núcleo de um bloco de poder alternativo, veio a provar-se insustentável. A oportunidade de integrar a Rússia na ordem hegemónica internacional perdeu-se e agora estamos a entrar numa nova era de confronto e de confusão.

De potência institucionalizada, a Rússia está a tornar-se um tipo distinto de potência revisionista (a que chamo neo-revisionismo), exigindo ser um fazedor de normas, não se limitando apenas a aceitar as normas. A Guerra dos Cinco Dias entre a Rússia e a Geórgia, em 2008, demonstrou a degradação sistémica da ordem do pós-guerra fria e a reafirmação da contestação geopolítica. Corremos o perigo de entrar numa nova era de rivalidade entre grandes potências, de militarização da política internacional e de erosão estrutural da paz pós-comunista, acompanhada por elementos de uma guerra fria pós-ideológica. Em simultâneo, a paz fria tem o potencial de se transformar num ajustamento mais duradouro da ordem internacional do pós-guerra fria, em parte como resultado da eleição de novos líderes na Rússia e nos EUA em 2008. Uma nova guerra fria está longe de ser inevitável, no entanto, a paz fria vigente contém instabilidades estruturais que exigem remédios urgentes.

REFERÊNCIAS BIBLIOGRÁFICAS

ARON, Leon (2008a), "Was Liberty Really Bad for Russia? (Part I)", *Demokratisatsiya*, 16(1), 27-36.

ARON, Leon (2008b), "Was Liberty Really Bad for Russia? (Part II)", *Demokratisatsiya*, 16(2), 131-142.

BADIE, Bertrand (2000), *The Imported State: The Westernisation of Political Order*. Cambridge: Cambridge University Press.

BRZEZINSKI, Zbigniew (1994), "The Premature Partnership", *Foreign Affairs*, 73(2), 67-82.

BRZEZINSKI, Zbigniew (1997), *The Grand Chessboard: American Primacy and its Geostrategic Imperatives*. Nova Iorque: Basic Books.

BRZEZINSKI, Zbigniew (2004), *The Choice: Global Domination or Global Leadership*. Nova Iorque: Basic Books.

DIAMOND, Larry (1999), *Developing Democracy: Towards Consolidation*. Baltimore e Londres: The Johns Hopkins University Press.

ELLIOTT, Larry e Atkinson, Dan (2008), *The Gods that Failed: How Blind Faith in Markets Has Cost us our Future*. Londres: The Bodley Head.

GOLDGEIER, James M. e McFaul, Michael (2004), "Russians as Joiners: Realist and Liberal Conceptions of Postcommunist Europe", *in* Michael McFaul e Kathryn Stoner-Weiss (orgs.), *After the Collapse of Communism:Comparative Lessons of Transition*. Nova Iorque: Cambridge University Press, 232-256.

GOMART, Thomas (2008), *Russian Civil-Military Relations: Putin's Legacy*. Washington, D.C.: Carnegie Endowment for International Peace.

GORBACHEV, Mikhail e Ikeda, Daisaku (2005), *Moral Lessons of the Twentieth Century: Gorbachev and Ikeda on Buddhism and Communism*. Londres: I. B. Tauris.

GRABBE, Heather (2006), *The EU's Transformative Power: Europeanisation through Conditionality*. Basingstoke: Palgrave Macmillan.

HURRELL, Andrew (2006), "Hegemony, Liberalism and Global Order: What Space for Would-be Great Powers?", *International Affairs*, 82(1), 1-19.

HURRELL, Andrew (2007), *On Global Order: Power, Values, and the Constitution of International Society*. Oxford: Oxford University Press.

Independent (1996), 13 de Janeiro.

Izvestiya (1993), 8 de Outubro.

Izvestiya (1996), 10 de Fevereiro.

KOZYREV, Andrei (1994), "Vneshnyaya politika preobrazhayushcheisya Rossii", *Voprosy istorii*, 1, 1-6.

KOZYREV, Andrei (1995), "Partnership or Cold Peace?", *Foreign Policy*, 99, 3-14.

LANE, David (2008), "The Orange Revolution: 'People's Revolution' or Revolutionary Coup", *The British Journal of Politics & International Relations*, 10(4), 525-549.

LIEVEN, Anatol e Hulsman, John (2006), *Ethical Realism: A Vision for America's Role in the World*. Nova Iorque: Pantheon.

LINZ, Juan J. e Stepan, Alfred (1996), *Problems of Democratic Transition and Consolidation: Southern Europe, South America, and Post-Communist Europe*. Baltimore: The Johns Hopkins University Press.

MIGRANYAN, Andranik (1994), *Nezavisimaya gazeta*, 10 de Dezembro.

NAGLE, John D. e Mahr, Alison (1999), *Democracy and Democratisation: Post-Communist Europe in Comparative Perspective*. Londres: Sage.

PAVLOVSKII, Gleb (2004), "Rossiya vse eshche ishchet svoi rol' v mire", *Nezavisimaya gazeta*, 31 de Maio.

PRIDHAM, Geoffrey (1999), "Complying with the European Union's Democratic Conditionality: Transnational Party Linkages and Regime Change in Slovakia, 1993-1998", *Europe-Asia Studies*, 51(7), 1221-1244.

PRIDHAM, G.; Herring, E. e Sanford, G. (orgs.) (1994), *Building Democracy: The International Dimension of Democratisation in Eastern Europe*. Londres: Leicester University Press.

SAKWA, Richard (2005), "Partial Adaptation and Political Culture", *in* Stephen Whitefield (org.), *Political Culture and Post-Communism*. Basingstoke: Palgrave Macmillan, 42-53.

SAKWA, Richard (2008a), "'New Cold War' or Twenty Years' Crisis?: Russia and International Politics", *International Affairs*, 84(2), 241-267.

SAKWA, Richard (2008b), *Putin: Russia's Choice*, 2nd ed. Londres e Nova Iorque: Routledge.

SIMES, Dimitri K. (2007), "Losing Russia", *Foreign Affairs*, 86(6), 36-52.

SVANIDZE, Nikolai e Svanidze, Marina (2008), *Medvedev*. S. Petersburgo: Amfora.

TRENIN, Dmitry (2006), *Integratsiya i identichnost': Rossiya kak 'novyi zapad'*. Moscovo: Evropa.

TRENIN, Dmitry (2008), *Thinking Strategically About Russia*. Washington, D.C.: Carnegie Endowment for International Peace.

TSYGANKOV, Andrei P. (2004), *Whose World Order? Russia's Perception of American Ideas after the Cold War*. Lanham, MD: Rowman & Littlefield.

TSYGANKOV, Andrei P. (2006), *Russia's Foreign Policy: Change and Continuity in National Identity*. Lanham, MD: Rowman & Littlefield.

TSYGANKOV, Andrei P. (2008), "Self and Other in International Relations Theory: Learning from Russian Civilisational Debates", *International Studies Review*, 10(4), 762-775.

VACHUDOVA, M. A. (2005), *Europe Undivided: Democracy, Leverage & Integration After Communism*. Oxford: Oxford University Press.

WHITEHEAD, Laurence (org.) (1996), *The International Dimensions of Democratisation: Europe and the Americas*. Oxford, Oxford University Press.

ZIELONKA, Jan e Pravda, Alex (orgs.) (2001), *Democratic Consolidation in Eastern Europe*, Vol. 2, *International and Transnational Factors*. Oxford: Oxford University Press.

INTRODUÇÃO

A Federação Russa ocupa no contexto internacional uma posição geoestratégica e política particular com impacto nos (des)alinhamentos internos e externos das suas políticas que importa investigar. Apesar de o "velho império" assumir contornos político-ideológicos, económicos e militares diferenciados do gigante soviético após o final da Guerra Fria, a Rússia continua a ser um actor relevante no xadrez mundial. De facto, o reposicionamento de políticas, a articulação das dimensões interna e externa na formulação e implementação destas, e a forma como os objectivos de política externa russa se projectam na ordem internacional têm implicações nas relações internacionais, sendo objecto de análise neste livro.

A política externa é uma área abrangente de actuação que envolve diferentes níveis sectoriais, incluindo aspectos económicos, ambientais, culturais, de segurança, entre outros; bem como uma panóplia de actores, desde os mais altos níveis decisórios, incluindo a presidência, ministérios especializados, órgãos de consulta, *think-tanks* e institutos de investigação, ou seja, todo um aparelho burocrático que apoia o processo de formulação, decisão e implementação da política externa. A articulação destes diferentes níveis de decisão no processo global, atende ainda, e com especial relevância nas áreas de segurança e defesa, aos contributos das elites militares e de segurança; bem como a diferentes concepções políticas que personificam opções diferenciadas em matéria de política externa.

A adicionar a esta rede complexa, outros actores influentes nestes processos são os grupos de interesse e pressão, os denominados *lobbies*, com predominância nas questões económicas, de segurança e defesa – que muitas vezes se confundem nos meandros dos grandes grupos económicos estatizados ou quase-estatizados. Num registo mais opaco, as máfias russas promovem acções a nível interno e transnacional, incluindo tráfico ilícito de armas, drogas e pessoas, e crime organizado; e organizações de cariz radicalizado e extremista com conexões a redes terroristas internacionais são fonte de instabilidade e desafiam em muitas instâncias a autoridade central (com especial atenção do Kremlin para grupos radicais islâmicos no Cáucaso do norte).

Mais periféricas, as organizações não-governamentais, de diferentes naturezas (cruzando também os diferentes níveis sectoriais de actuação), apesar de terem menor relevância no processo, devido em grande medida ao contexto limitado da sua existência e actuação, podem no entanto constituir elementos de apoio ou contestação à ordem vigente. Como analisado, quer as organizações não-governamentais, que pelo seu entendimento enquanto grupos de oposição são marginalizadas pela ordem vigente, ou simplesmente são instrumentos ao serviço do regime; quer os *lobbies*, que quando entendidos como possível ameaça ao poder estabelecido, particularmente na mescla entre político e económico, são limitados na sua actuação, modelam uma política externa mais restrita quanto ao nível da real influência destes elementos no processo de formulação e implementação. A "verticalidade da autoridade" na Federação Russa a revelar-se, deste modo, manipuladora de actores e dinâmicas numa lógica de autoperpetuação do regime, que o primeiro capítulo analisa.

Ora mais próximos, ora mais distantes das políticas do Kremlin, ora com maior, ora com menor poder de influência, a actuação destes diferentes actores (de modo independente, complementar ou em competição) projecta/constrange a definição de políticas e a sua implementação. No entanto, tendo sempre presente que a autoridade centralizada se mantém como a lógica dominante, não lhes permitindo grande espaço de manobra, especialmente quando a sua actuação é de crítica ou limitação às linhas orientadoras definidas no Kremlin. E, certamente, o contexto internacional onde estas são projectadas, que numa relação co-constitutiva entre os níveis doméstico e externo, assume importância. Neste quadro, o debate agência/estrutura é fundamental à modelação de política externa, e a proposta avançada por James Rosenau (1966, 1969) de que a política externa implica uma relação bidireccional entre as dimensões interna e externa, ultrapassando a convicção tradicional de que a política externa era ditada por factores internacionais, generalizou-se na área.

Contudo, o debate tem lugar ao nível do peso de cada uma destas dimensões nesta relação, e de que modo a prevalência de uma ou outra afecta o processo de formulação e decisão em política externa. Por um lado, alguns autores argumentam que, nesta bidireccionalidade, o ambiente interno é a variável relevante na priorização dos temas de política externa (Neack *et al.*, 1995; Saideman e Ayres, 2007: 191), enquanto outros defendem, numa abordagem mais estruturalista, o papel da estrutura – neste caso, o contexto internacional – na informação dos desenvolvimentos internos (Keohane e Nye, 2000; Waltz, 1979). Neste estudo estas duas dimensões são entendidas como co-constitutivas, i.e. influenciando-se mutuamente. O olhar sobre os desenvolvimentos domésticos na Rússia a par do contexto internacional em que estes têm lugar, e que ora projecta ora constrange os seus objectivos e interesse nacional, acompanha a análise aqui desenvolvida. Vladimir Putin assume o contexto doméstico como variável determinante, no qual assentam as grandes decisões de política externa. Mas esta abordagem não invalida a relevância da dimensão externa na modelagem de políticas e na implementação das mesmas, como destacado ao longo do volume.

O curso afirmativo da política russa é resultado quer de processos movidos internamente, quer externamente, seguindo uma abordagem multinível, visível nas políticas restritivas em casa e na atitude crescentemente assertiva nos temas internacionais. O final do primeiro mandato e todo o segundo mandato de Vladimir Putin são marcadamente mais assertivos em palavras e acções, como analisado. Note-se ainda que, enquanto procurando restringir desenvolvimentos internos que pudessem fazer perigar o regime, Putin consegue manter níveis de crescimento que contêm o descontentamento social e permitem índices de aprovação satisfatórios. No plano externo, o alcance das políticas é vasto, demonstrando uma tendência gradativa de afirmação da Rússia como actor relevante no sistema internacional. Com Vladimir Putin, esta foi prosseguida com base num entendimento assimétrico da dicotomia interno/externo, com enfoque claro na dimensão interna e na necessidade de estabilidade e consolidação a nível doméstico, para depois prosseguir a política de afirmação russa no sistema internacional.

Para além deste debate, a teorização de política externa tem mais recentemente incluído a questão das crenças, valores, identidade e interesses. Esta discussão implica a análise do papel e características individuais do decisor, bem como os quadros referenciais, nomeadamente ideológicos, onde as decisões são tomadas (Carlsnaes, 2003; Houghton, 2007; Jørgensen, 2006; Snyder *et al.*, 1954). Além do mais, alarga as análises para além de variáveis objectivas, entendendo variáveis de cariz mais subjectivo, como as aqui sugeridas – crenças, valores, identidade e interesses –, como não menos relevantes no estudo da política externa. Como expressão deste entendimento, estudos recentes introduziram novas metodologias na análise da política externa, como a análise de discurso, centrando-se na linguagem da política externa (Campbell, 1993; Doty, 1997; Larsen, 1997; Sjöstedt, 2007).

A análise crítica do discurso permite a identificação de formulações na linguagem que moldam a forma como entendemos o que nos rodeia, que determinam percepções e o que acolhemos como "realidade", uma "realidade" socialmente construída (Jackson, 2005: 21 e 25). A prática discursiva engloba não só os textos oficiais e discursos políticos, mas também símbolos, mitos e tradições, estruturas organizacionais e procedimentos de decisão e actuação – é, assim, co-constitutiva às análises mais tradicionais da política externa, ao informar todo o processo. Por exemplo, a recuperação do hino soviético ou o regresso das grandes paradas militares ao velho estilo soviético replicam um passado histórico ainda presente, constituindo fortes elementos na análise do curso de desenvolvimento da Rússia e daquilo que esta pretende em termos da sua projecção internacional.

Na Rússia de Putin é notória a gradação linguística em termos de projecção de uma política mais afirmativa e mais assertiva. Também os jogos de linguagem permitem legitimar, em algumas circunstâncias, decisões e acções, como no caso dos "separatistas" chechenos que após o 11/9 são rotulados no discurso oficial do Kremlin de "terroristas". Esta nova cunhagem, no contexto da luta global contra o terrorismo encetada pelos Estados Unidos da América (EUA)[14] permite uma acção mais dura e menos criticada internacionalmente da parte das autoridades russas, embora não sem limites. Em vários momentos as autoridades russas sublinharam os princípios desiguais subjacentes ao tratamento destas questões, exigindo maior equidade. Por exemplo, o então Ministro da Defesa Russo, Sergei Ivanov, comentava que

> os ataques a pessoal militar das forças da coligação no Iraque são inequivocamente definidos como terrorismo, enquanto acções similares de militantes na Rússia são muitas vezes apresentadas como a luta do povo checheno pela sua liberdade e independência (Sergei Ivanov, 2006).

Para além do conteúdo político destas palavras, a linguagem que lhe é imputada assume enorme relevância, uma vez que pode ou não legitimar acções de carácter excepcional, ou, pelo menos, diferenciado do curso normal de actuação política. Esta complexidade que combina variáveis objectivas e subjectivas associadas às análises da política externa permite avançar para além de processos demasiado simplificadores e rigidificantes, sugerindo um quadro teórico mais amplo e mais rico na informação das dinâmicas relativas à definição, decisão e implementação em política externa.

No palco internacional, padrões em mudança em matéria político-económica e estratégica têm permitido novas oportunidades de cooperação e competição. Isto é demonstrativo das ligações entre a dimensão interna e a externa do processo de formulação de política externa.

---

[14] Estados Unidos da América e Estados Unidos são palavras aqui utilizadas como sinónimos, o mesmo sucedendo no que respeita a americano e norte-americano.

INTRODUÇÃO   31

A política externa tem de "servir" a política doméstica, o que inclui fundamentalmente o estabelecimento de segurança efectiva, a melhoria dos padrões de
vida e o desenvolvimento da sociedade civil. [...] A preocupação com problemas
económicos e sociais internos traduz um modo mais eficaz de proteger os interesses nacionais e, logo, de tornar a Rússia realmente um grande país sem os
constrangimentos associados ao velho conceito da "Grande Rússia" (Selezneva,
2003: 26-27).

Deste modo, e partindo de um entendimento alargado de política externa,
enquanto área de estudo abrangente quanto aos níveis de análise, actores
envolvidos, e áreas sectoriais implicadas, este livro centra-se na análise das
questões políticas, securitárias e económicas (essencialmente energéticas e
relativamente às implicações a nível militar, enquanto entendidas como directamente relacionadas com questões de segurança) subjacentes à política externa
russa durante os dois mandatos da presidência de Vladimir Putin (2000-2008).

As reminiscências do "velho império" e os sinais por vezes contraditórios de
recuperação deste, imbuídos do espírito realista de afirmação de poder iden-
tificável nas políticas de Vladimir Putin, fornecem o enquadramento teórico
para este estudo. No seu curso, as políticas russas têm conjugado elementos
de continuidade, como a centralização de poder e uma postura afirmativa,
com políticas ajustadas a contextos diferenciados, revelando um processo de
definição e modelagem de política externa complexo. E esta refere-se não só às
suas relações com outros grandes actores do sistema internacional, mas também, e muito particularmente, ao quadro mais restrito e entendido enquanto
espaço vital – a Comunidade de Estados Independentes (CEI). Com um tom
crescentemente assertivo, a política externa russa assume-se como uma política
que busca equilíbrio, em particular face aos Estados Unidos; de contenção, em
relação à China; de parceria assimétrica na relação com a União Europeia (UE);
ou de influência e controlo, com diferenciação nos níveis de proximidade/
distância, como no espaço pós-soviético.

Além do mais, Moscovo avança na cooperação multilateral em busca de
uma ordem multipolar, que define como se coadunando aos seus interesses
primeiros de política externa, enquanto simultaneamente prosseguindo o seu
objectivo mais lato de afirmação, através da obtenção de um lugar indisputável
nessa mesma ordem internacional. Esta equação de estratégias e objectivos é
claramente sublinhada pela combinação de elementos de *realpolitik*, traduzidos
em políticas de poder na base dos processos de decisão e implementação de
política externa (a Rússia enquanto actor tradicional vestefaliano), e em linhas

construtivistas, onde questões de identidade e percepção moldam os contornos e resultados dessas mesmas políticas.

A projecção de poder e influência russos demonstram a constante procura de equilíbrio entre o interesse nacional, compromissos e objectivos no plano internacional e a dualidade inescapável custo/benefício de políticas e acções. Contudo, estas têm sido pautadas por linhas de (des)continuidade que têm permitido fragilidades, demonstrando a nem sempre fácil prossecução dos objectivos almejados. Nesta linha, nesta análise argumenta-se que a crescente assertividade na política externa russa é expressão de um passado ainda não passado, da forma como a Rússia se autodefine e percepciona (questão identitária), e do resultado de desenvolvimentos internos que têm permitido o fortalecimento da Rússia. Um tom crescentemente assertivo a sublinhar a política externa russa sob a presidência de Vladimir Putin, após as inconsistências dos anos de Boris Ieltsin, e que resulta da conjugação de factores favoráveis à afirmação desta, incluindo processos políticos de transição iniciados apesar de ainda não consolidados, e crescimento económico acelerado associado à escalada dos preços dos combustíveis fósseis, matéria-prima fundamental nos rendimentos russos.

Cruzando as dimensões de *realpolitik* – tão cara à presidência de Vladimir Putin – com questões identitárias de cariz mais construtivista, incluindo a análise das percepções diferenciadas e construções imagéticas do "outro" que têm sido relevantes nas decisões de política externa russa, torna-se claro que o rumo desta tem prosseguido pressupostos bem definidos de afirmação da Rússia no sistema internacional, apresentando traços de heterogeneidade em particular nos meios utilizados, e denotando dinâmicas de ambivalência resultantes da própria natureza co-constitutiva do binómio interno/externo, cuja análise se torna essencial à desconstrução e compreensão de decisões e práticas.

Esta é, aliás, uma dimensão fundamental deste projecto, onde a articulação entre as dimensões interna e externa na formulação e implementação das políticas russas, entendida como processo assimétrico, complementada pela relação agente/estrutura e o modo como esta se expressa nas relações liderança/ burocracia/sociedade civil, serve de base ao estudo quer das opções de política externa, quer da implementação destas num quadro regional e internacional alargado. E neste questionamento, questões identitárias relacionadas com a redefinição de identidade pós-soviética e a diminuição da carga ideológica na política externa são, então, linhas de análise fundamentais. Este livro visa, assim, contribuir para o entendimento das diferentes opções de política externa russa e como estas evoluíram ao longo dos dois mandatos de Vladimir Putin na segunda década pós-Guerra Fria, enquadrando-as numa análise teórica e empírica, com a discussão de opções múltiplas, o cruzamento de (des)interesses, o questionamento de linhas de decisão, e o aprofundamento de lógicas governativas e de delineamento de políticas e acções.

Organização do volume

Vladimir Putin assume a liderança da Federação Russa num contexto de grande instabilidade interna. Com o objectivo de reorganizar a anarquia reinante nas políticas russas, adoptou uma atitude dura, reafirmando a prevalência do poder presidencial sobre o elitismo e grupos poderosos de pressão e influência, definindo como objectivos primários a estabilidade interna, o desenvolvimento e a projecção internacional.

No término do seu segundo mandato enquanto presidente da Federação Russa, na Primavera de 2008, Vladimir Putin deixa uma marca de governação muito própria, onde a "democracia de gestão" cedo deu lugar à "democracia soberana". Uma evolução terminológica que traduz a consolidação da tendência centralizadora e autoritária da política externa da Federação Russa, enquanto deixa claro o desejo de não ingerência nos assuntos domésticos, quer em termos político-ideológicos, quer relativamente ao seu curso de acção. Neste contexto, neste livro analisa-se a política externa russa num período de grandes alterações a nível interno e no quadro internacional, olhando as dinâmicas, motivações, acções e reacções perceptíveis na política externa russa nas suas diferentes dimensões. A eleição de Dmitry Medveded como presidente da Rússia, em 2008, fecha o ciclo de liderança de Vladimir Putin (2000-2008), ainda que apenas a nível formal e institucional. O volume divide-se em três partes principais, a primeira dedicada ao vector central da política externa russa, a CEI; a segunda que analisa as relações a ocidente, nomeadamente com a UE e Estados Unidos/OTAN; e uma terceira com o olhar centrado mais a oriente.

Na primeira parte, o primeiro capítulo, de enquadramento teórico e conceptual, define as bases para a análise empírica dos vectores estruturantes da política externa russa, entendidos aqui como seguindo um modelo de círculos concêntricos, que reflectem a majoração em termos de prioridade e relevância que estes assumem no Kremlin. Estes círculos na política externa russa, assinalados nos documentos oficiais de Moscovo como vectores estruturantes, entrecruzam-se na complexidade da sua política externa. A área da Comunidade de Estados Independentes (CEI), descrita como "estrangeiro próximo", e mais tarde "vizinhança próxima", é definida oficialmente como zona de interesse estratégico, assumindo prioridade na agenda de política externa. Este primeiro vector da política externa não deixa de estar intimamente ligado às relações a leste e ocidente, que se seguem naturalmente enquanto áreas privilegiadas na política externa russa. Tocando directamente as suas fronteiras ou as do seu espaço vital – o espaço pós-soviético – as relações que aqui têm lugar são fundamentais nos (des)alinhamentos da política externa russa e na forma como esta se vai moldando e projectando.

O espaço CEI é dividido em três grandes capítulos: a CEI ocidental, que inclui as relações no seio do triângulo eslavo – Rússia, Bielorrússia e Ucrânia – e com a República da Moldova; o Cáucaso do Sul, explorando a complexidade subjacente às relações entre e com a Arménia, Azerbaijão e Geórgia; e a Ásia Central, reflectindo o regresso do Eurasianismo à política externa russa, e com enfoque particular nas cinco repúblicas que tradicionalmente são referidas como centro-asiáticas: Cazaquistão, Quirguistão, Tajiquistão, Turquemenistão e Usbequistão.

Segue-se a segunda parte dedicada ao segundo círculo da política externa e que se detém na análise das relações a ocidente. O vector ocidental é marcado pelo discurso russo de identidade europeia, apesar das inescapáveis influências asiáticas. A ocidente, inclui-se a União Europeia (UE), num quadro de estratégias de alargamento e promoção de políticas de vizinhança suscitando interpretações diversas em Moscovo e em Bruxelas, bem como nos diferentes Estados da União, e em particular naqueles mais próximos e que tocam mesmo as fronteiras russas; e a relação transatlântica, onde é analisado o relacionamento entre a Federação Russa e os Estados Unidos num quadro internacional de crescente interdependência e onde interesses geopolíticos, económicos e estratégicos se sobrepõem em muitos momentos. É aqui ainda incluída a relação difícil entre a Rússia e a Organização do Tratado do Atlântico Norte (OTAN), com as políticas de alargamento da última a encimarem a agenda de discórdia.

Numa terceira parte, segue-se a análise da dimensão oriental, a par com as relações a ocidente complementando o segundo círculo da política externa russa, com crescente peso e relevância cruzando dinâmicas de competição e cooperação, onde actores regionais como a China, Índia e Japão assumem um papel crescentemente activo. A Organização de Cooperação de Xangai oferece aqui um quadro institucional fundamental, onde se jogam interesses duplos, de mútua contenção regional, a par do interesse estratégico explícito de limitação do envolvimento dos EUA na área. O vector oriental afirmou-se na presidência de Putin como um pilar estruturante, a par da dimensão ocidental, da política externa russa, jogando nas linhas de equilíbrio e influência que permeiam o processo de formulação e decisão de política externa na Federação Russa.

Segue-se um capítulo de análise das relações da Rússia face ao "Grande Médio Oriente", e, em particular, do seu contributo para as negociações relativas ao desentendimento prolongado Israelo-Palestiniano. Retomando a lógica de círculos concêntricos da política externa russa, já num círculo mais exterior, mas ainda muito relevante, esta temática não poderia deixar de ser aqui tratada. É ela também parte de uma estratégia global de afirmação e de equação político-económica de soma positiva traçada no Kremlin, numa articulação nem sempre concertada com os países da região, mas que, numa leitura geográfica ampla, desde logo deixa clara a relevância da temática e da necessidade de compreensão do envolvimento russo nestes processos.

O livro conclui com a ancoragem de todas estas dimensões, diferenças, semelhanças e desafios no quadro de uma política externa multivectorial, onde a gestão de equilíbrios num contexto de competição internacional está imbuída de complexidade. É percorrida a política externa russa na segunda década pós--Guerra Fria, através da identificação dos vectores estruturantes da mesma, da forma como se articulam e do resultado em termos da sua projecção. Vladimir Putin seguiu um curso afirmativo e assertivo nas políticas russas, a nível interno e externo, com o objectivo de projecção da Federação Russa enquanto grande potência no sistema internacional. Este trabalho avança, assim, com o estudo da política externa russa com Vladimir Putin ao longo dos seus dois mandatos na presidência, num contexto internacional de grandes desafios, onde a conjugação de interesses e oportunidades, a par da articulação entre palavras e acções, se assume ela própria como um desafio às formulações e implementação da política externa russa. Desafio este aqui em análise.

CAPÍTULO 1

A RÚSSIA DE PUTIN

As políticas russas após o final da Guerra Fria têm reflectido constrangimentos e oportunidades a nível interno e externo, num esforço de adaptação e resposta às novas circunstâncias domésticas e internacionais. A herança de um passado imperial e mais tarde comunista permanece forte na Rússia pós--soviética, onde a forma como Moscovo lida com o seu novo estatuto de poder, percepções estratégicas e construção identitária é modeladora do curso que tem vindo a seguir. A Federação Russa, um país de contrastes, tem desenvolvido uma política unificada com interesses políticos, estratégicos e económicos bem definidos, com base num sistema de governação autoritário. Este tem-se traduzido numa atitude dura face não só à contestação interna, mas também relativamente a assuntos externos definidos como de interesse vital. E, em muitos casos, estes têm permitido um curso de acção e reacção fora dos contornos tradicionais das práticas democráticas ocidentais.

A denominada "democracia de gestão", que rapidamente deu lugar à cunhagem "democracia soberana", pretende ser o modelo definidor de um estilo de governação autoritário, assente no entendimento minimalista de democracia que se traduz na fórmula básica de realização de processos eleitorais. Além do mais, ao introduzir o termo "soberana", pretende afastar quaisquer tentativas de imiscuição nos assuntos que, em seu entender, apenas à Rússia dizem respeito. Esta orientação política, com expressão económica e social, reflecte a combinação de valores ocidentais e da chamada "via russa", resultando numa mistura de alinhamentos políticos e modos de actuação muito próprios ao Kremlin.

Com base no princípio de "autoridade vertical" – termo cunhado pelas elites russas para designar um sistema de governo hierárquico assente em princípios de subordinação e num papel de domínio do ramo executivo (Shevtsova, 2005: 7) – a política autoritária russa é justificada com base na necessidade de assegurar ordem, estabilidade, desenvolvimento e democratização. Esta tendência de centralização crescente nas políticas russas, quer a nível interno, quer nas suas expressões externas, reflecte o peso de tempos idos. De facto, o desejo de recuperação de influência e poder do passado está muito presente nas políticas russas, em particular aqui reflectido nos dois mandatos presidenciais de Vladimir Putin, entre 2000 e 2008.

Este alinhamento tem permitido alguma continuidade nas acções russas pós-Guerra Fria, apesar das dificuldades resultantes da necessidade de ajustamento a um contexto internacional em mutação. Se a década pós-Guerra Fria, marcada pela liderança de Boris Ieltsin, significou um período de relocalização e reposicionamento, com uma grave crise interna acompanhada de perda de influência externa, ao longo da década pós-pós-Guerra Fria (iniciada com a chegada de Vladimir Putin à presidência russa em 2000, cuja cerimónia de inauguração teve lugar a 7 de Maio), não só o estilo de liderança foi alterado, como o conteúdo da mesma ganhou contornos mais definidos.

Vladimir Putin ganha as eleições presidenciais como único possível vencedor, catapultado para a liderança russa por Boris Ieltsin, e oferecendo o contraste de estadista necessário ao revigoramento das políticas russas. Com a bênção de Ieltsin, o apoio das elites e a promessa de um curso de transição e mudança, tão necessário a uma Rússia fragilizada, Putin não enfrentou qualquer desafio à sua confirmação como presidente. A sua actuação decidida e organizada, independentemente dos contornos da mesma, em particular nas longas guerras da Chechénia, granjeou-lhe reconhecimento como um líder capaz de assumir os destinos da Rússia. Num processo eleitoral em que se apresentaram onze candidatos à presidência – incluindo os líderes carismáticos do partido comunista, Gennady Zyuganov; do partido democrático (*Yabloko*), Grigory Yavlinsky; e do partido ultranacionalista, Vladimir Zhirinovsky –, Vladimir Putin, ao comando do Partido "Rússia Unida", venceu as eleições de 26 de Março de 2000 com quase 53% dos votos (CSPP, 2000).

Mas Vladimir Putin assume-se desde logo como um líder ancorado no passado, visando a recuperação do velho estatuto russo de grandiosidade. Num artigo que escreve em vésperas da retirada de Ieltsin, Putin reflecte sobre as tradições russas, os princípios do patriotismo, colectivismo e justiça social como modeladores da "nova Rússia" (Putin, 1999). E mantém o discurso, embora demarcando-se de saudosismos capazes de dividir as elites mais conservadoras e os grupos mais reformistas, numa altura em que a coesão política era determinante na consolidação dos apoios a um novo projecto. Assim, a essência da sua proposta governativa assenta num papel reforçado do Estado, em reformas económicas e na justiça social, procurando de forma sofisticada responder aos diferentes grupos de interesse, enquanto prosseguia a sua agenda reformista para a Rússia (Putin, 2000a). Deste modo, consegue ainda responder aos anseios da população por um líder e um Estado forte, que constituísse de facto uma alternativa ao legado de Boris Ieltsin.

Autoridade vertical, centralização de poder e o novo realismo da política russa

O contexto interno era favorável à nova liderança. Apesar do que resultou dos anos de governação de Ieltsin, as sementes de um Estado forte foram lançadas ainda enquanto este era presidente russo. Não só em termos de linhas orientadoras de política interna e externa, não esquecendo o regime presidencialista reforçado que instaurou, e que se analisa mais adiante, mas também num contexto económico relativamente estável. Nos finais da década pós-Guerra Fria, a Rússia apresentava taxas de crescimento nos níveis de produtividade e beneficiava dos preços do barril de petróleo acima dos 20 dólares (Shevtsova, 2005: 77). Em finais de 2000, o pagamento de salários públicos e pensões sociais estavam regularizados. De facto, os recursos energéticos permitiram um crescimento económico sustentado de cerca de 7% ao ano entre 2003 e 2008 (Russian Economic Reports). A recuperação a nível político, económico e social, uma viragem iniciada com Boris Ieltsin, mas claramente consolidada com Vladimir Putin, permitiu-lhe maior margem de manobra na prossecução do seu objectivo mais lato de afirmação da Rússia a nível internacional, ultrapassando quaisquer reminiscências de desorientação ou vácuo ideológico dos primeiros anos pós-soviéticos.

Sem experiência política, à parte os quatro meses em que desempenhou as funções de primeiro-ministro, e treinado essencialmente para ser subordinado, nas fileiras do KGB, Vladimir Putin teve de aprender a liderar, a gerir diferenças e a assumir decisões. Putin aprendeu rapidamente a exercer as suas funções de líder: cauteloso quando desconhecia as matérias, prepotente quando certo do caminho a seguir. Rodeou-se de pessoas de confiança, grande parte das quais haviam partilhado consigo experiências nos serviços de informações e segurança em São Petersburgo. Simultaneamente distanciava alguns dos elementos da *entourage* de Ieltsin para um círculo menos próximo e afastava quaisquer indícios de oposição. O princípio da lealdade tornou-se dominante: a confiança naqueles que o rodeavam era essencial.

Revelou dificuldade em lidar com críticas à sua autoridade, e as restrições às liberdades fundamentais, em particular a liberdade de imprensa, cedo fizeram manchetes. O caso Babitsky, o repórter da *Radio Free Europe/Radio Liberty* que cobriu a segunda guerra da Chechénia entre 1999 e 2000, criticando as políticas de intervenção russa na república separatista como agressivas e impunes, marcou o início de uma atitude que se manteria ao longo dos oito anos de presidência de Putin. Babitsky foi feito prisioneiro, torturado e acusado de espionagem a favor dos rebeldes chechenos. Mais tarde foi libertado e saiu do país, num esforço de moderação das críticas ocidentais, ainda num contexto de realismo pragmático, onde as relações com o Ocidente, independentemente das várias dificuldades, eram cuidadas. Mas o recado ficou dado: o jornalismo independente seria uma farsa na Rússia.

E os casos que se seguiram, com o de Anna Politkovskaya talvez como o mais mediatizado, são exemplo desta tendência repressiva. A jornalista foi assassinada em 2006 devido aos seus relatos intensos e profundamente conhecedores das realidades na República Chechena – um elemento não grato para o regime (Politkovskaya, 2006, 2007). Em Outubro de 2000, o canal televisivo "Rússia primeiro" do magnata Boris Berezovsky foi nacionalizado. Seguiu-se o império mediático controlado por Vladimir Gusinsky – a *holding* Media-Most (televisão, rádio e imprensa escrita) – e a estação televisiva Canal 3, nas mãos de Yuri Luzhkov, que não haviam também expresso o seu apoio explícito a Putin, promovendo mesmo críticas em tom de oposição ao poder dominante. Mais tarde, o caso Yukos, que levou Mikhail Khodorkovsky à prisão em 2003 (o presidente da grande companhia petrolífera com orientações políticas não conformes às orientações do Kremlin), marcou a agenda russa, com repercussões ainda nos dias de hoje (ver por exemplo Litvinenko e Felshtinsky, 2007; LeVine, 2008).

Contudo, as medidas restritivas alargam-se para além da elite económica de Moscovo, e Vladimir Putin avança com uma reforma profunda a nível regional. A reforma administrativa implica uma reestruturação regional com a criação de sete novas regiões administrativas – distritos federais. Posta em curso em Maio de 2000, esta reforma reorganiza as 89 repúblicas e outras unidades existentes na Rússia num mapa regional mais compacto. Esta reorganização visava, por um lado, um maior controlo central dos governadores, garantindo as necessárias lealdades e evitando assim possibilidades de autonomização face ao centro, e, por outro, uma sinalização da vontade do Kremlin em combater a corrupção e interesses instalados, uma medida, rodeada de um discurso forte, que em muito agradava às populações. Mas note-se que apesar da popularidade que estas mudanças têm junto da população, numa lógica de combate ao poder dos oligarcas, este é claramente um combate selectivo, no qual os apoiantes de Putin estão imunes.

Paralelamente a estas medidas, Putin centraliza o seu poder e influência. No primeiro governo sob a presidência de Vladimir Putin, Mikhail Kasyanov é nomeado primeiro-ministro. Kasyanov havia já desempenhado altos cargos do Estado na altura da presidência de Ieltsin. Era um primeiro-ministro leal, disposto a implementar as directrizes do presidente. A política externa é essencialmente da responsabilidade do presidente, incumbido da definição das linhas de actuação de base subjacentes ao posicionamento da Federação Russa nos assuntos internacionais (Constituição da Federação Russa, artº 80º). O executivo está encarregue da implementação da política externa (*ibid*, artº 114º), sob supervisão presidencial, especialmente no contexto de governação centralizada existente.

A criação do Conselho de Estado, em Setembro de 2000, previa a reunião de um grupo de especialistas, conselheiros e peritos que apoiassem o presidente em várias matérias sempre que este o solicitasse, nomeadamente em decisões relativas a assuntos de política externa, segurança e defesa, entendidos como vitais na estrutura política russa. Na realidade, acabou por constituir um fórum para premiar aqueles que juraram lealdade ao sistema governativo em formação e de servir como forma de compensação para alguns dos governadores que viram os seus postos extintos na ampla revisão administrativa que Putin levou a cabo. A reforma do Conselho da Federação, limitando os seus poderes, e a garantia de subserviência da Duma completaram o reforço do poder presidencial.[15] «Quanto à sociedade civil, era ainda desestruturada e amorfa após apenas uma década de evolução pós-comunista e, logo, não constituía uma fonte de pressão sobre o poder» (Shevtsova, 2005: 99).

Deste modo, os intervenientes no processo de delineação, formulação, e implementação da política externa foram gradualmente restringidos a um núcleo duro, onde elites económicas permaneciam, numa base selectiva, e de onde as organizações não-governamentais, entendidas essencialmente como fóruns de contestação manobrados pela oposição, foram afastadas. A centralização de poder, com efeitos concretos nas políticas domésticas e na política externa, aliada à verticalidade da autoridade, concentrou em ampla medida as decisões em matéria externa nas mãos do presidente, sem grande margem para negociações ou cedências. Diferentes visões sobre a política externa coexistiam, conforme se analisa mais adiante, bem como influências diferenciadas, incluindo os meios dos negócios e os meios militares, em particular, mas sujeitas à aprovação presidencial na lógica de autoridade e pragmatismo que se desenvolveu na Rússia de Putin.

---

[15] A Assembleia Federal russa é formada por duas Câmaras, o Conselho da Federação e a Duma. O primeiro inclui dois representantes por cada sujeito de direito da Federação Russa e a Duma é constituída por 450 deputados. Para as competências de cada Câmara, consultar a Constituição Russa, artigos 102º e 103º (Constituição da Federação Russa, 1993).

O papel das elites políticas e a sua lealdade para com o poder central tem sido um elemento fundamental na história russa, como ainda o é hoje. O controlo de vozes dissidentes, a punição de movimentos de oposição e a monitorização de actividades propagandísticas, práticas comuns nos tempos dos czares e sob o regime soviético, são também visíveis na Rússia de hoje. «A Rússia é ainda melhor explicada por uma rede de relações clientelares e patrimonialistas. Esta é uma das razões pelas quais a Rússia pós-soviética tem tanta dificuldade em gerar o seu próprio sentido de comunidade cívica» (Hosking, 2003: 10; ver também Levgold, 2007). O mundo paralelo das máfias que tem ganho legitimidade perante a conivência do poder central complica o processo, gerando "sociedades" paralelas, com interesses, objectivos e modos de actuação diferenciados – e, em grande medida, quebrando padrões referenciais e sublinhando a fragilidade das bases sociais na Rússia. Na altura em que Putin chega ao poder, cerca de 30% do produto interno bruto era produzido na "área cinzenta", onde a fusão de poder e negócios constituíam uma extensão da mescla entre capital, política e economia, e da indefinição entre público e privado, característicos do período soviético (Shevtsova, 2005: 78).

Dando continuidade a estas dinâmicas, num registo selectivo, Vladimir Putin estabeleceu uma espécie de contrato social entre as máfias e o Estado, definindo entendimentos quanto ao alcance dos limites de actuação das primeiras e às linhas de permissividade do segundo (LeVine, 2008). Estes grupos obscuros passaram, assim, a fazer parte da nova ordem, contribuindo em ampla escala com mão-de-obra para empresas de segurança ao mais alto nível, incluindo ministérios e empresas estatais. As ligações entre público e privado, entre lícito e ilícito, tornaram-se mais fortes e de difícil apreensão. A opacidade do submundo mafioso infiltrou-se nas práticas políticas, apoiando sem regras claramente definidas o exercício da verticalidade da autoridade. Nesta mesma lógica de fortalecimento do regime, em finais de 2006, cerca de 78% da elite política e económica na Rússia era constituída pelos *siloviki* (membros das agências de segurança e militares da Rússia). O objectivo claro subjacente a esta alteração prende-se com a necessidade de novamente se assumir uma imagem de ordem e estabilidade, mas essencialmente de garantir as lealdades necessárias à manutenção da ordem política vigente.

Os processos eleitorais na Rússia tornam-se, neste contexto, uma forma de legitimar a autoperpetuação de poder, eliminando quaisquer elementos de imprevisibilidade. As medidas de controlo da oposição, a propaganda em favor do poder instalado, campanhas eleitorais pouco sérias e nada disputadas, permitiram processos eleitorais que apenas confirmavam resultados predeterminados. Após a eleição de Putin em 2000, as eleições que se seguiram foram também elas marcadas pela degradação progressiva dos parcos elementos democráticos que ainda existiam na Rússia, mantendo-se no entanto o multipartidarismo (mesmo que aparente) e a universalidade dos processos (mesmo que desinformada) como amostra da democracia russa. As eleições de Dezembro de 2003 para a Duma, que confirmaram a vitória do regime, e a recondução de Vladimir Putin na presidência em Março de 2004, com cerca de 71% dos votos, são demonstrativas destas tendências.

Cerca de um mês antes da votação, Putin promoveu mudanças no governo, substituindo provisoriamente o então chefe do executivo, Kasyanov, por Viktor Khristenko, argumentando que a mudança promovia uma política de continuidade e estabilidade governativa necessária à Rússia. Esta alteração de última hora iria ser muito criticada, revelando a antecipação de um resultado eleitoral já esperado e mais uma vez reforçando a lógica das certezas, independentemente dos meios utilizados. E, neste contexto, o processo democrático perde mais uma vez em favor de práticas autoritárias. Mikhail Fradkov será depois nomeado primeiro-ministro, mantendo a tradição da lealdade e os princípios de continuidade sublinhados no discurso político como fundamentais à manutenção de estabilidade interna, dos índices de crescimento e das políticas de afirmação externa.

O novo realismo nas políticas russas traduz-se no entendimento de possibilidades e limites à afirmação da "nova" Rússia como grande Estado e na tomada de consciência de que ordem e estabilidade exigem poder e autoridade. A primeira é visível nas políticas interna e externa, especialmente no modo como estas são talhadas para servir o interesse nacional, e a segunda na verticalidade da autoridade, conforme já foi analisado. No final do primeiro ano de governação de Vladimir Putin, era já claro que a linguagem havia mudado. "Reforma", "progresso", "democratização", palavras caras a Gorbachev e ainda escutadas nos anos Ieltsin, apesar das muitas dificuldades e contrariedades, davam agora lugar a uma nova retórica que traduzia o contexto interno na Rússia, a forma de se fazer política e de se estar na política – "estabilidade", "ordem", "poder", "soberania", "grandeza" (Shevtsova, 2005: 164). Um regresso ao passado, num reconhecimento da identidade russa nesta amálgama de Estado forte e poder centralizado de onde a recuperação da grandiosidade russa seria resultante.

A "nova" Rússia: construção identitária pós-soviética

A identidade russa, ou procura de definição da mesma, é fundamental na compreensão dos seus alinhamentos de política externa, uma vez que se trata de uma variável explicativa cujos conteúdos explicitam, por vezes, a natureza conflituosa da orientação das suas políticas. Com implicações a nível político e social, a construção identitária pós-soviética acompanha a redefinição das políticas russas com Vladimir Putin, sugerindo uma "nova" Rússia construída sobre as fundações do "velho" império.

A identidade russa foi sendo edificada entre Ocidente e Oriente: «Ivan IV era Khan (líder Asiático) e Basileus (imperador cristão)» (Hosking, 2003: 5). Os legados do passado histórico da Rússia marcaram profundamente as tradições russas e as suas percepções culturais, sendo que 70% da população se descreve como distinta pela sua forma de vida e cultura espiritual única (Shevtsova, 2005: 170). Esta traduz um entendimento da ligação entre Ocidente e Oriente, entre a Europa e a Ásia, com prevalência da identidade europeia, numa definição intimista que ganha clareza nas políticas domésticas e que tem também expressão a nível externo. Como já foi analisado, a conjugação dos vectores ocidental e oriental na política externa, num registo nem sempre equilibrado, mas sempre prioritário, é reflexo deste entendimento.

As divisões internas na Rússia, com os Euro-Atlantistas a favorecerem ligações mais próximas aos Estados Unidos e à Europa e a defenderem um modelo de desenvolvimento mais próximo do democrata-liberal; os Eurasianistas, a olharem o cenário a leste como continuidade geográfica natural da Rússia, permitindo uma via alternativa para alianças estratégicas fundamentais, incluindo a China e a Índia nos seus horizontes; e a estratégia "Rússia primeiro", centrada nas forças nacionalistas, que procuram a afirmação do poder russo com base no legado imperial do país, na sua força política, influência e recursos económicos, promovendo uma lógica neo-imperialista como base de sustentação das políticas russas – são alinhamentos que mostram, de forma simplificada, a multidimensionalidade do discurso de política externa na Rússia. E, apesar do centralismo do processo decisório, estas tendências coexistem em tensão permanente, funcionando ora em lógicas excludentes (a opção por uma destas vias retira relevância às outras), ora de complementaridade (quando entendido que a prossecução simultânea de diferentes vias reforça o posicionamento russo no sistema internacional) (ver, por exemplo, Lowenhardt, 2000; Baranovsky, 2008; Kotz e Weir, 2007: 285-286).

No entanto, e neste quadro multidimensional, a definição da identidade russa já não acarreta o peso ideológico anteriormente associado ao estilo de governação soviético, já não funcionando como um modelo de desenvolvimento contendo atracção normativa para outros. O comunismo soviético, pautado por princípios de desenvolvimento comunitário, num modelo social, económico e político único, esboçava toda uma forma de estar e agir diferenciada e distanciada do modelo democrático ocidental. Pelas suas especificidades, funcionou como modelo ideológico dominante em todo o espaço soviético, traçando linhas orientadoras de desenvolvimento e delineando objectivos concretos de organização nas diferentes áreas e sectores de intervenção. Um modelo cujas fundações se revelaram débeis e cujas fragilidades se acentuaram a par do declínio económico e social registado por toda a União Soviética.

O processo de construção identitária ainda em curso na Rússia passa, então, pela linhagem sociológica de cariz essencialmente europeu, mas também asiático. Acresce-lhe a identificação ideológica já não soviética de orientação comunista, mas também não democrática no entendimento ocidental, e que tem implicado uma tentativa de recuperação de uma identidade muito própria – uma nova identidade num contexto diferenciado. O novo realismo assente na verticalidade da autoridade, com os contornos conhecidos.

Em alguma medida, a consolidação de tendências específicas nas políticas russas com Vladimir Putin permitiu uma abordagem diferenciada e sofisticada a temas internos e externos, com o *Putinismo* a cunhar uma forma muito particular de governação. Isto demonstra o muito necessário enquadramento ideológico da política russa, embora de forma diferenciada do peso que este tinha na Guerra Fria, com a recuperação do hino soviético como hino nacional, logo em 2000, ou a decisão de retomada das grandes paradas militares bem ao estilo soviético na Praça Vermelha (a inauguração desta iniciativa de carácter essencialmente militarista deu-se em Maio de 2008). Estes constituem exemplos claros das reminiscências do peso do passado, a par de medidas que apontam para uma maior modernidade, como a multivectorialidade e multidimensionalidade assumidas nas formulações de política externa. O *Putinismo* é aqui considerado enquanto conceito aglutinador que passa pela centralização de poder e verticalismo autoritário, complementando o seu modelo de governação com um quadro ideológico entendido como fundamental para conferir substância e capacidade de projecção à política externa russa – nesta mescla entre um passado glorioso e um olhar pragmático para o futuro. Deste modo, e nestes moldes, desempenha uma função dupla: para consumo interno, buscando legitimidade e apoio popular; e relativamente à modelação das percepções externas, onde o estatuto de grande potência assume preponderância.

No entanto, apesar da identificação de elementos de continuidade no curso autoritário russo, «a nova Rússia não é a União Soviética, nem é tão pouco o velho império russo. As suas novas fronteiras, opção, cultura, civilização e desenvolvimento interno fizeram da Rússia outro Estado que anteriormente não existia no mapa político ou geográfico mundial» (Kortunov, 2000: 7). A identidade russa está ainda em definição, combinando heranças do passado e procurando aprender novas formas de lidar com um contexto político, social, económico e estratégico diferenciado. E, embora ainda incluindo muitos elementos de ontem, a Rússia de hoje, apesar da crescente assertividade política, governação centralizada e estilo autoritário, é uma nova Rússia, procurando afirmar-se num contexto regional e internacional distinto – pós-czarista, pós-soviético, pós-Guerra Fria. Neste mesmo sentido, as palavras de Vladimir Putin perante a Assembleia Federal em Abril de 2005, quando afirmou que o colapso da União Soviética foi a maior catástrofe geopolítica do século, demonstram claramente o desejo de recuperação de influência e estatuto, numa lógica dupla de estabilização interna e projecção internacional.

A reforma militar: consolidação de autoridade e autoritarismo legitimado
Complementando as alterações políticas, a reforma militar apresentava-se como essencial na construção de uma Rússia forte e estável, quer a nível interno, quer nas suas expressões externas. Quando Vladimir Putin chega ao poder, as forças armadas russas empregavam cerca de três milhões de pessoas, um número não só excessivo como de difícil manutenção em termos dos custos financeiros implicados. No Outono de 2000 Putin avançou com um plano de reforma que visava um aumento substancial no orçamento, cortes drásticos no pessoal e a criação de forças de reacção rápida em locais estratégicos, como a Ásia Central (de que a Força de Reacção Rápida estacionada na base de Kant no Quirguistão, em Outubro de 2003, constitui exemplo). Ou seja, mais recursos financeiros, menos efectivos e maior especialização, com o objectivo de tornar as forças mais eficientes. O entendimento de que era necessário o reforço da segurança das fronteiras russas, a ameaça persistente da OTAN, agravada pelos planos de alargamento a leste da organização, e o reconhecimento da necessidade de profissionalização das forças armadas motivaram a reforma anunciada. Contudo, com limites sérios, resultando em grande medida de parcos recursos financeiros para uma reforma de tão grande envergadura, em termos materiais e humanos.

> No curto prazo, as novas prioridades de defesa são locais, de combate convencional e operações de manutenção da paz nas fronteiras russas, no espaço pós-soviético. No longo prazo, as novas prioridades de defesa incluem planeamento para uma defesa convencional robusta para ameaças "tipo Balcãs", quer contra a Rússia, quer contra os seus aliados (Arbatov, 2000: 19-20).

Mais tarde, Putin reforça este entendimento quando no seu discurso à nação (em 2006) afirma que

devemos estar sempre preparados para repelir potenciais agressões do exterior e conter ataques terroristas internacionais. Temos de estar preparados para responder a quaisquer tentativas de pressão sobre a política externa russa, incluindo o objectivo de fortalecimento das suas posições em detrimento da nossa. Temos também de deixar claro que, quanto mais fortes forem as nossas forças armadas, menor será a tentação de alguém nos pressionar, independentemente do pretexto para o fazer (Putin, 2006a).

Para tal, o reforço do armamento convencional e de equipamento tecnologicamente mais avançado está previsto, mesmo face às dificuldades conhecidas de reforma das forças armadas.

Em Abril de 1997, no seminário final de discussão da doutrina militar, organizado pelo Conselho de Defesa, o Presidente da Academia de Ciências Militares, General Makhmut Gareyev, afirmou que «é aconselhável que não façamos uma doutrina militar ideologicamente marcada como a anterior... ao invés, deve ser pragmática e voltada exclusivamente para os interesses nacionais» (citado em Smaguine, 2001: 62). Uma afirmação que consubstancia os alinhamentos de mudança nas políticas russas, onde o pragmatismo se assume como linha de actuação preferencial.

A Doutrina Militar de 2000 (RMD, 2000) reflecte o ultrapassar da fase idealista na política externa russa, notória ainda no texto de 1993, com o abandono do termo "riscos" e a recuperação do termo "ameaças" (Palacios e Arana, 2002: 95). Além do mais, as doutrinas de 1993 e 2000 separavam ameaças e medidas de resposta militar de instrumentos políticos, económicos, diplomáticos e outros meios não-violentos de prevenção de hostilidade armada. Contudo, a doutrina de 2000 parece reflectir já uma evolução no sentido da correcção desta desconexão, com ameaças militares e não-militares à segurança a serem crescentemente trabalhadas de forma combinada (Haas, 2007a). Esta alteração é também resultado de desenvolvimentos a nível internacional, em particular após os ataques terroristas de 11 de Setembro de 2001 nos EUA, que vieram alterar relações de poder e percepções de ameaça.

[A] rapidez e dinamismo dos processos mundiais centrífugos modernos estão a criar incerteza informacional que tende a complicar a previsão de longo prazo de desenvolvimentos político-militares, o que, por seu turno, torna mais difícil a identificação de pontos de referência de política externa específicos, imagens ambíguas de inimigos prováveis e possíveis aliados, e da natureza de ameaças futuras (Burutin, 2007: 31).

Simultaneamente, esta mesma ambiguidade reforça a dissipação da dicotomia interno/externo e torna as imagens de "velho" e "novo" mais reais, permitindo também uma resposta mais direccionada das autoridades russas.

Em Janeiro de 2007, numa Conferência na Academia Russa de Ciências Militares, em Moscovo, Yuri Baluyevsky, responsável superior nas Forças Armadas russas, identificou os EUA, a OTAN e a desinformação propagandística como as principais ameaças à Rússia. «O curso dos EUA para uma liderança global e o seu desejo de alcançar presença em regiões onde a Rússia está tradicionalmente presente», o alargamento a leste da OTAN, trazendo a Aliança para próximo das fronteiras russas e alterando equilíbrios militares, e informação hostil que circula sobre as políticas russas (Baluyevsky citado em Haas, 2007a) têm afectado a imagem do país e a construção exterior de percepções. Os discursos de hostilidade face à imagem de inimigo perpétuo que a OTAN representa, a par da atitude crítica perante as políticas dos Estados Unidos, prolongam-se no tempo e, de forma muito particular, nos meios militares. Nesta listagem, a segurança energética e acções de cariz nuclear, como o escudo de defesa antimíssil (entendido na Rússia como mais uma manobra dos EUA para alcançar superioridade militar), estão incluídos. São também feitas referências ao terrorismo e separatismo, ambos transversais às dimensões interna/externa das políticas russas, identificados como ameaças prementes à segurança do país e exigindo medidas de resposta duras. A forma como a Rússia lidou com a questão chechena sob a presidência de Putin é exemplo deste entendimento – uma resposta altamente militarizada, violenta e repressiva com vista à contenção do terrorismo islâmico naquela república. E pretende constituir, como afirmado por autoridades russas, um exemplo de sucesso a seguir nomeadamente pela UE nas suas políticas concretas e nas medidas de combate ao terrorismo transnacional.

A revisão da doutrina militar russa foi iniciada de forma não oficial em 2007. De acordo com as propostas de revisão, o orçamento militar será aumentado e o poder dos militares reforçado. A retórica antiocidental é mantida, o que não é surpreendente no contexto de tensão internacional em que o exercício é iniciado, embora incluindo uma proposta de divisão de tarefas entre a OTAN e a Organização do Tratado de Segurança Colectiva (também esta um organismo de vocação essencialmente político-militar).[16] Desta forma a Rússia pretende criar um mecanismo de controlo sobre a Aliança Atlântica enquanto inviabilizador da política de alargamento, assumindo-a como desnecessária. Uma proposta certamente inaceitável para a Aliança Atlântica, mas reveladora da preocupação permanente nos meios militares face a esta ameaça de longa data. Além do mais, na nova proposta as dicotomias militar/não-militar, segurança interna/externa são ultrapassadas com a adopção de um entendimento integrado e abrangente de segurança (Haas, 2007a; Lantratov, 2006). Contudo, ainda é incerto quando é que este novo documento poderá ser adoptado, e, apesar da sua revisão se ter iniciado com Vladimir Putin, a sua adopção final foi deixada para mais tarde.

> A nossa Doutrina Militar existe e é bastante recente. Foi adoptada em 2001 quando eu estava prestes a terminar as minhas funções como Secretário do Conselho de Segurança e a assumir funções civis no Ministério da Defesa. Contém elementos fundamentais, como terrorismo, a ameaça de disseminação de armas de destruição maciça e conflitos internos. Está tudo lá na doutrina. Eu não digo que seja eterna, é claro. Talvez uma nova doutrina de segurança nacional deva ser adoptada. Mas se houver mesmo necessidade disso, deve ser aprovada primeiro e só depois uma nova doutrina militar ser talhada à luz desta. Porque não se deve pôr o carro à frente dos bois. Não excluo que dentro de vários anos precisaremos de uma nova doutrina, mesmo que não uma doutrina radicalmente nova, porque os principais factores estão já consagrados na de 2001 e o mundo não mudou assim tanto desde então (Sergei Ivanov citado em Felgenhauer, 2007).

O debate sobre a adopção de um documento revisto continua entre os militares e a elite política, embora as doutrinas de 1993 e de 2000 tenham sido gizadas pelos militares e estes estejam genericamente a pressionar no sentido da adopção de um documento actualizado. Depois, há o procedimento habitual de trabalhar na política de segurança de forma coordenada com a doutrina militar, o que adiciona à natureza intricada das conversações entre políticos e militares. Mas na Conferência de Munique, em Fevereiro de 2007, Putin deixou claro que o projecto estava em curso (Putin, 2007a). Quando estava a caracterizar uma presença russa reforçada no sistema internacional, o presidente

---

[16] A Organização do Tratado de Segurança Colectiva inclui a Arménia, Bielorrússia, Cazaquistão, Federação Russa, Tajiquistão e Quirguistão.

identificou «a modernização do Exército russo, a centralização da indústria de defesa sob comando directo do Kremlin e a adopção de uma nova doutrina militar em resposta à expansão da OTAN» (Putin citado em Yasmann, 2007a) como determinantes. De novo o sublinhar das ameaças já tradicionais a par da premência de reformas profundas a nível tecnológico e armamentista e de formação e treino. Um tipo de discurso bem acolhido no seio das elites militares, reforçado por gestos simbólicos como a recuperação das grandes paradas militares, e que reflecte o pragmatismo do presidente quanto à necessidade de apoio e lealdade dos militares relativamente às suas opções políticas.

Pragmatismo e "realismo assertivo": linhas transversais aos vectores estruturantes da política externa russa

A política externa russa tem sido moldada de acordo com vários factores, de carácter endógeno e exógeno, apesar dos princípios e objectivos estruturantes pós-Guerra Fria permanecerem ao longo do tempo: autoritarismo, centralização e aumento de influência no sistema internacional. O que de facto tem mudado e conferido um sentido de algum desajustamento à formulação da política russa tem sido a conjugação de meios e oportunidades na definição e prosseguimento dos seus interesses. Em meados dos anos 1990 houve uma alteração na orientação da política externa russa, como referido, com um tom mais assertivo e de reafirmação no que Moscovo define como a sua "vizinhança próxima", numa lógica de reposição do *status quo*. Ou seja, a Federação Russa assume claramente uma linha de continuidade na definição estratégica do espaço da antiga União Soviética, que se mantém nos anos Putin. Yevgeny Primakov foi essencial nesta reorientação da política externa russa, bem como na definição de uma orientação mais vocacionada para a transformação económica do país, tendo sido instrumental na engenharia destas mudanças. Nas suas palavras,

> A nossa aspiração a precisamente uma parceria mais equitativa e a afirmar o lugar da Rússia como um dos centros de influência no mundo multipolar produziu resultados. Quanto a implicações globais, a Rússia fortaleceu de forma óbvia as suas posições no seio do G-8 (Primakov, 1997).

Talvez um dos melhores exemplos desta nova linha tenha sido a reacção hostil russa à intervenção da OTAN nos Balcãs, em 1999. Tratou-se de uma demonstração clara da insatisfação russa para com as políticas norte-americanas e europeias para a área, sublinhada por uma atitude mais dura em termos do seu posicionamento no sistema internacional, exigindo o reconhecimento do seu estatuto como potência interessada e com direito de consulta. De facto, o Kremlin temeu que o novo conceito estratégico da Aliança Atlântica pudesse permitir acções fora-de-área, no seguimento do precedente estabelecido, em zonas cruciais como a região do Cáspio (Chufrin, 2001: 15). Um entendimento que contribuiu amplamente para a adopção dos já referidos documentos de política externa e de orientação estratégica e militar das políticas russas em 2000.

Com Vladimir Putin, a consolidação do crescimento e da estabilidade internos permitiram um tom mais assertivo na política externa. Assente numa análise pragmática das reais possibilidades e limites da Rússia, Putin conferiu substância ao conceito de política multivectorial, o que permitiu dar às acções externas russas um sentido de continuidade ao incluir a CEI como área de acção prioritária, bem como as dimensões ocidental e asiática, na sua agenda de política externa. Contudo, ao assumir o carácter multivectorial da política externa, implicando um âmbito de acção mais alargado e a consequente maior dificuldade em ajustar interesses por vezes conflituosos, Vladimir Putin obteve também maior margem de manobra, jogando com estas diferentes dimensões no melhor interesse da Rússia, e no contexto mais lato de projecção de poder numa ordem internacional crescentemente interdependente. Desta forma, o primeiro mandato de Putin permitiu a consolidação de uma tendência iniciada com Boris Ieltsin, mas que se tornou uma opção sólida na política externa russa nos dois mandatos de Putin enquanto Presidente da Federação Russa.

Descrevendo o envolvimento ocidental no espaço pós-soviético como interferência numa área vital de influência russa e tentando contê-la, as opções políticas de Moscovo têm revelado ambiguidades e um endurecimento do discurso e acção, em particular em finais do primeiro mandato e ao longo do segundo mandato de Putin. As ligações entre escolhas domésticas e projecção externa de poder tornam-se claras num contexto geoestratégico complexo onde o curso afirmativo da Rússia ganha contornos cada vez mais claros. «As mudanças na política externa russa desde 11 de Setembro baseiam-se em cálculos de prioridade e interesse, onde o risco se distingue da ameaça e as necessidades reais estão separadas de falsas ambições» (Lynch, 2003a: 29-30). Um entendimento claro de possibilidades e limites assente em princípios de *realpolitik* que tem conduzido as acções de política externa russas numa lógica de afirmação.

Os acontecimentos de 11 de Setembro de 2001 constituíram um acelerador de tendências já em marcha na Rússia, alimentando a política afirmativa e de ganhos de poder, quer internamente, quer em termos das formulações de política externa. A cooperação inicial com Washington conferiu legitimidade a uma série de acções até então objecto de fortes críticas ocidentais, como as suas práticas de repressão violenta do movimento separatista checheno, bem como de eliminação de oposição e de vozes discordantes, como o caso mediático do assassinato de Anna Politkovskaya em 2006. A rotulagem "terrorismo" e "terrorista" foi, neste contexto, aplicada de forma implacável pelas autoridades russas num exercício visando o silenciamento da ameaça terrorista no país. A guerra contra o terrorismo permitiu a «criação discursiva do "outro" externo, que reforça a nossa própria identidade» (Jackson, 2005: 59), deste modo sustentando e legitimando objectivos políticos. A sofisticação da linguagem, com o recurso a termos como "vândalos", "selvagens", "bárbaros" definidos pelos seus "actos terroristas criminosos e cobardes" que causam sérios problemas sociais ameaçando a ordem estabelecida, é exemplo disso (Cimeira UE-Rússia, 2002a).

Os problemas com grupos terroristas islâmicos no espaço da antiga União Soviética têm sido uma constante, com ataques perpetrados na Ásia Central, especialmente pelo Movimento Islâmico do Usbequistão, com acções no Quirguistão (1999 e 2000) e no Usbequistão (2000), bem como na própria Federação Russa, com os chechenos a liderarem o processo de contestação. De facto, as repúblicas russas do Cáucaso do Norte, incluindo a Chechénia, Inguchétia, Daguestão, Kabardino-Balkaria e Ossétia do Norte, têm apelado à formação da grande república islâmica do Cáucaso do Norte, através da autonomização completa em relação à Federação Russa. A precipitação dos acontecimentos no teatro Dubrokva em Moscovo (2002) e na escola de Beslan (2004), eventos entendidos no quadro da acção terrorista islâmica com dimensão transnacional, e a resposta dura das autoridades é reveladora do entendimento no Kremlin de que qualquer ameaça à ordem interna deve não só ser reprimida, como eliminada. Além do mais, e num quadro regional alargado, o Afeganistão é um foco de extrema importância na questão da instabilidade perto das fronteiras russas, com os movimentos islâmicos a assumirem um protagonismo entendido em Moscovo como fomentador de instabilidade na área.

Temos assim que com Vladimir Putin se inicia uma nova década e um novo ciclo que permitiram a clarificação dos objectivos de política externa russos, apesar de vários ajustes, resultando na revisão e adopção de documentos fundamentais, como o conceito de política externa, o conceito de segurança nacional e o documento relativo à doutrina militar (todos de 2000). Estes documentos apontam claramente para uma abordagem multilateral, para a CEI como área de importância estratégica e para a dimensão leste (Ásia-Pacífico) como área relevante na política externa de Moscovo. Sublinham ainda o objectivo russo de um «mundo equilibrado, equitativo e multipolar», onde a Rússia critica a tendência para uma «estrutura unipolar do mundo com o domínio económico e de poder dos Estados Unidos da América» (FPC, 2000), referindo o seu potencial de instabilidade e sublinhando a relevância de um sistema multipolar de relações internacionais.

> Em nosso entender, [multipolaridade] não tem nada que ver com confrontação ou posicionamento de um grupo de Estados contra terceiros. Pelo contrário, multipolaridade, da forma que a entendemos, significa acima de tudo interacção próxima de todos os Estados e regiões com base na igualdade, democracia, e parceria construtiva. É, essencialmente, sobre a necessidade de resolver problemas internacionais através de cooperação multilateral, tendo em conta os interesses de todos os Estados. Sem esta cooperação alargada não conseguimos visualizar uma nova ordem (Igor Ivanov, 2003: 34).

Os EUA merecem assim atenção particular, seguindo a convicção de que «as interacções russo-americanas são condição necessária para a melhoria da situação internacional e para alcançar a estabilidade estratégica global» (FPC, 2000; ver também os discursos anuais do presidente à nação). Assim, estes documentos consolidam as direcções, opções e objectivos da política externa de Moscovo, com a delineação de áreas preferenciais de acção juntamente com a necessidade de um curso mais assertivo e mais afirmativo em termos domésticos e internacionais. Os acontecimentos de 11 de Setembro de 2001 vão de algum modo projectar estes objectivos russos, funcionando como aceleradores de um conjunto de circunstâncias e tendências que a Rússia vai trabalhar em seu benefício. Contudo, não sem dificuldades expressas. De facto,

> a Rússia mantém algumas das vantagens de uma grande potência – é rica em recursos naturais, tem um grande arsenal de armas nucleares e um território que cobre grande parte da massa da Eurásia –, mas a economia russa permanece aproximadamente do tamanho da da Bélgica e os indicadores de estabilidade social na Rússia (esperança de vida, desemprego, cuidados de saúde, etc.) mostram que o país está longe de estar completamente desenvolvido (Bremmer, 2003: 238).

Além do mais, os indicadores demográficos são preocupantes, com a população a decrescer a um ritmo intenso naquele que é o maior país do mundo.

Uma preocupação que se tem mantido presente no Kremlin. Estas dificuldades e limites internos têm, contudo, sido jogados por Putin em seu favor, na medida do possível, identificando possíveis medidas alternativas, incluindo o potencial associado aos recursos energéticos, explorando-as e trabalhando aquilo que os russos consideram que os diferencia. «Com reservas enormes de hidrocarbonetos e outros recursos naturais, usufruindo de desenvolvimentos tecnológicos e culturais elevados, e com uma história de aliado na derrota de ditadores continentais, a Rússia considera-se diferente de outros poderes médios» (Sakwa, 2008: 267). Esta avaliação pragmática, juntamente com um entendimento de um passado glorioso e expressões de vantagens comparativas resultantes de diferenciação, tem funcionado como catalisadora deste curso afirmativo russo, aqui em análise.

Enquanto Presidente da Rússia entre 2000 e 2008, Vladimir Putin definiu a política externa do país como multivectorial e multipolar. A Rússia ambiciona uma política externa equilibrada onde a procura de pólos múltiplos tem por objectivo diversificar aliados e permitir a alteração de relações privilegiadas numa procura constante de contrapeso e primazia. Com um olhar realista sobre o interesse nacional e as prioridades de política externa, o chamado "pragmatismo nacionalista" (Light, 2003: 48), a projecção de poder e curso afirmativo de Vladimir Putin assentam numa ordem interna estável. Um curso que levou o Ministro dos Negócios Estrangeiros, Sergei Lavrov, a afirmar que «a política externa russa hoje é tal que, pela primeira vez na sua história, a Rússia está a começar a proteger o seu interesse nacional usando as suas vantagens competitivas» [geopolítica da energia] (Yasmann, 2007b). A combinação de factores internos e externos tem tornado possível este curso afirmativo, com ordem e crescimento a nível doméstico a sustentarem a procura de reconhecimento e legitimidade nas políticas regionais e globais.

Os objectivos da política externa russa definem como ponto central a promoção da CEI como área de interesse vital. É, contudo, uma área heterogénea com Estados diferenciados em termos das suas opções políticas, recursos económicos e perfis sociais. Isto significa que o objectivo russo de controlo e influência é limitado, apesar da sua influência reconhecida na área. Esta tem-se traduzido na política de envolvimento de Moscovo em termos económicos, políticos e militares. A manutenção de bases militares na Moldova e na Arménia é disso exemplo. Além do mais, os vastos recursos naturais da região levam a que Moscovo controle rotas de gasodutos e oleodutos bem como infra-estruturas como forma de manutenção de influência sobre os governos locais, ao mesmo tempo que beneficia desses mesmos bens económicos. Mantém-se ainda, embora com limites, conforme já se mencionou, como parceiro privilegiado em termos comerciais de muitas destas repúblicas, incluindo a venda de armamento e outros equipamentos militares.

As "revoluções coloridas" na Geórgia, na Ucrânia e no Quirguistão causaram preocupação na Rússia quanto à orientação pró-ocidental dos novos governos e à consequente diminuição da influência da Rússia. Se nos dois primeiros casos esta preocupação se revelou muito real, com um distanciamento claro de ambas as repúblicas dos alinhamentos "democrático-soberanos" de Moscovo, no último a alteração na liderança não passou de um mero formalismo. A atitude de aproximação à Rússia que as autoridades em Bishkek vêm desenvolvendo e reforçando desde então é demonstrativa do parco impacto do movimento "revolucionário", para além da substituição de Askar Akaev, que se exilou em Moscovo, por Kurmanbek Bakiev na presidência do país. Ou seja, a Revolução das Tulipas acabou personalizada na alteração de liderança, dando força ao discurso do Kremlin de que a sua posição perante outras possíveis "revoluções coloridas" seria claramente de oposição.

Além do mais, as tentativas russas de recuperação de influência através de políticas de dependência energética como forma de pressão revelaram alguns erros de cálculo. Com a interrupção do fornecimento de petróleo e gás à Ucrânia, Geórgia e Bielorrússia, por exemplo, cortes que se tornaram habituais nos últimos invernos e que acabaram por ter impacto directo nos abastecimentos à Europa, a Rússia enfrentou críticas várias, não só oriundas dos países directamente visados, mas também da União Europeia. Estas medidas acabaram por surtir um efeito contrário, com a Ucrânia e a Geórgia a distanciarem-se ainda mais da Rússia. O efeito imediato foi a procura de alternativas energéticas, de modo a ganhar maior independência face à Rússia, embora o poder efectivo de Moscovo a este nível seja ainda muito significativo, dada a rede densa herdada do período soviético e os elevados investimentos que novos projectos exigem.

As negociações relativas a novas rotas de oleodutos e gasodutos, com vários projectos a não incluírem a Rússia, demonstram uma crescente procura de independência face a uma Rússia descrita como "parceiro" não fiável. O oleoduto Baku-Tbilissi-Ceyhan (BTC), que traz petróleo do Cáspio até à Turquia, passando pela Geórgia, e daí para a Europa, é disso exemplo. Contudo, a negociação e implementação de acordos nestas matérias não tem sido um processo simples, com adiamentos sucessivos face a constrangimentos orçamentais e opções estratégicas que por vezes se revelam ineficazes. A suspensão dos abastecimentos do BTC, devido a explosões em algumas das suas secções, na altura das hostilidades armadas na Geórgia no Verão de 2008, é exemplo disso mesmo. Moscovo deixou claro que as políticas energéticas relativas à bacia do Cáspio, em sentido lato, não podem ser definidas sem ter em conta os seus interesses directos.

Interrogações sobre projectos alternativos como o Transcáspio ou o Nabucco surgiram imediatamente face aos custos envolvidos, e às pressões políticas que lhes poderão vir a ser associadas, dado as suas rotas não cruzarem território russo (neste quadro, o contexto pós-guerra na Geórgia, no Verão quente de 2008, adiciona muitos pontos de incerteza às dúvidas e receios já existentes, ultrapassando no entanto o objecto de análise deste livro). As políticas energéticas na área foram, por isso, elevadas a um estatuto relevante na agenda internacional, com competição apertada pelo controlo da produção e trânsito do petróleo e gás, aumentando o sentimento de vulnerabilidade em Moscovo, e permitindo acções concretas para além da retórica confrontacional habitual nestas matérias.

Neste contexto, os processos de integração regional no espaço da antiga União Soviética têm sofrido de um mal simples: geralmente são entendidos como pró ou anti-Rússia, o que torna a sua existência e significado difíceis de sustentar. Esta é uma das razões pelas quais a CEI nunca foi uma organização bem-sucedida. Interpretada como extensão russa de uma "re-idealização" da União Soviética, mais tarde consolidada no papel de liderança que a Rússia assumiu no quadro da Comunidade, a CEI nunca funcionou como grupo regional. Acabou por ser apenas um instrumento promotor e difusor das políticas e interesses russos. O resultado tem sido desconexão e desarticulação no seio da Comunidade, dinâmicas contrárias às intenções russas de aí constituir um elemento catalisador e unificador no espaço pós-soviético, e resumindo-se actualmente a pouco mais do que um fórum de diálogo.

A adicionar à precariedade da organização, a Geórgia retirou-se após as hostilidades armadas do Verão de 2008 e a Ucrânia reiterou o facto de nunca ter ratificado o seu estatuto de membro da organização em sede do Parlamento Nacional, de acordo com a lei fundamental do Estado. Num esforço de contornar estas limitações, a Rússia tem apostado na Organização do Tratado de Segurança Colectiva e procurado aumentar o seu papel, estatuto e capacidades operacionais. No entanto, em termos de membros trata-se de uma instituição mais restrita, envolvendo para além da Federação Russa apenas a Arménia, a Bielorrússia, o Cazaquistão, o Tajiquistão e o Quirguistão, repúblicas cuja lealdade para com Moscovo é conhecida. Com objectivos essencialmente de segurança e militares, esta organização pretende ser o "braço armado" de uma Rússia apoiada por repúblicas aliadas na área. A promoção da Organização do

Tratado de Segurança Colectiva pela Rússia tem constituído uma tentativa clara de promoção da cooperação regional, em particular em matéria político-militar.

Sob domínio russo, esta tem sido promovida como alternativa à cooperação não funcional no quadro da CEI. Os Estados implicados beneficiam de contribuições financeiras e militares russas, bem acolhidas em contextos de dificuldade económica (Allison, 2004: 469), embora não sejam suficientes para assegurar uma presença russa dominante nas suas políticas. As expressões de independência nas formulações de política externa do Cazaquistão ou do Quirguistão são exemplo concreto dos cursos multivectoriais das suas opções e do entendimento de que esta diversificação é benéfica para os seus interesses nacionais. No seguimento do esforço da cooperação multilateral no quadro desta organização, em Maio de 2002, foi alcançado um acordo entre a Rússia, o Cazaquistão, o Quirguistão, o Tajiquistão, a Bielorrússia e a Arménia, definindo o estabelecimento de um comando militar conjunto em Moscovo, uma Força de Reacção Rápida para a Ásia Central, um sistema de defesa aérea comum e acção coordenada em política externa, de segurança e defesa. No entanto, e apesar da assinatura do acordo e da operacionalização de algumas iniciativas no seu âmbito, esta tem enfrentado grandes limitações, conforme se analisa no capítulo relativo à Ásia Central.

O espaço pós-soviético, em grande medida devido aos seus recursos energéticos, tornou-se uma área de intersecção de interesses diferenciados, conferindo-lhe contornos complexos. Ao assegurar margem de manobra em termos político-diplomáticos e económicos, Moscovo prossegue simultaneamente o objectivo de manter esta área como de influência especial, e de contrabalançar e ter uma palavra a dizer quanto à presença dos Estados Unidos na região, ao aumento de influência chinesa na área ou a outras ingerências externas que identifica como contrárias à promoção da sua primazia neste espaço. Esta procura de equilíbrio tem incluído, por isso, tendências contraditórias de favorecimento dos Estados Unidos, por exemplo no que concerne ao estacionamento de tropas americanas na Ásia Central, mas também de contenção quanto à extensão e qualidade dessa presença. Já quanto à China, a dinâmica repete-se, ora colaborando em termos político-económicos e militares, ora restringindo o acesso chinês a meios e tecnologias. Além do mais, a UE tem ganho uma presença crescente na área, sugerindo também uma atitude reactiva de Moscovo, crítica do envolvimento da União, enquanto tenta estabelecer relações bilaterais preferenciais com alguns dos seus membros, como a Alemanha, ou mesmo a Hungria. Quanto à dimensão asiática, concentrando a atenção na Ásia Central, Moscovo pretende assegurar recursos energéticos e conter a influência ocidental e asiática (especialmente chinesa) naquele espaço.

A crescente relevância da Ásia Central nas políticas russas é clara, com ênfase acrescida nos contornos estratégicos que a bacia do Cáspio tem assumido, não só em matéria energética, mas também na importância de dinâmicas regionais na estabilização do Afeganistão e Paquistão, numa perspectiva multidimensional. Simultaneamente, o reforço da cooperação russa com as referidas repúblicas e a sintonização desta cooperação com quadros referenciais de colaboração mais latos, envolvendo a China, a Índia e mesmo o Irão, são centrais ao entendimento da dimensão oriental da política externa russa.

É neste quadro lato de desenvolvimento da política externa russa que os próximos capítulos se vão centrar, analisando cada um dos vectores estruturantes da política externa da presidência de Vladimir Putin nas diferentes dimensões identificadas.

PARTE I

A CEI: definição do espaço pós-soviético como área de influência vital

Dias antes da desagregação da União Soviética, que oficialmente cessou a sua existência a 25 de Dezembro de 1991, foi criada a CEI por um acordo assinado entre a Rússia, Bielorrússia e Ucrânia, na reserva natural de Belovezhskaya Pushcha, na Bielorrússia, a 8 de Dezembro de 1991. A Comunidade assenta no princípio da igualdade soberana dos seus Estados-membros. O objectivo era constituir um mecanismo agregador e facilitador de uma transformação pacífica da velha URSS numa nova forma de organização que perpetuasse o poder da Rússia no antigo espaço soviético. Ou seja, um novo organismo aglutinador que permitisse continuidade nas unidades constituintes da União Soviética, agora sob uma nova designação. Contudo, a criação da CEI não evitou que as repúblicas seguissem o seu próprio curso, independentemente da sua adesão à nova organização, à excepção das três repúblicas do Báltico – Estónia, Letónia e Lituânia –, que nunca foram Estados-membros da CEI. Quanto às outras repúblicas sucessoras da URSS, o seu nível de compromisso e envolvimento neste quadro institucional foi variável, e com o tempo e a leitura de instrumentalização da organização pela Federação Russa, a sua eficácia e capacidade de actuação acabaram por ser reduzidas. Sem dúvida, actualmente a CEI, bastante fragilizada no que toca ao nível de coesão interna, é, como já afirmado, essencialmente um fórum de diálogo. Além do mais, a Comunidade acabou por se revelar institucionalmente disfuncional, significando que o objectivo russo de influência e controlo se revelou limitado, apesar do seu poder e influência na área (Freire, 2009a).

É fundamental notar que o espaço CEI, apesar de muitas vezes rotulado como área homogénea, apresenta níveis de diferenciação consideráveis e o seu grau de heterogeneidade é marcante, a diferentes níveis, seja quanto a recursos materiais e humanos, governação interna, ou opções de política externa. Deste modo, a própria influência da Federação Russa encontra condicionantes claras a uma abordagem estratégica única, cuja validade é neste contexto claramente minimizada. Estas diferenciações têm de facto constituído obstáculo adicional à formulação política e estratégica russa para a área, com políticas contraditórias e nem sempre direccionadas numa lógica de reciprocidade com efeitos positivos para as partes envolvidas, incluindo Moscovo.

Vladimir Putin desde o início da sua presidência, em 2000, vai sublinhar a relevância do espaço CEI na política externa russa, mantendo-o como área de primazia e interesse vital. Em sucessivos discursos e documentos esta formulação é claríssima. Mas vai também reconhecer que práticas homogéneas face a um espaço heterogéneo têm implicações limitadas, o que o vai levar a criar alternativas e a reequacionar o modelo de cooperação no seio desta organização.

> A ênfase será colocada no desenvolvimento de boas relações de vizinhança e de parceria estratégica com todos os Estados-membros da CEI. As relações práticas com cada um deles deverão ser estruturadas de acordo com abertura recíproca à cooperação e prontidão para ter em atenção os interesses da Federação Russa, incluindo o respeito das garantias de direitos dos compatriotas russos. Prosseguindo a partir do conceito de integração a diferentes velocidades e multinível no quadro da CEI, a Rússia vai determinar os parâmetros e carácter da sua interacção com os Estados da CEI, quer no âmbito desta, quer de associações mais restritas, primeiramente a União Aduaneira e o Tratado de Segurança Colectiva (FPC, 2000).

Desta forma, Putin sublinha que o processo de integração no quadro CEI é um processo multifacetado e multinível: apresenta dimensões de actuação diversificadas e com base em níveis diferenciados de proximidade e cooperação entre os seus membros. Deixa também claro que os interesses da Rússia mantêm primazia no desenvolvimento destas relações, como evidenciado na menção aos direitos das minorias russas no espaço pós-soviético, que constituirão uma referência frequentemente utilizada por Moscovo nas críticas que formula às repúblicas mais críticas do Kremlin, e como forma de legitimação de práticas de ingerência, prosseguindo o princípio jurídico de defesa de direitos e liberdades fundamentais. Mas deixa espaço ao desenvolvimento de processos de integração diferenciados neste quadro, uma estratégia de sobrevivência para a própria organização.

Os desenvolvimentos no espaço pós-soviético, incluindo o surgimento de violência armada em algumas das antigas repúblicas (intra-estatais), e mesmo o conflito violento do Nagorno-Karabakh entre a Arménia e o Azerbaijão (inte-restatal), a par do maior envolvimento de actores externos, tornam a área foco de atenção. Além do mais, os recursos existentes em muitas destas repúblicas tornam-na uma área apetecível, na qual a Rússia pretende manter superioridade, numa lógica de perpetuação de "velhos" modelos de desenvolvimento. No entanto, e apesar dos novos contornos da política externa russa, a manutenção dos conflitos gelados no espaço pós-soviético durante os dois mandatos de Putin, nomeadamente os casos da Transnístria, Abcásia e Ossétia do Sul, são demonstrativos da incapacidade da Rússia de ser um "fornecedor de segurança" credível na região (Tinguy, 2005: 60). Esta leitura constituirá um obstáculo adicional à actuação russa na área da CEI.

Face aos problemas vários que Moscovo foi sentindo em termos de manutenção da sua influência nesta área que descreve como central aos seus interesses nacionais, em Fevereiro de 2001, o Secretário do Conselho de Segurança, Sergei Ivanov, anuncia um novo curso pragmático nas relações bilaterais no espaço pós-soviético, com o objectivo de melhor responder à necessária diferenciação na própria estratégia russa. Mais tarde, já em finais de 2003, e numa lógica de reforço desta tendência, Anatol Chubais, presidente da Companhia Eléctrica Estatal Russa, anuncia que a Rússia tem por objectivo construir um "império liberal" no espaço pós-soviético, tentando assim responder às ansiedades dos governos face a atitudes neo-imperialistas russas de recuperação territorial, quando na realidade o objectivo é de recuperação de influência. Num curso pragmático e regular, Putin vai consolidando a presença russa em algumas destas repúblicas, enquanto perde em grande medida o controlo sobre os desenvolvimentos noutras, como por exemplo na Geórgia e na Ucrânia. Mas nunca deixando de intervir, sempre que possível, no sentido de minar o curso pró-ocidental escolhido pelos governos destes Estados, como foi analisado.

As dificuldades no delineamento de uma estratégia são reconhecidas por Vladimir Putin, que sublinha a necessidade de criação de lógicas de cooperação atractivas para que a integração possa ser mais eficaz.

> Temos conseguido orientar a política nesta área para os interesses reais do nosso país e da população. Mas temos ainda de formular uma estratégia compreensiva de longo prazo, o que, em si mesmo, é um trabalho conceptual muito complexo. E ainda assim não estamos a usar suficientemente bem o crédito histórico e a confiança e amizade mútuas, as relações próximas que ligam os povos destes países. A falta de uma política efectiva russa na CEI ou uma pausa na prossecução da mesma resultará inevitavelmente numa situação onde outros, mais enérgicos, preencherão o vazio (Putin, 2004a: 3-4).

Deste modo, as relações com o espaço CEI, apesar de constituírem o vector primário de actuação de Moscovo, não correspondem a um pacote homogéneo de medidas, reconhecendo a heterogeneidade do espaço pós-soviético, bem como de interesses e graus de autonomia diferenciados face a Moscovo. Assim, foi desenvolvida uma fórmula multinível no relacionamento com este espaço, que contempla o nível bilateral e o regional (ou mesmo sub-regional). Estas lógicas diferenciadas ficam patentes no desenvolvimento dos processos de integração, com a CEI a marcar o regionalismo por excelência e o desenvolvimento de uma série de mecanismos de integração sub-regional, como a Organização do Tratado de Segurança Colectiva, ou a EurAsEC, entre outras, a firmarem o sub-regionalismo e acordos bilaterais com os diferentes Estados, com particular relevância para as dinâmicas de integração desenvolvidas com a Bielorrússia, mas também a níveis mais específicos com outras repúblicas a exemplificarem esta dimensão. De qualquer modo, e apesar deste pragmatismo face ao espaço pós-soviético, a sua primazia nos interesses nacionais russos não permite um afastamento simples face a posicionamentos anti-russos, como nos casos mais explícitos da Geórgia e da Ucrânia, como mencionado, com a Rússia a manter pressão política e económica, a promover menor presença externa na área e a assumir políticas mais assertivas num espaço que define como de influência natural.

Os capítulos que se seguem discutem as relações da Federação Russa com os Estados da CEI, dividindo este espaço em três áreas principais: a CEI ocidental, o Cáucaso do Sul e a Ásia Central. Deve, no entanto, ficar desde já claro que esta divisão facilita a análise de actores e dinâmicas, não correspondendo necessariamente a uma divisão em áreas homogéneas onde a relação dos países com Moscovo é similar, salientando os relacionamentos assimétricos que as caracterizam. De facto, são várias as disparidades identificadas nestas três áreas, não só a nível intra-regional, mas também nas relações com a Rússia, num entendimento bidireccional destas relações.

CAPÍTULO 2

A CEI OCIDENTAL: BIELORRÚSSIA, MOLDOVA E UCRÂNIA

Este capítulo tem como enfoque a CEI ocidental no quadro do "triângulo eslavo", berço da antiga Rússia, e formado pela Federação Russa, Ucrânia e Bielorrússia. Este triângulo, que parece crescentemente fragmentado pelo desalinhamento de políticas, ora mais próximas, ora mais distantes de Moscovo, apresenta tendências claras de distanciamento face à Rússia. A Ucrânia pela sua opção de alinhamento pró-ocidental e a Bielorrússia nos jogos de poder que trava com o Kremlin, em que as perspectivas de união já perfilhadas foram crescentemente dando lugar a uma política de independência, muitas vezes com contornos de grande dependência.

Este capítulo centra-se também nas relações entre a Rússia e a República da Moldova, onde o conflito da Transnístria permanece como foco de tensão e instabilidade, constituindo um elemento central no relacionamento bilateral. Os registos de apoio russo ao governo autoproclamado e não reconhecido de Tiraspol complicam o relacionamento, onde pesa também o reconhecimento de Chisinau da necessidade de boas relações com Moscovo. Estamos por isso perante uma relação difícil, que conjuga interesses e divergências numa equação constante de ganhos e perdas relativas. Neste contexto é também relevante a relação com a Ucrânia uma vez que a Moldova partilha com esta uma fronteira muito particular no leste do país, onde se encontra a região da Transnístria. Os controlos fronteiriços e as políticas de vizinhança entre os dois Estados são, por isso, da maior relevância na procura de uma solução política para o problema.

Devem ainda aqui ser tidas em conta dinâmicas regionais em que estes três Estados estão envolvidos, incluindo ou não a Rússia, como a CEI, que acompanha a análise ao longo do capítulo, mas também o processo de integração europeia que, quer a Moldova, quer a Ucrânia, têm desenvolvido no quadro da Política Europeia de Vizinhança (PEV), ou no quadro do Grupo GUAM – Organização para a Democracia e Desenvolvimento Económico (Geórgia, Ucrânia, Azerbaijão e Moldova), cuja Carta foi assinada pelos quatro em 2001 (sucedendo à anterior GUUAM, que contou com a participação do Usbequistão entre 1999 e 2005). Basicamente, esta organização tem uma orientação ocidental clara e conta com apoios ocidentais, em particular dos Estados Unidos. É, por isso mesmo, entendida pela Rússia como uma afronta directa à CEI e ao seu domínio, mais a mais que os objectivos preconizados incluem cooperação económica, desenvolvimento de infra-estruturas de transporte, fortalecimento da segurança regional e cooperação contra o crime organizado e o terrorismo internacional. Objectivos também estes traçados no âmbito da CEI. Estes processos, mais ou menos inclusivos, afectam claramente o relacionamento destes Estados com a Rússia, motivando em alguns momentos uma atitude mais assertiva da parte desta em resposta a tentativas de reforço de orientações pró-ocidentais em detrimento de Moscovo.

Este capítulo divide-se assim em duas grandes partes: uma primeira, em que se analisam as relações no âmbito do triângulo eslavo, envolvendo a Rússia, a Ucrânia e a Bielorrússia, e em que se argumenta que crescentemente as relações entre as partes são desiguais, para descontentamento de Moscovo, embora a Rússia exerça ainda um papel fundamental de influência, em particular no caso bielorrusso; e uma segunda, que inclui a Moldova e de forma particular a questão da Transnístria no relacionamento com Moscovo, em que se investigam os contornos do conflito armado e o modo como a sua perpetuação permite também a perpetuação de lógicas de lealdade num compromisso favorável quer a Moscovo, quer a Tiraspol, com as dificuldades inerentes para as autoridades centrais em Chisinau.

O triângulo eslavo: crescentemente um triângulo escaleno

Os três países eslavos, aliados tradicionais em termos históricos e culturais, prosseguiram cursos diferenciados após a desagregação da União Soviética, que se foram consolidando na primeira década pós-Guerra Fria. De uma ligação muito marcante no período soviético para relações mais independentes após a desagregação do bloco soviético, o triângulo tornou-se cada vez mais diferenciado, com as ligações entre as partes a assumirem contornos distintos e a distorcerem simetrias, assumindo desse modo uma configuração crescentemente escalena.

De facto, de uma forma gradual a CEI foi dando lugar a animosidade, em particular derivada da assertividade de Moscovo no seio da Comunidade. Enquanto a Bielorrússia entendeu, por mais de uma década, a sua participação na CEI como uma oportunidade, a Ucrânia percebeu-a como um obstáculo muito mais cedo. E este desalinhamento teve repercussões nos ajustes relativos às orientações das políticas a nível interno e externo nestas repúblicas e em relação à Rússia. O papel russo de liderança foi gradualmente desafiado, com a união Rússia-Bielorrússia a chegar a um impasse e a orientação ocidental ucraniana a ser reforçada. O resultado tem sido uma alteração nos padrões tradicionais das relações com Moscovo – de quase subserviência da parte da Bielorrússia para uma atitude mais interventiva, e de resignação da Ucrânia para uma maior independência. Contudo, existem laços históricos de natureza cultural e, em particular, económica que não podem ser descurados e que moldam as relações entre estes Estados, numa mistura de políticas de cooperação e competição que sugerem reflexão sobre a (dis)junção crescente no seio do triângulo eslavo.

A Ucrânia e a Bielorrússia, apesar do seu estatuto independente, eram tratadas bem ao estilo guerra fria, numa lógica de submissão a Moscovo. Contudo, esta lógica foi perdendo força à medida que estes Estados assumiram o seu novo papel e estatuto no sistema internacional. O padrão nas relações com a Rússia, de forma simplificada, passou a traduzir as ambivalências subjacentes à relação com Moscovo: quando as relações de Kiev e/ou Minsk com a Rússia são de cooperação, Washington mantém-se mais reservado, enquanto o reverso também se aplica. Na mesma linha, quando há tensão entre Washington e Moscovo, a Bielorrússia e, principalmente, a Ucrânia procuram jogar com o desacordo em seu máximo benefício, tentando maximizar ganhos individuais essencialmente a nível político e económico. O seu posicionamento geoestratégico entre dois gigantes – a UE e a Federação Russa – permite-lhes um estatuto privilegiado na gestão de diferendos, enquanto simultaneamente lhes confere um lugar delicado face a acções de retaliação, particularmente em matérias económicas e energéticas. Este desequilíbrio na procura de equilíbrios torna difícil a identificação de abordagens comuns, obstando à definição de uma política coordenada. O triângulo eslavo não é certamente equilátero (Freire, 2008a).

Apesar das dificuldades, as relações de Moscovo com estes Estados inserem-se na sua política multilateral de «interacção próxima entre Estados e regiões com base em igualdade, democracia e numa parceria construtiva» (Igor Ivanov, 2003: 34). Além do mais, enquadram-se nos princípios gerais de política externa definidos por Putin de que será dada ênfase ao «desenvolvimento das relações de vizinhança e de parceria estratégica com os Estados da CEI» (FPC, 2000). Note-se, ainda, que o documento de política externa prevê relações a diferentes ritmos e em níveis de integração diferenciados, a serem determinados por Moscovo de acordo com os parâmetros de funcionamento da organização e de associações mais pequenas desenvolvidas no seu âmbito, como, por exemplo, a união aduaneira ou o Tratado de Segurança Colectiva. Contudo, e apesar dos pressupostos enunciados, marcados de flexibilidade (uma "flexibilidade impositiva" face ao posicionamento russo enunciado), as relações no quadro da CEI não têm sido fáceis.

Apesar da assinatura de vários acordos de âmbito político-securitário e económico, grande parte destes não foi implementada, quer devido a interpretações restritivas, quer devido a desentendimentos quanto à sua interpretação. «Há um sentimento mínimo de identidade comum no quadro da CEI [...]. Ao invés, há processos divergentes de formação estatal, diversificação económica e políticas externas em interacção desconfortável constante umas com as outras» (Sakwa e Webber, 1999: 379). Iniciativas como a Sinergia do Mar Negro ou a PEV, além de dinâmicas bilaterais que vão tendo lugar, constituem aqui mecanismos em competição que contribuem para a desaceleração de investimento num quadro multilateral entendido como dominado por Moscovo. Além do mais, nesta fórmula flexível – necessária ao efeito agregador pretendido, caso contrário as repúblicas pós-soviéticas teriam uma atitude de ainda maiores reticências face à organização –, grande parte dos acordos não envolvem todos os membros da CEI, resultando num conjunto vasto de assimetrias onde a conjugação de interesses e exigências diferenciados tem dificultado em ampla medida o funcionamento da organização.

Estes desenvolvimentos, contrários ao que inicialmente havia sido gizado em Moscovo de apresentação da CEI como replicação da URSS, levaram a Rússia a assumir a maior parte das tarefas definidas como áreas prioritárias de intervenção da Comunidade: na prossecução de um papel proeminente, assegurando a sua supremacia numa esfera vital de influência, e envolvendo-se activamente na prevenção e gestão de crises no espaço pós-soviético. Deste modo, as políticas da CEI estiveram desde o seu início submetidas aos objectivos russos. A ausência de um processo de decisão equitativo e a não existência de mecanismos de monitorização aumentaram as suspeições de que as práticas intervencionistas russas serviam apenas os seus próprios interesses.

A assinatura do Tratado relativo ao Espaço Económico Único, em Setembro de 2003, pela Rússia, Bielorrússia, Ucrânia e Cazaquistão ("Os Quatro"), é exemplo simultaneamente da maleabilidade inerente à CEI e do papel de liderança da Rússia. Mas, no entanto, desde a sua criação que o EEU esteve envolto em ambiguidade, uma vez que a Ucrânia assinou o acordo relativo à colaboração no âmbito deste Espaço na condição de que o mesmo não invalidasse o seu objectivo de integração europeia, significando na prática limites substanciais ao seu envolvimento. As ambições russas, nem sempre claras, foram confrontadas com críticas ao desenho desta proposta de Espaço Único como sendo «parte ambição regional, parte hegemonismo explícito e, mesmo, parte antiglobalismo» (Sushko, 2004: 129). Ou seja, traduzindo de forma mais lata o objectivo de Putin de projecção russa no sistema internacional. Além do mais, parece ainda tratar-se de um movimento pragmático para leste, significando uma tentativa de promoção de laços de maior proximidade com os Estados da Ásia Central, dada a inclusão inicial do Cazaquistão neste fórum. Este exemplo permite de forma simplificada perceber a dinâmica de dominação subjacente à posição russa na CEI e em relação ao espaço pós-soviético. Contudo, importa sublinhar que esta não tem sido prosseguida sem restrições, como se analisa em seguida.

Ucrânia: integração europeia e relações difíceis com a Rússia

Desde a recuperação da independência, em 1991, a Ucrânia tem prosseguido um curso independente, apesar da sua localização entre as fronteiras da União Europeia e da Federação Russa condicionar em grande medida os contornos da sua política externa. A política multivectorial ucraniana tem sido entendida nos círculos ocidentais com alguma cautela face às muito publicitadas manobras das elites políticas em busca de benefícios pessoais, quer provenientes da assistência ocidental, quer resultantes da amizade russa. Esta interpretação de alguma incerteza em termos dos reais objectivos da política externa ucraniana tem sido desfavorável a uma maior integração do país nas estruturas ocidentais, não significando necessariamente adesão às mesmas.

Enquanto vizinha da Rússia, a Ucrânia tem prosseguido uma política de afirmação nacional, mas a inconsistência desta tem-se revelado na alternância de políticas de contenção e de assentimento para com Moscovo. Ou seja, claramente o carácter co-constitutivo da dimensão interna e da externa, conforme referido anteriormente, na formulação da política externa tem implicações nas opções ucranianas, sendo em muitas instâncias não apenas reflexo do curso de afirmação nacional, mas condicionada por pressões externas, como, por exemplo, através da redução ou mesmo interrupção dos fornecimentos de gás e petróleo russos. A Ucrânia depende dos recursos energéticos da Rússia, sendo esta o seu maior parceiro comercial, o que confere à sua independência um sentido de alguma dependência. Contudo, e contrariando algumas práticas de dependência, Moscovo reconhece a relevância de relações de boa vizinhança com Kiev, devido à localização estratégica do país, ao seu mercado em crescimento e a uma presença significativa de minorias russas, enquanto simultaneamente percepciona o curso pró-ocidental ucraniano como contrário aos seus interesses.

Na Ucrânia, o processo de transição política tem estado em desenvolvimento e a aproximação ao Ocidente foi declarada desde cedo uma prioridade. Se a recuperação da independência, em Agosto de 1991, significou a afirmação da identidade nacional, renovando as expectativas relativas ao regresso de práticas governativas distantes do modelo soviético, a Revolução Laranja de 2004 representou o culminar de uma série de desilusões e a exigência de mudanças estruturais nas políticas do país. A partir de 1991, a Ucrânia foi governada sob um regime presidencial semiautoritário liderado por Leonid Kravchuk (1991-1994) e por Leonid Kuchma (1994-2004). Os dez anos de governação de Kuchma, apoiado por uma estrutura hierárquica de poder com contornos bem definidos, permitiram a consolidação de grupos oligárquicos com poder económico e grande influência nos processos de decisão política (um pouco na linha do que aconteceu na própria Rússia nos anos Ieltsin), e que não era de modo algum único no espaço pós-soviético (Freire, 2006).

Ao longo da governação Kuchma, Vladimir Putin assinou uma série de acordos económicos, políticos e mesmo militares com a Ucrânia (essencialmente relativos a manobras conjuntas e à partilha da base naval de Sebastopol onde, depois de negociações prolongadas, a Frota do Mar Negro, controlada pela Rússia, se encontra estacionada – com previsão de manutenção da mesma até 2017), procurando manter uma relação de proximidade com uma das repúblicas centrais no quadro da CEI e evitando políticas de desenvolvimento de laços fortes de proximidade a ocidente. Ainda assim, é de referir o facto de a Ucrânia ser já neste período membro da Parceria para a Paz no âmbito da OTAN. O presidente russo comentava em Janeiro de 2004 que «a Rússia precisa de uma Ucrânia forte e a Ucrânia de uma Rússia forte» (RFE/RL, 2004a). E, de facto, em 2003 celebrou-se o ano da Rússia na Ucrânia, uma celebração que envolveu acontecimentos culturais, actos políticos e iniciativas económicas, entre outros, carregada de simbolismo dadas as relações históricas entre a Rússia e a Ucrânia.

Além do mais, foi ainda com Kuchma na presidência ucraniana que os problemas relativos às fronteiras internacionais no mar de Azov foram resolvidos por mútuo acordo, apesar das muitas dificuldades que envolveram o processo negocial, concluído em 2003. Basicamente, a questão traduziu-se na construção de uma barreira no Estreito de Kerch, pelas autoridades russas, que a Ucrânia contestou como se tratando de uma violação das suas águas territoriais. A decisão final resolveu em parte a questão dos problemas fronteiriços relativos ao mar de Azov, de acordo com a qual ambos os países têm direitos partilhados em medidas iguais de acesso ao Estreito, deixando em aberto a questão da exploração de minerais (gás natural) na área e abrindo caminho ao desenvolvimento de um espaço económico comum, fortalecendo as bases do relacionamento bilateral. Na altura, alguns críticos levantaram a questão de que a Rússia tem demasiado poder sobre a Ucrânia e que esta acabou por ceder num assunto onde a sua atitude deveria ter sido mais incisiva, assumindo mais claramente os seus interesses.

Em Abril de 2004, e nesta linha de reforço da cooperação no espaço CEI, como já foi mencionado, o parlamento russo, o cazaque e o ucraniano ratificaram a formação do Espaço Económico Único, implicando regulação partilhada das suas economias, abolição de tarifas comerciais e liberdade de movimento de bens, serviços e pessoas. Estava prevista a inclusão da Bielorrússia no curto prazo, tendo sido o presidente Lukashenko um dos grandes impulsionadores do processo, no entanto, manteve-o condicionado à participação efectiva da Ucrânia. Lukashenko aproveitou ainda para adiar a sua decisão como sinalização do seu desagrado por uma série de problemas que surgiram a nível bilateral com a Rússia, conforme se analisa na secção seguinte.

A maior preocupação ucraniana neste contexto prendia-se com o seu desejo de integração na Organização Mundial do Comércio (OMC), esperando que este acordo não viesse a constituir um obstáculo ao seu processo de adesão, como referido. Como forma de contornar esta dificuldade, o primeiro-ministro Yanukovich sublinhou que a implementação do Espaço Económico Único seria prosseguida sempre no quadro constitucional do país, salvaguardando desta forma quaisquer regras internas ao funcionamento deste novo espaço que pudessem colidir com o desejo de inclusão da Ucrânia na OMC, um processo já em curso na altura. Por esta mesma razão, a Ucrânia iria manter-se um parceiro reticente face ao aprofundamento de relações neste âmbito. O seu interesse em integrar-se em estruturas europeias, inicialmente nos formatos informais, mas pressionando para uma maior formalização desta aproximação, vai sobrepor-se a mecanismos que entende como menos favoráveis aos seus interesses nacionais, apesar das políticas de aproximação a Moscovo desenvolvidas nos primeiros anos da década de 2000. Neste sentido, o seu compromisso para com o Espaço Económico Único será mantido num registo ligeiro. Este tipo de compromisso descomprometido manter-se-á na política ucraniana e intensificar-se-á com os desenvolvimentos políticos que se seguem, tornando-se explícito quando a Ucrânia manifesta a sua intenção de aderir à OTAN e à UE. No entanto, e contrariamente a outros regimes pós-soviéticos com cariz centralizado e autoritário, deve ser sublinhado que a liderança de Kuchma permitiu espaço de manobra às forças da oposição e a mobilização da sociedade civil (Freire, 2009b: 1-2), contribuindo de forma indirecta para a possibilidade de alteração do regime e do curso político no país.

Os governos desde a Revolução Laranja, embora prosseguindo um curso declarado de combate a práticas ilícitas e da promoção da democracia, seguindo uma posição de desenvolvimento económico e consolidação política, têm sido prudentes nas formulações das suas políticas externas, de modo a não causar fricção desnecessária. De facto, enquanto a aproximação a ocidente é muito valiosa, as relações com a Rússia permanecem um pilar central nas políticas ucranianas. A política externa multivectorial ucraniana tem seguido o mote: "Para a Europa com a Rússia", aparentemente tentando reconciliar os vectores leste e oeste na orientação de política externa do país. As palavras do Ministro dos Negócios Estrangeiros ucraniano são claras: «as prioridades serão mantidas – isto é, integração europeia e Euro-Atlântica, significando UE e OTAN. Certamente continuaremos a dar igual atenção aos nossos vizinhos e, entre estes, aos parceiros estratégicos, a Rússia e a Polónia, e, claro, os Estados Unidos» (Tarasiuk, 2004).

Contudo, e apesar da continuidade nas políticas, a crise do gás com Moscovo em finais de Dezembro de 2005 e até 1 de Janeiro de 2006, com aumento dos preços cobrados pela Gazprom à Ucrânia, leva à suspensão dos abastecimentos, com consequências políticas e económicas sérias. Estas fazem-se sentir não só ao nível da relação bilateral, mas também pelo facto de afectarem alguns países europeus receptores de energia distribuída através da rede ucraniana e que não foi garantida. Apesar de resolvida em Janeiro de 2006, esta crise serviu como pretexto para a votação de uma moção de censura ao governo de Yekhanurov, com eleições parlamentares marcadas para 26 de Março de 2006 a deixarem o país numa situação política delicada. Os resultados enviaram um sinal de alerta sobre o crescente descontentamento com os resultados da Revolução Laranja após mais de um ano, com dificuldades económicas, escândalos políticos e problemas sociais apontados como as principais dificuldades que o país enfrentava.

As eleições presidenciais de 2004, que resultaram na Revolução Laranja, foram muito disputadas e objecto de grande controvérsia, traduzindo de modo simbólico a ambivalência inerente à formulação das políticas na Rússia e nos Estados Unidos. De forma simplificada, a crise acabou por ser equacionada como uma disputa entre uma Ucrânia voltada a ocidente, liderada por Viktor Yushchenko, e uma Ucrânia voltada a leste, sob a direcção de Viktor Yanukovich. Esta rotulagem bicéfala, apesar dos programas políticos de cada candidato, foi reforçada pelos meios de comunicação nacionais e internacionais e pelo envolvimento de governos estrangeiros.

O apoio de Vladimir Putin a Yanukovich, no contexto das denúncias de fraude eleitoral, reuniu fortes críticas internacionais, resultando num acto político questionável da parte do Kremlin e levantando dúvidas quanto às reminiscências de formas de pensamento neo-imperialistas em Moscovo. Colin Powell, então Secretário de Estado norte-americano, criticou Putin pelo seu apoio político e financeiro a Yanukovich (Warner, 2004), enquanto o Kremlin ripostou com argumentos similares quanto ao apoio de Washington a Yushchenko, o candidato pró-ocidental. Na troca de acusações, Putin criticou o envolvimento dos Estados Unidos na Ucrânia como uma tentativa de isolar a Rússia, enquanto comentava as relações Estados Unidos-Rússia como sendo, mais do que uma "parceria", uma "aliança" – declarações contraditórias visíveis no discurso de política externa da Rússia pós-soviética. Um sinal claro das dificuldades de gestão de relações, cada vez mais conturbadas, entre Moscovo e algumas das antigas repúblicas soviéticas. Um relacionamento que Moscovo pretendia linear, mas que se revelou crescentemente heterogéneo, com diferentes níveis de proximidade entre estes governos e o Kremlin.

Os ataques terroristas de 11 de Setembro nos Estados Unidos permitiram uma relação próxima entre a Rússia e o Ocidente, evitando que a Ucrânia jogasse a sua carta como poder intermédio. Além do mais, em finais de 2002 a cooperação entre Kiev e Washington sofreu um revés aquando da divulgação pública de materiais áudio contendo informações sobre corrupção e outras actividades criminosas, relacionadas com comércio de armas, envolvendo o presidente Kuchma e os seus colaboradores mais próximos. Como consequência directa do escândalo das armas, também conhecido como *Kolchuga affair* (da denominação do tipo de armamento em questão), o Presidente Kuchma foi desconvidado da cimeira da OTAN de 2002, um encontro onde no entanto fez questão de estar presente. Pela primeira vez na história da organização, os lugares foram organizados de acordo com o alfabeto francês de modo a não sentar a Ucrânia lado a lado com os Estados Unidos, deixando a Ucrânia no último lugar da fileira. Além do mais, a cimeira anual Ucrânia-Estados Unidos não se realizou em 2002. Estes desenvolvimentos foram objecto de consternação, azedaram as relações das autoridades ucranianas a ocidente e, consequentemente, atrasaram a intenção anunciada do governo de Kiev de aderir à OTAN e à UE.

Como forma de minimizar as consequências políticas do escândalo "Kolchuga", a Ucrânia enviou uma força de 1600 homens para o Iraque no Verão de 2003 (as últimas tropas regressaram a casa em Dezembro de 2005), um gesto bem acolhido em Washington. Além do mais, após a Revolução Laranja de Dezembro de 2004, o olhar ocidental ucraniano consolidou-se apesar da instabilidade governativa interna. As primeiras acções do presidente Yushchenko, após a decisão de reconhecimento da sua vitória eleitoral, foram direccionadas para a recuperação da confiança ocidental, enquanto procurava não colocar em questão as políticas de cooperação com a Rússia. Esta abordagem é baseada no entendimento de que os vectores europeus e russos na política externa do país são complementares, apesar do desejo ucraniano de maior integração nas estruturas ocidentais. Mas é também um sinal claro do reconhecimento de que a integração da Ucrânia nas estruturas europeias exige ainda a implementação de reformas profundas. Neste contexto, os Estados Unidos ofereceram o seu apoio ao curso reformista de transição para um sistema democrático e de economia de mercado. Paralelamente, Moscovo acenou com acordos económicos e energéticos, tão necessários ao país. Neste jogo de equilíbrios, onde muitas incertezas permanecem, aquilo que parece certo é que, «daqui em diante, a Ucrânia não será ignorada pela Europa [ou Estados Unidos] nem será um Estado cliente da Rússia» (Lavelle, 2005).

Bielorrússia: uma política de isolamento?

Aleksander Lukashenko foi eleito presidente da República da Bielorrússia em Janeiro de 1994, após um processo eleitoral democrático descrito como livre e justo por observadores internacionais. Nessa altura Lukashenko iniciou um processo de reforço do seu poder com a consolidação de autoridade e centralização das decisões fundamentais no seu gabinete. Em Novembro de 1996, após um referendo contestado, o presidente introduziu uma nova Constituição e dissolveu o 13º Soviete Supremo, nomeando membros leais desse Conselho para a nova Câmara de Representantes. Nesta linha, Lukashenko estabeleceu controlo absoluto sobre as políticas e a economia do Estado, que se mantém até aos dias de hoje. E, de facto, a anedota ironiza: «um dia Lukashenko aborrece-se de ser presidente e anuncia: "a coroação será amanhã"».

Estas alterações no processo de decisão e estruturas executivas do país geraram controvérsia, tendo sido acompanhadas de políticas repressivas face aos membros da oposição, incluindo a eliminação de vozes de descontentamento, obstrução à emissão livre nos meios de comunicação social e impedimentos relativos à realização de manifestações a favor de mudanças políticas. Mas a tensão que então se gerou foi aplacada e internamente a situação política estabilizou numa lógica de autoritarismo, com a Bielorrússia a ser genericamente descrita como um Estado autoritário, repressivo, e "não-livre" (Karatnycky, 2000: 195).

Contrariamente à Ucrânia, a Bielorrússia manteve um curso político sempre mais voltado para a Rússia do que para o Ocidente. Apesar da afirmação de políticas cooperativas face ao Ocidente, a existência de problemas é reconhecida de parte a parte. Essencialmente, a Bielorrússia entende que, no relacionamento com a UE e Washington, as políticas de condicionalidade, essencial-mente a nível económico e implicando exigências de maior democraticidade, têm constituído um sério entrave ao seu aprofundamento. Estas políticas de condicionalidade sobre as suas políticas e o curso reformista são lidas como intrusivas, argumentando as autoridades bielorrussas que estas conhecem os procedimentos no rumo para a democracia e que não necessitam de instru-ções, monitorização ou qualquer outro tipo de vigilância. Nas palavras do Vice--primeiro-ministro bielorrusso, Ural Latypov (2000), «estão a impor-nos recei-tas e remédios mais perigosos do que a própria doença».

De acordo com o presidente Lukashenko, a pressão ocidental sobre a Bielorrússia resulta do facto de esta não ter permitido a criação de um corre-dor Báltico-Mar Negro, entendido como uma medida adversa face à Rússia, e do facto de a liderança bielorrussa «se manter contra o monopolismo político internacional e a hegemonia de um Estado [os Estados Unidos]» (RFE/RL, 2001). Estas acusações políticas levaram claramente a um arrefecimento das relações com os Estados Unidos, que já desde o referendo de 1996 se manti-nham tensas. E, com o 11 de Setembro de 2001, o degelo sentido nas relações entre Washington e Moscovo não teve equivalência no caso de Minsk, com o aumento nas críticas a dar lugar a medidas concretas de reprovação. Em Dezembro de 2001, a Bielorrússia descrevia as suas relações com Washington como estando a "deteriorar-se" e que os contactos políticos tinham "estagnado" (RFE/RL, 2002).

Num contexto de crescente cerco e isolamento, com a parceria Estados Unidos-Rússia na luta contra o terrorismo, o estabelecimento do Conselho OTAN-Rússia e a crescente viragem a ocidente da Ucrânia (incluindo no quadro PEV), a Bielorrússia foi confrontada com os limites do seu próprio isolamento. Nas palavras de Lukashenko (RFE/RL, 2002), «temos de ter em atenção a situação actual e acostumarmo-nos a esta realidade» de uma grande interdependência transnacional em que não são sustentáveis práticas isola-cionistas no coração da Europa. Apesar da retórica política, de percepção da OTAN enquanto ameaça potencial, a doutrina e estratégia militares bielorrus-sas permaneceram defensivas (Szyszlo, 2003: 1) e acabaram mesmo por incluir elementos de aproximação às estruturas ocidentais na lógica de maior inclusão bielorrussa, entendidas sempre num registo de grande contenção.

Deste modo, e procurando inverter o isolamento a que estava votada, a par do delinear de uma união com a Rússia que não correspondia às expectativas em ter-mos de promoção do país e da sua maior integração, a Bielorrússia aproximou-se da OTAN e participou pela primeira vez num exercício militar – "Berazyna 2002"

(Missão Permanente da Bielorrússia junto da OTAN, s.d.; MNE da Bielorrússia, 2008; Kuzio, 2002) –, tendo reforçado também a sua participação em acções de monitorização no âmbito da OSCE (Ministério da Defesa da Bielorrússia, 1999). Note-se, no entanto, que anteriormente a Bielorrússia havia desenvolvido contactos no quadro da OTAN no âmbito da Parceria para a Paz e do Conselho de Parceria Euro-Atlântico, mais tarde redenominado Conselho de Cooperação do Atlântico Norte, mas problemas no relacionamento político com o Ocidente face a uma orientação política antiocidental e a problemas concretos que surgiram relativamente à nomeação e representação diplomática, em particular referentes à localização de embaixadas europeias em território bielorrusso, congelaram o desenvolvimento de laços de proximidade.

O simbolismo político desta participação num exercício militar da OTAN, mesmo que em pequena escala, num contexto de tensão marcada com Washington é de grande relevância. É também revelador de uma política paradoxal que procura gerir dependências e independência, i.e., afirmar as escolhas próprias do país, enquanto coordena estas com a muito necessária cooperação internacional, não esquecendo a Rússia como uma variável fundamental na equação. O resultado desta inversão tem levado a argumentos e posições contraditórias que tornam difícil adivinhar se Lukashenko realmente prossegue uma política de alguma abertura a ocidente, entendendo-a como benéfica para o próprio desenvolvimento e crescimento do país, ou se ao invés se trata apenas de uma estratégia política com o objectivo de reversão do seu isolacionismo e de pressão sobre uma Rússia cuja posição perante a consolidação da União de acordo com o desenho inicial parece cada vez menos real, mas sem uma base de sustentação sólida que permita a consolidação de laços de confiança e políticos.

De facto, apesar de algumas oportunidades de colaboração, a atitude bielorrussa tem-se mantido genericamente fechada a influências externas ocidentais, em particular norte-americanas. Enquanto Minsk critica as políticas unilaterais de Washington de ingerência nas políticas de países terceiros e de pressão sobre opções de governação de países estrangeiros, a Bielorrússia encontra-se inscrita na listagem norte-americana de países pária, tendo sido descrita como "lugar de tirania" pela então Secretária de Estado norte-americana Condoleezza Rice. Lukashenko comentou simplesmente que, se o país seguisse a política dos Estados Unidos, não enfrentaria quaisquer críticas. Contudo, e «uma vez que a Bielorrússia se aventurou numa política externa e interna independentes, isso é altamente punível» (RFE/RL, 2004b).

De facto, várias são as situações identificadas de parte a parte como estando a minar as relações. Por exemplo, a administração Bush reportou contactos próximos entre o regime bielorrusso e o Iraque de Saddam Hussein, com vendas secretas de armas e equipamento militar a Bagdad a par da lavagem de dinheiro em troca de petróleo e largas somas monetárias. Mas apesar da relação problemática, o isolamento do país é entendido no Ocidente como contraproducente, uma vez que pode contribuir para uma eventual aproximação a Estados descritos como párias ou permitir o desenvolvimento de cumplicidades com grupos criminosos, tornando a Bielorrússia um santuário para actividades relacionadas com terrorismo e outras práticas ilícitas, com consequências sérias para a segurança e a estabilidade às portas da Europa.

Claramente, a influência russa sobre as políticas bielorrussas não é comparável ao peso reduzido dos governos ocidentais. A Federação Russa, como parceiro privilegiado, é de facto quem está melhor posicionado para pressionar a Bielorrússia no sentido de um curso reformista, adicionando moderação às políticas autoritárias de Lukashenko. «Uma mudança de regime preventiva é a melhor possibilidade de Moscovo evitar uma revolução de orientação ocidental na Bielorrússia» (Trenin, 2005a) e de evitar atitudes anti-russas ou de confronto desfavoráveis à Rússia. Assim, Vladimir Putin deveria prosseguir uma política mais pró-activa e de envolvimento face às políticas bielorrussas. Tanto mais que, para Moscovo, uma aproximação de Minsk ao Ocidente seria um rude golpe na sua estratégia de manutenção de influência no espaço CEI.

> Para muitos entre a elite política russa, o Ocidente (quer entendido como OTAN ou UE) é ainda um adversário potencial, os Estados Bálticos são fortemente anti--russos e a Ucrânia está no processo de ser tomada pelo Ocidente e transformada num Estado-tampão contra a Rússia. Face a este contexto, uma Bielorrússia amigável não tem preço e nenhuma concessão é de mais para a manter assim (Trenin, 2005a).

A orientação russa nas políticas bielorrussas tem sido um objectivo constante desde que o presidente Lukashenko chegou ao poder em 1994. A Federação Russa não contestou o referendo de 1996 e a aprovação da nova Constituição, e fortaleceu relações com o seu vizinho. Os dois países ratificaram o Tratado sobre a Formação da Comunidade Bielorrússia-Rússia de 26 de Agosto de 1996, alargado em Dezembro de 1999 ao Tratado de União entre os dois. Trata-se de uma união baseada em princípios de soberania e igualdade, contendo o objectivo de formação de uma comunidade integrada política e economicamente

– de modo simplificado, a formação de um novo Estado federal subordinado às regras da União, de acordo com a legislação russa e bielorrussa.

Apesar de vantagens reconhecidas, a evolução diferenciada em termos económicos, sociais e políticos dos dois países levantou desde o início algumas interrogações quanto ao alcance dos objectivos propostos. O socialismo monopolista de Estado da Bielorrússia contrasta com o mercado social-capitalista emergente na Rússia, ainda com falhas, mas funcionando em moldes fundamentalmente diferentes. Além do mais, esta reconfiguração de objectivos e estratégias políticas em ambos os países tem causado reacções diferenciadas. Apesar de muitos na Bielorrússia reconhecerem a relevância da Rússia como parceiro político, económico e comercial, há receios quanto à crescente interferência de Moscovo nos assuntos bielorrussos, ainda mais após a assinatura do acordo da União, com muitos a citar a Rússia «como a maior ameaça à independência bielorrussa» (Marples, 2004: 40).

A crescente dissensão entre a Rússia e a Bielorrússia, já com Vladimir Putin como presidente russo, tem marcado as relações bilaterais, revelando expectativas muitas vezes contrárias, o que complica o aprofundamento do processo de integração entre as duas. Enquanto Lukashenko esperava que esta colaboração lhe permitisse alcançar a presidência russa como sucessor de Ieltsin, algo que não veio a acontecer, a Rússia vê a Bielorrússia como um vizinho pobre e pequeno, oferecendo condições inaceitáveis a Minsk, como a oferta de não mais do que o estatuto de república autónoma – a 90ª – no seio da Federação Russa. Uma proposta que Lukashenko descreveu como "insultuosa" (Trenin, 2005a), na prática significando perda de poder e autoridade para o próprio presidente Lukashenko. Deste modo, se até 1999 foram dados pequenos passos na construção da União, desde então foram dados passos gigantescos de retrocesso, revertendo a direcção da integração para o distanciamento. É neste contexto que Vladimir Putin tem gerido as relações russas com a pequena república eslava.

As questões energéticas têm sido, provavelmente, um dos elementos mais dissonantes nesta relação bilateral, com trocas de acusações e a demonstração clara das dificuldades inerentes ao funcionamento da União. A crise do gás de 2004 foi sem dúvida um momento marcante, em que a Rússia explicitamente demonstrou a sua posição de poder e a Bielorrússia se sentiu diminuída num relacionamento que entendia dever ser definido por critérios de paridade. O aumento no preço do gás imposto pela companhia russa Gazprom, para um nível que impossibilitava Minsk de corresponder aos pagamentos, levou ao corte nos abastecimentos, cujo efeito se fez sentir também na Europa. Com temperaturas abaixo dos 20 graus centígrados, a dependência energética em relação a Moscovo ficou clara. O presidente Lukashenko comentou a questão como sendo de violação de acordos existentes e constituindo claramente um assunto difícil nas relações bilaterais com Moscovo, descrevendo mesmo esta como uma atitude "terrorista" e nitidamente de "chantagem", mas perante a qual a Bielorrússia não tinha qualquer alternativa senão submeter-se às regras ditadas pelas autoridades russas. A questão acabou por ser resolvida com a concessão de um empréstimo russo à Bielorrússia para pagamento do diferencial relativo ao aumento de custos, o que veio reforçar ainda mais as ligações de dependência face a Moscovo. Não tendo sido um incidente único, este tipo de acções e a manutenção do estado da União num registo assimétrico claramente favorável à Rússia foram mantidos nos mandatos de Putin como forma de controlo sobre a pequena república, que, apesar de algumas tentativas de abertura a ocidente, não tem mecanismos desenvolvidos para que esta possa de facto constituir-se como um primeiro passo para uma maior autonomização face a Moscovo.

As inconsistências de um regime pouco consistente como o bielorrusso têm implicações claras no triângulo eslavo. A aproximação já referida entre a Rússia e os Estados Unidos que se seguiu aos ataques terroristas de Setembro de 2001 levou Lukashenko a calcular a sua relação com Moscovo em termos diferenciados. Delineou uma política alternativa centrada na preservação da independência política e económica do país com vista a diminuir a importância da União Rússia-Bielorrússia, que já na altura era um mecanismo de integração pouco convincente. No entanto, no reconhecimento de que uma política de isolamento não é possível no contexto pós-Guerra Fria e face ao desenvolvimento das políticas russas, o presidente bielorrusso mantém várias opções em aberto. No discurso de comemoração dos seus dez anos no poder afirmou, «nós não escolhemos leste ou oeste – nós escolhemos a Bielorrússia!» Simultaneamente, Lukashenko referiu-se à Europa como "vizinho estratégico", acrescentando que «os nossos irmãos não são a OTAN ou o Ocidente. Os nossos irmãos são os russos» (citado em Kudrin, 2004). Estas palavras demonstram as ambiguidades inerentes ao discurso, a mistura nas políticas de objectivos indefinidos que acabam por ser um reflexo claro da necessidade de integração do país e de conjugação de relações de cooperação com o Leste e o Ocidente com vista a minimizar a temida perda de independência na condução das políticas fundamentais do país. Ou seja, este continua a ser governado num estilo autoritário feudal que cada vez mais se revela incapaz de se manter num registo de imunidade face a desenvolvimentos a leste e oeste.

As questões energéticas e a pressão associada também merecem aqui referência. A posição russa dominante nesta matéria não tem permitido um leque de opções alargado aos seus vizinhos, no caso, Bielorrússia e Ucrânia, com as implicações discutidas.

Relativamente à tensão no início deste ano nas relações com os nossos vizinhos, os países que transportam os nossos recursos energéticos, devo ser extremamente franco e dizer que no ano passado tivemos de facto problemas sérios com os nossos parceiros ucranianos [que foram resolvidos]. [...] Devem entender que a Rússia não só deu a estas repúblicas a sua independência, mas também forneceu ao longo de 15 anos elevados subsídios às economias destes países, ajudando a fortalecer a sua independência e soberania. Quinze anos são suficientes e isto não pode continuar indefinidamente (Putin, 2007b: 1-2).

Deste modo, Putin procura justificar como um desenvolvimento natural as interrupções nos abastecimentos que ocorreram, mas que foram interpretadas por muitos não só no quadro das lógicas de mercado, mas também das lógicas de poder inerentes às políticas do Kremlin de manutenção e consolidação de influência numa área que define como vital – a energia usada como "arma" de abastecimento e relativamente às rotas de trânsito (Nygren, 2008: 13; LeVine, 2007: 382).

Enquanto a Ucrânia entende a cooperação com os Estados Unidos como uma janela de oportunidade, a Bielorrússia percebe-a como ameaça ao regime, e a Rússia balanceia entre os dois. Isto resulta numa imagem distorcida no seio do triângulo eslavo quanto às relações com os Estados Unidos. Também denota, dentro do triângulo, desacordo entre os três Estados, adicionando complexidade ao jogo geopolítico na área. Mais do que uma contribuição material, estes países são relevantes pela sua localização estratégica e processos internos de democratização e desenvolvimento económico, à excepção do regime bielorrusso e do seu curso essencialmente isolacionista. De facto, "a irmandade eslava", que poderia ter constituído uma oportunidade para a integração, revelou-se inadequada. A CEI, que poderia ter servido como mecanismo de convergência, revelou também perspectivas divergentes que resultaram em bloqueio.

República da Moldova: uma peça perdida na CEI ocidental?
A República da Moldova tornou-se formalmente independente em Agosto de 1991, quase um ano após a declaração de independência em Setembro de 1990 da República Transnístria da Moldávia (*Pridnestrovskaia Moldavskaia Republika*).

Esta região autoproclamou-se independente após um referendo onde 97,7% dos votos foram favoráveis a esse curso (Melvin, 1995: 63; ver também King, 2000). Este deveu-se ao receio de unificação da República da Moldávia com a Roménia, ao facto de este pequeno território ser historicamente eslavo e às incertezas relativas às reformas políticas e económicas que poderiam extinguir o modo de vida socialista, bem como os privilégios e prestígio socio-político da elite Transnístria, a par do facto de esta ser, então, a região do país mais industrializada, apesar de constituir apenas 12% do território da Moldávia, onde vivia cerca de 17% da sua população, mas onde era gerado 35% do seu rendimento nacional (CSCE, 1993: 14). Esta declaração de independência não foi reconhecida pelo governo central em Chisinau. Após anos de governo autoritário e economia centralizada, a República da Moldova (por alteração constitucional da sua denominação de República da Moldávia para República da Moldova, em Maio de 1991) comprometeu-se com o desenvolvimento de estruturas democráticas baseadas nos princípios do Estado de direito e de soberania (muito prezada dada a questão da região separatista da Transnístria).

A 8 de Dezembro de 1991, Mircea Snegur é eleito como primeiro presidente de uma Moldova independente, com apoio da Frente Popular (os movimentos independentistas pró-reformadores no espaço pós-soviético assumiam amplamente esta designação). A formação de um governo de unidade nacional em Julho de 1992 levou a que as exigências de unificação com a Roménia perdessem força face à opção de consolidação da independência nacional. Os primeiros objectivos de política externa da nova república tornaram-se a consolidação da independência, a aproximação aos Estados ocidentais democráticos e o combate ao separatismo da Transnístria.

Enquanto a Moldova se comprometeu com os princípios democráticos e a reforma do velho sistema, a Transnístria manteve-se leal ao sistema soviético. Tais posicionamentos exigiam uma divisão de poder no país, que, não possuindo os mecanismos que permitissem que essa transformação ocorresse por meios pacíficos e democráticos, tornou a violência inevitável. Em Março de 1992 iniciaram-se as hostilidades armadas e a liderança da Transnístria, sob o comando de Igor Smirnov, criou estruturas paramilitares e tomou o controlo das instituições oficiais na margem esquerda do rio Dniester. Chisinau tentou recuperar o controlo das mesmas, mas as suas forças mal equipadas e sem treino adequado (recém-formadas nessa altura) foram facilmente derrotadas pelas tropas transnístrias, que receberam equipamento, apoio e instruções do 14º Batalhão Russo estacionado na área (zona estratégica de importância para a

Rússia, nas fronteiras com a Europa e em relação aos Balcãs). Após quatro meses de combates intensos, as forças moldavas resignaram-se à sua inferioridade e aceitaram as condições russas para um cessar-fogo.

A 21 de Julho de 1992, a Moldova e a Rússia assinaram um acordo em Moscovo sobre os Princípios para uma Solução Pacífica do Conflito Armado na Transnístria. Foi acordado o cessar-fogo, definida uma área de segurança ao longo do rio Dniester, explicitado o respeito pelos direitos humanos e definido o envio de forças de manutenção da paz tripartidas: russas, moldavas e transnístrias. Estas estariam sob supervisão da Comissão Militar Trilateral Conjunta, subordinada à Comissão Conjunta de Controlo, estabelecida em Julho de 1992 com sede em Bender. O Batalhão Russo estacionado na Transnístria manter-se-ia neutro e seriam encetadas negociações relativamente ao estatuto e à retirada destas forças. O acordo estabelecia ainda o princípio da integridade territorial e de soberania da Moldova, e a consequente necessidade de definir um estatuto especial para a região separatista da Transnístria.

Contudo, desde a assinatura do acordo em 1992 que a Moldova e a Transnístria caminharam em sentidos opostos. Desenvolveram sistemas económicos, sociais, ideológicos, políticos e educativos distintos. Atravessando o rio Dniester e o posto de controlo fronteiriço da região separatista, entramos na Transnístria, onde o visto de entrada com limite temporal rigoroso é emitido no momento, recuamos duas dezenas de anos num regresso ao passado, à União Soviética. A estrutura dos edifícios, a manutenção das estátuas e símbolos, o orgulho na perpetuação de um ideário comunista ido, tudo é sentido. E de uma das muitas janelas do edifício presidencial no centro de Tiraspol fica a imagem personificada e intemporal de tempos passados ainda tão presentes.

A Transnístria manteve os princípios do sistema soviético, favoreceu a estatização da economia e manteve-se próxima da Rússia, desenvolvendo, apesar do seu estatuto não reconhecido, mecanismos de Estado, como organismos judiciais, administrativos e executivos. Sob embargo decretado pelas autoridades centrais moldavas, não recebe apoio internacional, mas Tiraspol possui um complexo militar bem organizado, incluindo indústria de fabrico e reparação de armamento, de onde provém grande parte das suas receitas. E o apoio da Federação Russa é também bem conhecido, apesar de repetidamente negado (Freire, 2002).

De acordo com as autoridades locais (dados não confirmados), a Transnístria registou em finais dos anos 1990 e inícios de 2000 um crescimento na ordem dos 209,6% (Transnístria, 2001). Além do mais, a liderança da república secessionista paga regularmente salários e pensões majorados face àqueles praticados na Moldova, garantindo dessa forma a lealdade da população. Note-se, no entanto, que estamos perante uma realidade difícil, onde os índices de pobreza e carências humanas e materiais são muito sentidos, quer na região separatista, quer na República da Moldova.

Já na República da Moldova, pelas ruas mal acabadas e nem sempre bem iluminadas de Chisinau, entre poeira e algum asfalto, facilmente se apreende um dia-a-dia difícil, com alguma azáfama, especialmente nos mercados locais. O centro da cidade, e em particular as zonas dos organismos governamentais, apresenta uma vida diferente, um estilo mais sofisticado, um enquadramento mais cuidado. Fora da capital, os vinhedos e grandes pastos marcam a paisagem de relevo pouco acentuado.

A República da Moldova aderiu aos princípios do mercado livre, privatização e democratização. É essencialmente um país agrícola e extremamente dependente da Rússia em matéria energética, no abastecimento de matérias-primas e do mercado russo para escoamento da sua produção. Mantém-se como um dos países mais pobres de todo o espaço pós-soviético, com problemas de corrupção a atravessarem todo o espectro político e muitas das reformas a serem distorcidas em favor de apenas alguns. Nas palavras do próprio presidente Vladimir Voronin, «a palavra "lei" tornou-se sinónimo de "corrupção", a palavra "reforma" de "estagnação", "pobreza" e "problemas"» (Voronin, 2001).

A impressão que se tem é que, apesar dos constrangimentos económicos, sociais e políticos, de facto estamos perante dois mundos diferentes. Este distanciamento progressivo entre a Moldova e a Transnístria tem tido reflexo no carácter prolongado das negociações, agravado pelas dificuldades em definir de mútuo acordo um estatuto para a Transnístria, com as respectivas competências, e a existência de largas quantidades de armamento e outro equipamento militar devido à permanência do 14º Batalhão Russo na área. Conseguiu-se até ao presente um consenso quanto à forma do acordo, mas não quanto ao seu conteúdo. O estatuto da Transnístria permanece como obstáculo fundamental à resolução da questão, com Chisinau disposta a atribuir ampla autonomia e poderes alargados a Tiraspol, embora não na figura de Estado federado, essencialmente devido ao tamanho do território (sendo também referida a inexistência de divisões étnicas que o pudessem justificar). Tiraspol entende autonomia como um acordo intergovernamental, conferindo à Transnístria o estatuto de Estado soberano, com poderes paralelos aos das autoridades centrais em Chisinau. Enquanto a Transnístria não está disposta a ceder os poderes alcançados – é um Estado *de facto* há 20 anos –, a Moldova rejeita a concessão de poderes fundamentais nas áreas da segurança, defesa e finanças, não reconhecendo a Transnístria como um Estado independente.

Outro tema chave que tem obstado aos avanços na resolução da questão refere-se à retirada das tropas e equipamento russos, fonte de amplo desacordo. Para a Moldova, a presença de cerca de 2500 militares russos no seu território constitui ocupação ilegal por uma força estrangeira e uma ameaça directa à sua unidade nacional. Para os transnístrios, as forças russas são percepcionadas como oferecendo apoio militar e outro, garantindo o estatuto separatista da região. Estes recusam inspecções militares internacionais (com algumas excepções a actividades de monitorização realizadas pela OSCE) e criam enormes obstáculos à desmilitarização da área, não reconhecendo legitimidade a qualquer acordo relativo à retirada das forças russas. Nesta matéria, a Moldova tem pedido à Rússia um compromisso mais sério, criticando a sua passividade e permissividade. A Rússia, por seu turno, tem condicionado a retirada militar à definição de um acordo político, com a justificação de que deste modo garante que não haja um regresso à violência armada e permite a consolidação da confiança entre as partes. Além do mais, sublinha continuamente as dificuldades associadas à retirada militar, em particular o transporte de equipamento através da Ucrânia e a construção de habitações e criação de outras condições para o pessoal militar no seu regresso à Rússia.

A OSCE, como mediadora nas conversações de paz, tem pressionado a Rússia a retirar, oferecendo como contrapartida assistência financeira internacional. Apesar do compromisso russo de retirada na Cimeira da organização em Istambul (Novembro de 1999), apenas grupos reduzidos de oficiais e algum equipamento militar têm sido desmobilizados e regressado à Rússia. Os esforços da OSCE têm sido amplamente condicionados pela atitude russa e, sem o compromisso e vontade política das partes, dificilmente se alcançará uma solução aceite e reconhecida por todos (Freire, 2003). Além do mais, a Transnístria desenvolveu todo um sistema de infra-estruturas, incluindo a sua própria moeda, selos, taxas alfandegárias, hino, para além do aparelho presidencial e parlamentar, como forma de reforçar o seu desejo de independência, entendendo que quaisquer cedências a Chisinau terminariam «o mito da Transnístria como fortaleza» (Bogatu, 2001), acabando na erosão do regime.

Os mediadores oficiais são a OSCE, a Ucrânia e a Rússia, e os Estados Unidos e a UE tornaram-se observadores em 2005. Para os mediadores, a solução tem de passar por um estatuto de autonomia ampla para a região e alguma forma aceitável de partilha de poder. A Ucrânia é favorável ao restauro do espaço económico-social entre as partes, que deverá seguir os termos do acordo de paz e do calendário da sua implementação (Entrevista com Levitsky, 1999), numa abordagem gradual que implique acordo nas questões menos delicadas e só depois a discussão dos temas mais difíceis, incluindo o estatuto político final. Kiev tem interesse directo na estabilização da situação, uma vez que a deslocação de equipamentos militares russos pelo seu território exige medidas adicionais de segurança e o controlo das actividades ilegais através das suas fronteiras com a Transnístria exige recursos e nem sempre é eficiente.

De forma a tornar as movimentações fronteiriças mais transparentes, e após pedido conjunto dos presidentes da Moldova e da Ucrânia, a UE estabeleceu a Missão de Assistência Fronteiriça (EUBAM, 2007) na Moldova e na Ucrânia em Junho de 2005. Além do mais, a inclusão da Moldova na Política Europeia de Vizinhança, com as negociações relativas ao Plano de Acção concluídas em Fevereiro de 2005, reflecte o esforço da UE em contribuir para a resolução da questão Transnístria, garantindo a europeização do país, estrategicamente localizado nas suas fronteiras e próximo também da Federação Russa. Contudo, e apesar de oficialmente comprometida com uma solução para o conflito, incluindo o envio de observadores militares para a zona, a Ucrânia recebeu o "presidente" Smirnov como convidado oficial e demonstrou o seu interesse no potencial industrial da Transnístria (Bowers *et al.*, 2001). Tem assumido por isso, e apesar das demonstrações de preocupação que vai veiculando, uma atitude *soft* nas negociações.

Quanto à Federação Russa, tem-se revelado um jogador inconsistente no processo de paz. Mantém ligações à Transnístria e tem demonstrado o seu apoio público à liderança em Tiraspol, mas continua a apoiar a integridade territorial da Moldova. Chisinau argumenta que a posição russa contraria as leis internacionais e o próprio compromisso oficial russo relativamente à integridade territorial da Moldova conforme foi reforçado já após a assinatura do acordo, em 1994 (CSCE, 1994). A estratégia russa é uma resposta dupla às exigências de respeito pela integridade territorial, não esquecendo os desafios separatistas no interior da própria Rússia, mas também ao desejo de controlo e influência no espaço pós-soviético, onde a perpetuação desta situação permite margem de manobra a Moscovo, conferindo-lhe poder adicional sobre as autoridades em Chisinau e mantendo uma presença militar às portas da Europa e bem próximo dos Balcãs (*Moldova News*, 1999). Por estas razões, a Rússia não tem exercido pressão política ou económica sobre a Transnístria de modo a pressionar no sentido da assinatura de um acordo final.

De facto, mais do que adjuvante, ao longo da presidência de Putin, a Rússia constituiu muitas vezes um entrave ao progresso negocial essencial a uma maior integração da Moldova nas estruturas ocidentais, o que também não é do interesse de Moscovo, como é bem conhecido. As tentativas moldavas de pressão sobre as autoridades em Tiraspol, como, por exemplo, a imposição de sanções económicas ou entraves à movimentação dos líderes separatistas, têm enfrentado oposição de Moscovo, veiculada de forma afirmativa e explícita, como em finais de 2004, quando a questão do ensino na área separatista agudizou as diferenças. A proibição instituída de ensino do alfabeto latino, usado na Moldova, e a imposição do uso do cirílico gerou, por razões óbvias, descontentamento e motivou a ameaça de imposição de sanções da parte de Chisinau, face à qual Moscovo reagiu com um sinal de aviso, entendido como factor de pressão.

O momento de maior tensão neste processo e que causou forte descontentamento no Kremlin foi a não assinatura por parte das autoridades moldavas do Memorando Kozak (em 2003) que previa a federalização do país, uma proposta patrocinada pela Rússia e que na prática significaria a sujeição sem retorno da parte da Moldova a uma solução que entendia como desfavorável, violando o princípio assimétrico que as autoridades continuam a defender. As contrapropostas negociais da liderança transnístria passam por uma negociação sem quaisquer pré-condições. Propõem um modelo federal, que entendem dever ser a forma conceptual de base do novo sistema, que se traduz não numa relação assimétrica entre Chisinau e Tiraspol, mas de igualdade – fazendo a analogia com o sistema chinês, "dois Estados, um país". Uma fórmula completamente inaceitável para a Moldova, que corresponderia na prática ao reconhecimento da independência da República da Transnístria.

Esta atitude irritou Moscovo, cujo apoio à Transnístria se tem mantido activo, ainda que com limites. De alguma forma, Tiraspol entende que, se conseguisse forçar um conflito armado com as autoridades moldavas que se alastrasse regionalmente, envolvendo as vizinhas Roménia e Ucrânia, poderia eventualmente conseguir o reconhecimento *de jure* da sua independência. Contudo, nem os vizinhos nem a Rússia parecem dispostos a apadrinhar e alinhar neste tipo de pressão e jogo, considerando-os perigosos e contrários aos seus interesses regionais. Mas a tensão mantém-se.

Em Setembro de 2004, por exemplo, o presidente Voronin solicitou a substituição das forças de manutenção da paz russas estacionadas na Transnístria por forças internacionais, com base em acusações de apoio das forças russas aos separatistas. «Por trás da liderança transnístria estão as denominadas forças de manutenção da paz, que supostamente nos deveriam apoiar na resolução do problema – mas que na realidade estão a dirigir Smirnov. É claro que estas forças são da Federação Russa e da Ucrânia» (Tomiuc, 2004). Já em Novembro, e face a movimentações da República da Moldova no sentido de uma maior aproximação à Europa e de maiores críticas à ineficácia das forças russas, a Rússia reagiu alertando para os problemas e consequências da alteração do quadro de boas relações com Moscovo, uma forma de pressão clara que não deixa grande espaço de manobra às autoridades moldavas.

Chisinau e Tiraspol têm efectivamente de demonstrar vontade política para resolver a longa disputa, independentemente de grupos de pressão e outros interesses instalados, evidenciando disponibilidade para aceitar concessões. O factor económico pode servir de incentivador de mudança, com ambas as partes a beneficiarem de um ambiente económico mais favorável. O alcance de um acordo político não é suficiente para a resolução de todas as diferenças e problemas, mas é necessário para uma transição de sucesso e a recuperação económica, incluindo a harmonização dos sistemas económicos e financeiros – possivelmente envolvendo um orçamento central e moeda unificada. Isto tornaria o país mais atractivo para os investidores estrangeiros e poderia levar à reestruturação do sector social (em particular através da criação de emprego). Apesar dos esforços de democratização, o país ainda tem um longo caminho a percorrer. Na procura de uma solução, o envolvimento de actores externos, em particular a Rússia, e mais recentemente a UE e os Estados Unidos, é crucial. A Rússia pode, sem dúvida, desempenhar um papel decisivo, uma vez que detém grande influência sobre todos os actores regionais e capacidade efectiva para pressionar as partes, mas quando o pretenderá fazer é ainda incerto, uma vez que tem beneficiado claramente da manutenção do *status quo* e de uma Transnístria dependente e leal, numa localização geoestratégica que merece toda a sua atenção.

A CEI ocidental entre a Rússia e a UE

Como já foi analisado, os três países da CEI ocidental – Bielorrússia, Moldova e Ucrânia – seguiram percursos diferenciados no período pós-Guerra Fria, de maior ou menor proximidade face a Moscovo. Durante a presidência de Vladimir Putin, as tendências já iniciadas com Ieltsin foram-se consolidando, dando lugar a uma imagem pouco confortável para as políticas de afirmação de Moscovo e de manutenção desta área como de influência primária. Em particular, o curso pró-ocidental e de grande autonomia da Ucrânia, em especial após a Revolução Laranja, marca de forma pragmática mas também simbólica o sentido de afastamento de políticas e práticas relativamente ao Kremlin, diminuindo a sua capacidade de actuação nesta área vital. Claramente, este já não é o período da Guerra Fria, mas também ainda não é um novo período com contornos bem definidos e uma ordem internacional assente em princípios partilhados e consensuais. E esta indefinição acaba por se revelar no curso ucraniano de distanciamento em relação à Rússia e de procura de integração formal nas instituições europeias, mas simultaneamente na necessidade de manutenção de relações cordiais com este vizinho gigante, que acabaram em alguns momentos por entravar processos pró-ocidentais definidos em Kiev.

O afastamento ucraniano das políticas russas e a sua procura de maior integração em estruturas europeias constitui um revés na política externa russa para a CEI, demonstrando as dificuldades em gerir interesses divergentes num espaço alargado. Quanto à Bielorrússia, a sua política de integração na Federação Russa prosseguida no período imediato à queda da União Soviética, contemplada na assinatura do tratado fundador da CEI, e mais tarde na formalização da União com a Rússia, vai dar lugar a uma atitude mais cautelosa. O processo de integração na Rússia parece não oferecer as condições a que o presidente Lukashenko aspirava e este não pretende abrir mão de poderes consolidados no que é já definido como um governo autoritário concentrado no seu pequeno território. Esta atitude de auto-isolamento, com consequências relevantes para a pequena república, como já foi analisado, foi objecto de algumas tentativas de inversão ao longo dos anos de governação de Putin, com procura de maior colaboração a ocidente, embora dentro de limites muito bem definidos.

A República da Moldova, sem recursos significativos e muito dependente da Rússia, após um período inicial de transição democrática, elegeu um presidente de orientação comunista que se manteve no poder ao longo dos anos de presidência de Putin. Se inicialmente esta alteração na liderança moldava criou alguma expectativa quanto à possibilidade de encontro de uma solução política para a questão da Transnístria, uma vez que os alinhamentos político-ideológicos eram próximos, esta acabou por se revelar muito limitada. O presidente Voronin não foi de facto capaz de reunir em seu torno os apoios e consensos necessários, particularmente devido às posições de intransigência dos transnístrios após anos de vivência de independência *de facto*. O apoio russo à pequena república separatista não contribuiu também para que uma solução pudesse ser delineada com o consentimento de todos os envolvidos, mais a mais que a manutenção do *status quo* é do interesse de Moscovo, como já foi analisado.

Assim, e em jeito de conclusão, a CEI ocidental é claramente uma área diferenciada nas suas especificidades, nas opções políticas dos países que a compõem e no enquadramento político dado a diferentes questões e ao próprio relacionamento com a Rússia. Sumariamente, este é de grande dependência no caso da Bielorrússia e ainda da Moldova, apesar de tentativas de pequena escala de diversificação de apoios e contactos, e de ampla autonomia das autoridades ucranianas, embora não sem dificuldades. Uma demonstração, no entanto, de que o poder e a influência da Rússia no espaço CEI não são lineares nem garantidos, conforme se irá analisar nos capítulos seguintes.

CAPÍTULO 3

O CÁUCASO DO SUL: (DIS)PARIDADES NUMA ÁREA ESTRATÉGICA

Na encruzilhada entre a Europa, Ásia e Rússia, ribeirinhos aos mares Negro e Cáspio, os países do Cáucaso do Sul assomaram à agenda política já na segunda década pós-Guerra Fria, em particular após o 11 de Setembro de 2001. A sua localização estratégica e recursos energéticos permitiram que a região desempenhasse um papel fundamental no apoio às operações aliadas no Afeganistão, perante as quais, em particular a Geórgia, ofereceu de imediato as suas capacidades operacionais e infra-estruturas. Crescentemente foco de cobiça internacional, a região tem maximizado esta rivalidade na procura de ganhos, traduzindo-se essencialmente ao nível de uma maior independência das suas orientações políticas no contexto pós-soviético. Mas estas não deixam de ser constrangidas pelo contexto interno e externo em que a região se insere, com os conflitos armados a causarem grande instabilidade e com uma presença muito forte de actores como a Rússia, o Irão e a Turquia herdada de um passado partilhado que não pode ser ignorado. Deste modo, a estabilidade regional no Cáucaso do Sul depende de um equilíbrio delicado de interesses e percepções em diferentes níveis de interacção, doméstico e externo, e da conjugação de factores geopolíticos, estratégicos, económicos e securitários nesta interligação.

Se esta intersecção de interesses diferenciados tem sido aproveitada pelos três países em seu benefício, na procura de proveitos económicos e políticos, também tem tido, no entanto, o efeito contrário de promover a já existente tendência de polarização das políticas regionais (Cornell, 2004: 126). A rivalidade entre os EUA e a Rússia é aqui um bom exemplo, promovendo um cálculo estratégico de segurança nas decisões de política externa dos líderes regionais. Este padrão de relações de cooperação/competição cria uma estabilidade precária no Cáucaso do Sul uma vez que nenhuma das alianças estratégicas é duradoura, embora também nenhuma crie linhas divisórias em termos de desequilíbrios de poder (Simão e Freire, 2008: 53). Embora os três países tenham alguma margem de manobra, as relações EUA-Rússia na área têm uma implicação fundamental nos processos de decisão dos mesmos (Derghoukassian, 2006: 10).

Os três países do Cáucaso do Sul – Arménia, Azerbaijão e Geórgia – são frequentemente descritos como um grupo regional único, quando essa percepção regional se tem, na realidade, revelado distante das particularidades locais.

Apesar de um longo passado histórico comum, e de muitos factores de cooperação e rivalidade que interligam os três países, o curso de desenvolvimento de cada uma destas repúblicas tem sido díspar. A multidimensionalidade do Cáucaso do Sul agrega conflitos regionais, intra e interestatais, diferenciação étnica e religiosa, recursos e rotas energéticas com potencialidades distintas, bem como cursos de transformação política, social e económica diferenciados, com relações de maior ou menor proximidade à Rússia que afectam claramente estas mesmas opções de desenvolvimento a nível doméstico e externo.

Os processos de transição pós-soviética no Cáucaso do Sul foram fortemente marcados por conflitualidade armada. A impreparação dos governos locais para fazer face aos desafios de transformação de um modelo de governação planificado e centralizado para um novo modelo mais flexível, mais aberto e mais democrático revelou-se problemática. A nível político, tendências de democratização foram subvertidas pela radicalização de movimentos nacionalistas face à escalada de conflitos armados – na Abcásia e Ossétia do Sul, no interior da Geórgia, e relativamente ao Nagorno-Karabakh, o conflito violento interestatal entre a Arménia e o Azerbaijão – e à falta de redistribuição económica positiva que claramente contribuiu para adensar as tensões existentes (Parrott, 1997).

Na altura em que Vladimir Putin assume a liderança na Rússia, os três Estados do Cáucaso do Sul, de forma diferenciada, haviam já consolidado os seus cursos, com relativa estabilidade política e social e perspectivas económicas melhoradas, apesar da perpetuação dos conflitos armados, num registo de violência latente e quase de reconhecimento *de facto* das áreas em causa, governadas pelas autoridades autoproclamadas e não reconhecidas pelas autoridades em Tbilissi, no caso da Abcásia e Ossétia do Sul na Geórgia; e de calma aparente no caso do Nagorno-Karabakh, sendo que Erevan e Baku não mantêm relações diplomáticas e as suas fronteiras mantêm-se fechadas. A Federação Russa apoiou os movimentos independentistas na Geórgia, entendendo o curso pró-ocidental da república como contrário aos seus interesses. Esta atitude mantém-se com Vladimir Putin, na lógica de afirmação e ganho de influência, em particular no espaço pós-soviético. Além do mais, o Cáucaso do Sul é uma área estratégica fundamental onde se intersectam interesses económicos e energéticos vários, e nos quais a Rússia pretende ser um protagonista activo.

Enquanto a Arménia permanece muito dependente da Rússia nas suas opções de política externa, a Geórgia afastou-se completamente do que designa de hegemonia russa, assumindo um curso pró-ocidental e desenvolvendo relações marcadamente tensas com a Federação Russa. Já Baku mantém uma posição mais equilibrada, geralmente descrita como multidimensional, promovendo relações com os russos, mas também com os norte-americanos e europeus, e desenvolvendo ligações à Ásia Central e para além desta. A independência económica de que o país goza tem-lhe permitido um curso autónomo em matéria de política externa, que Moscovo tem dificuldade em moldar, tendo uma capacidade muito reduzida de influência face às autoridades azeris. Deste modo, as políticas de Putin para a área foram ao longo dos seus dois mandatos caracterizadas por um forte envolvimento e presença russa, por exemplo, através da manutenção das suas bases militares na Arménia, e por tentativas claras de influenciar no sentido da alteração de opções anti-Rússia contraproducentes naquele cenário entendido como estratégico. O recurso a pressão política e económica, bem como energética, tem pautado as acções de retaliação russas e constituído uma forma de reacção perante desenvolvimentos indesejados no quadro geográfico da CEI.

Azerbaijão: autonomia e independência face à Rússia

As relações da Rússia com Baku, apesar de terem contornos próprios, não escapam às linhas de alguma descontinuidade que vão sendo comuns nas relações no espaço pós-soviético. Logo no início da presidência de Vladimir Putin, as relações com o Azerbaijão obtiveram um estatuto especial na política externa russa, pelo reconhecimento de que este constituía um país central no espaço pós-soviético, não só pela sua localização geográfica e riqueza energética, mas também pela necessidade de estabilidade e desenvolvimento num país muçulmano com relações próximas com Moscovo e que funcionasse como exemplo para outra repúblicas muçulmanas na área e nesse sentido evitasse, na medida do possível, problemas adicionais face ao crescimento de movimentos radicais islâmicos, cuja acção poderia causar instabilidade numa área regional alargada envolvendo também a Rússia.

Esta atitude russa face ao Azerbaijão não lhe permitia uma actuação prepotente e omnipresente como noutros casos, nomeadamente no caso da Arménia. Assim, Moscovo foi desenvolvendo relações com as autoridades em Baku numa linha não intervencionista, incluindo a não ingerência nos assuntos internos e não envolvimento em tentativas de manutenção de lealdades na administração, que poderiam gerar consequências de efeito inverso, negativas para os objectivos russos na área. Ou seja, qualquer acção russa que pudesse ser entendida como hostil deveria ser evitada e foi com base nesta linha de princípios que Putin prosseguiu a sua política de aproximação às autoridades azeris, com bastante sucesso na sua fase inicial (Presidente da Rússia, 2001).

Em Dezembro de 2003, no funeral de Heidar Aliyev, Putin sublinhou o homem de visão que Aliyev tinha sido enquanto presidente do Azerbaijão e o nível positivo na cooperação alcançada entre os dois países, que se deveria manter como exemplo para o futuro (Russia in Global Affairs, 2003). Putin referia-se a acordos como o do arrendamento da base de Gabbala ou o acordo relativo à divisão de recursos do Cáspio. Este último, relativo às fronteiras de exploração de petróleo e gás do mar Cáspio entre os dois países, assinado em Setembro de 2002, conferiu a esta relação um contorno positivo. No entanto, também neste período se verificaram dificuldades, como os rumores que circularam no Verão de 2000 de que rebeldes chechenos se encontravam escondidos no Azerbaijão e que originaram dissensão nas relações entre Moscovo e Baku (Black, 2003: 230). Mas a anotação positiva no relacionamento entre Putin e Aliyev "pai" vai ser diferenciada quando após a morte deste lhe sucede Ilham Aliyev, seu filho.

O Azerbaijão conserva um estilo autoritário de governação, com linhas feudais de sucessão, com o poder a passar de pai para filho, sustentado nos rendimentos da sua produção energética e projectando-o como potencial líder regional. Contudo, a sua economia é altamente dependente da exportação dos recursos energéticos, o que já levou as autoridades em Baku a iniciar negociações relativamente à manutenção de rotas de trânsito dos recursos provenientes da Ásia Central como forma de assegurar o seu lugar central, não só como produtor (estima-se que a capacidade máxima de produção seja atingida em 2014-2015), mas também enquanto país de trânsito (e, a este nível, num quadro temporal bastante mais alargado). Este estatuto confere à política externa de Baku um cariz multivectorial e independente, permitindo-lhe grande margem de manobra face a Moscovo, mas também face a outros actores, como os Estados Unidos, a UE ou a China. A Rússia entende o envolvimento de actores externos na área CEI como ameaça à sua própria segurança, bem como dos investimentos russos, como já foi analisado, e mantém nesta linha uma reacção negativa face à política de autonomia de Baku, que imprime um distanciamento claro e uma capacidade de influência reduzida a Moscovo (Galstyan, 2007: 297).

Neste alinhamento, o Azerbaijão tem mantido uma política externa balanceada entre o Ocidente e a Rússia, evitando relações de dependência directa, com base nos seus recursos energéticos e índices de crescimento económico, que se mantiveram na ordem dos 10% ao ano na segunda década pós-Guerra Fria. Como referido, ocupa um lugar central no jogo geoestratégico energético do Cáucaso, quer como produtor, quer como país de trânsito, estatuto este que está bem patente nos seus objectivos políticos, pela própria amplitude de opções que esta capacidade lhe confere.

A visita de Putin ao Azerbaijão em Fevereiro de 2006 teve como objectivo principal a inauguração do ano da Rússia no Azerbaijão, após 2005 ter sido o ano do Azerbaijão na Rússia. O presidente azeri, Ilham Aliyev, descreveu as relações como de boa vizinhança e exemplares, mas ficou muito claro o limite do potencial russo de influência, em particular em termos energéticos, face à competição económica com actores como os Estados Unidos (Socor, 2006). Tratou-se, por isso mesmo, de uma visita de reafirmação de boas relações e de reforço de laços histórico-culturais, constituindo uma base sólida para o desenvolvimento das relações entre as partes. Neste período é já bem clara a posição de autonomia e independência de Baku face a Moscovo em decisões de suma importância, como questões energéticas, investimentos e desenvolvimento de relações diferenciadas a leste e ocidente, sem pressão russa.

De facto, o oleoduto Baku-Novorossiysk, levando petróleo até à Rússia, continua activo, mas o fluxo diminuiu em benefício de outras rotas que não passam necessariamente por território russo, incluindo o oleoduto que liga Baku-Tbilissi-Ceyhan (BTC), exemplo do curso independente do país nas suas relações com a Rússia, com base em problemas de definição de preços e pagamentos de tarifas de trânsito das rotas, que Baku descreve como desfavoráveis. Sem passar em território russo, o BTC tem sido foco de descontentamento de Moscovo face a lógicas de diversificação que diminuem a dependência do Azerbaijão dos fornecimentos à Federação Russa, onde estão concentradas a maioria das rotas energéticas. Agindo como líder regional, o Azerbaijão espera não só ganhar em termos energéticos, definindo-se como parceiro natural dos EUA e da UE (ver LeVine, 2007), mas também face à sua localização estratégica e potencial energético, conseguindo fortalecer as suas reivindicações no conflito armado do Nagorno-Karabakh com a Arménia.

Por seu turno, a dependência do Azerbaijão do gás natural da Rússia é conhecida, como forma de compensar as suas reservas menores a este nível e o investimento em outro tipo de recursos. De alguma forma, esta dependência constituiu um elemento de equilíbrio durante algum tempo, mas foi diminuindo com a procura de alternativas e a redução da dependência azeri da Rússia nesta matéria, incluindo através do aumento da exploração de recursos próprios.

Em termos de segurança e militares, as conversações dividem-se em dois pontos fundamentais: por um lado, a política de colaboração russa na venda de equipamentos militares, que o Azerbaijão entende como proveitosa, mas sublinhando que cooperará nesta matéria não só com a Rússia, mas também com outros países – salvaguardando também nesta questão sensível o grau de autonomia que considera necessário face a Moscovo; e, por outro lado, num registo de dissensão no que concerne a deslocalização de equipamento militar russo de bases na Geórgia, de acordo com princípios assumidos pela Rússia, para bases militares na Arménia, bem próximas das fronteiras com o Azerbaijão. Não esquecendo obviamente a questão do conflito armado entre a Arménia e o Azerbaijão, relativo ao Nagorno-Karabakh, e a forma como Baku entende que estas movimentações militares poderão reforçar o poder arménio e desequilibrar o já parco equilíbrio de forças na região, em detrimento da sua posição (Black, 2003: 230).

O apoio de Moscovo às autoridades em Erevan é conhecido, e é discutido mais adiante, sendo extensível à questão do Nagorno-Karabakh, embora Vladimir Putin sublinhe sempre o carácter não personalizado da questão e a posição independente russa como sendo de não apoio explícito a qualquer das partes em disputa. A Rússia tem estado envolvida no processo de mediação e na procura de uma solução política para a questão sem tomar partido, sem oferecer apoios que desequilibrem as forças e, deste modo, procurando assumir o seu papel neutral numa questão muito controversa e cujo historial de envolvimento russo desagrada às autoridades azeris.

A proposta russa, de 2005, de criação de uma Força Naval Conjunta com o envolvimento dos cinco países do Cáspio é também uma proposta face à qual o Azerbaijão manteve reticências (Socor, 2006), entendendo-a como não promovendo os seus interesses e podendo eventualmente vir a constituir um obstáculo à sua afirmação regional, com eventuais tentativas russas de liderança do processo. Face às dificuldades que o Kremlin vai enfrentando nos níveis mais importantes da colaboração bilateral, incluindo relações políticas e dinâmicas energéticas, e dada a atitude pragmática de Putin, sensivelmente a partir de 2006 parece haver uma tendência de redefinição das relações, com maior acentuação na afirmação de uma parceria comercial e eventualmente de investimentos mais apelativos. Numa Cimeira bilateral em Fevereiro de 2006 as partes acordaram projectos a desenvolver na área metalúrgica e medidas para promoção do aumento das relações comerciais. Putin conseguiu também um pequeno aumento no fluxo de petróleo que abastece a Rússia via Novorossiysk. Ou seja, a Federação Russa passa a falar um novo tipo de linguagem e procura reforçar ligações em áreas onde o seu potencial atractivo é mais competitivo (Ismayilov, 2006). O objectivo é claro no quadro do que a Rússia pretende para a área da CEI: manutenção de influência, em alguns casos recorrendo menos a pressão política e mesmo económica, especialmente energética, e avançando com processos em áreas culturais e económicas diversificadas, que de algum modo lhe permitam perpetuar relacionamentos que de outro modo facilmente poderiam ser redireccionados num sentido desfavorável. O caso do Azerbaijão é paradigmático a este nível, e a relevância do país, como reiterado, não permite à Rússia uma política ligeira nem pouco atenta.

Veja-se por exemplo o caso do escudo de defesa antimíssil. Face às discussões acesas entre a Rússia e os Estados Unidos relativas ao projecto do presidente norte-americano, George W. Bush, de desenvolvimento de um escudo de defesa antimíssil com equipamento a ser implantado em solo europeu, Putin sugeriu, em Junho de 2007, a possibilidade de ser usada neste contexto a estação de Gabbala no Azerbaijão, cuja infra-estrutura existente facilitaria o processo de implementação dos planos americanos. Com assentimento do presidente Aliyev, Putin avançou «uma solução técnica para um problema estratégico complicado» (Yasmann, 2007c), sendo que esta questão deve ser enquadrada na questão mais lata da deterioração das relações com o Ocidente, como discutido nos Capítulos 5 e 6. No entanto, é um exemplo demonstrativo de um aproveitamento político claro de uma questão difícil, que joga em dois níveis de análise diferenciados: nas relações mais alargadas da Rússia com o Ocidente, mas também no relacionamento bilateral Rússia-Azerbaijão, onde esta proposta permite visibilidade e um novo enquadramento para o diálogo político cada vez mais distante com as autoridades em Baku.

Arménia: exclusão regional, opções limitadas, dependência da Rússia

A Arménia, seguindo também um estilo autoritário de governação, e apesar do seu isolamento geográfico – dado que, desde o início das hostilidades armadas no Nagorno-Karabakh e durante os dois mandatos de Putin, as suas fronteiras com o Azerbaijão e a Turquia se mantiveram encerradas –, conseguiu níveis de desenvolvimento consideráveis, essencialmente devido às remessas da diáspora. Note-se, no entanto, que esta é uma das repúblicas mais pobres do espaço pós-soviético, tal como a Moldova. Os níveis de pobreza são imediatamente identificados quando se caminha pelas ruas da capital e mais profundos fora desta. O estado geral de fraca conservação de edifícios, o estado precário das ruas e a ausência de muitas infra-estruturas básicas contrastam com o espírito acolhedor da população local.

No entanto, e apesar do isolamento a que a Arménia tem estado votada, é surpreendente a capacidade de iniciativa e mesmo os índices de crescimento económico que têm sido alcançados, em ampla escala resultado das remessas da diáspora. A diáspora arménia no mundo tem auferido de grande influência económica que acaba por se traduzir em poder e influência política fora e dentro da Arménia, especialmente no que concerne às relações regionais e prioritariamente o conflito armado no Karabakh. De facto, é de realçar neste contexto o papel relevante da diáspora arménia nos EUA como um importante factor de pressão (Freire e Simão, 2007: 4-5).

A Arménia tornou-se independente em 1991, mas desde então permaneceu muito dependente da Rússia, quer económica, quer militarmente. A cooperação estratégica e militar com a Rússia é entendida em Erevan como fundamental para o desenvolvimento económico do país e como garantia de segurança num contexto difícil (MNE da Arménia, 2004: 3), dada a já referida inexistência de relações diplomáticas com o Azerbaijão, com o conflito do Nagorno-Karabakh na base da discórdia, e as relações com a Turquia a permanecerem difíceis desde o início desse conflito, tendo os contactos diplomáticos sido suspensos em 1993 num gesto de solidariedade da Turquia para com o Azerbaijão.

O Nagorno-Karabakh é um exclave arménio no Azerbaijão, palco de conflito armado entre 1988 e 1994. As posições irreconciliáveis das partes relativamente à definição do estatuto político do território têm prolongado as negociações e o encontro de um entendimento partilhado. A Arménia tem apoiado Stepanakert com meios económicos e militares, tornando a posição dos separatistas mais inflexível, e almejado a que o país participe em quaisquer sistemas de transporte de petróleo que possam ser definidos para a área – numa lógica de compensação do seu isolamento regional. Os recursos naturais da região, em particular a descoberta de grandes reservas de hidrocarbonetos e a construção de oleodutos nas proximidades da área em disputa, são elementos fundamentais no arrastar das negociações onde ambas as partes exigem vantagens económicas, estratégicas e políticas de uma solução negociada, opondo interesses que têm sido difíceis de conciliar (ver Freire e Gomes, 2005: 59-86).

Os diferentes níveis de interacção implicados no processo, do local ao regional e internacional, bem como as visões distintas das partes em diferendo, a par de perspectivas também elas dicotómicas relativamente a possíveis alternativas, tornam as conversações densas e longínqua a possibilidade real de alcançar uma solução política. No longo processo negocial relativo ao estatuto político do Nagorno-Karabakh, a Arménia tem contado essencialmente com o apoio da Rússia e do Irão, enquanto o Azerbaijão tem a Turquia como sua aliada. Contudo, e no que constitui um passo fundamental apesar das dificuldades elencadas, tem havido um envolvimento crescentemente activo da sociedade civil no processo, apesar do contexto político autoritário e da inexistência de contactos diplomáticos entre ambos os países. Exemplo disto mesmo foi o envolvimento local das populações, considerado essencial nas tentativas de aproximação e reintegração entre as partes, bem patente na publicação conjunta de um livro de Ali Abasov e Haroutiun Khachatrian, com edição em Baku e Erevan.

Este trabalho reflecte as posições diferenciadas das partes face à situação, e analisa variantes de uma solução política para o Nagorno-Karabakh, incluindo o que os autores definem como "métodos de resolução" e as dimensões política e social, descendo ao nível local e, por isso mesmo, relacionando directamente os contactos ao mais alto nível com a dimensão essencial do envolvimento das populações no processo. Apesar de a sociedade civil não ser grandemente desenvolvida em nenhum dos países, este é um projecto certamente inovador, um contributo diferente, que, apesar de ter um impacto limitado a nível formal, teve impacto na sua capacidade de publicitação de um trabalho de reflexão desta natureza, no contexto agreste que é bem conhecido, e com difusão na Arménia e no Azerbaijão, incluindo nos idiomas locais, bem como uma edição em russo e outra em inglês (Abasov e Khachatrian, 2006).

A Arménia não é um país rico em recursos naturais e a não existência de relações diplomáticas com o vizinho Azerbaijão tem reforçado o seu isolamento a todos os níveis, incluindo no que toca a rotas energéticas, como é exemplo o oleoduto BTC, que liga a capital azeri ao porto turco de Ceyhan via Geórgia, não passando pelo seu território. Em termos de cooperação regional, as iniciativas propostas embatem também em muitas reticências, em particular azeris, de desenvolvimento de projectos conjuntos (Entrevistas com Babayan, 2006 e Mbrtannian, 2006). Os seus aliados tradicionais na área são, por isso, a Rússia e o Irão, de quem depende relativamente a recursos energéticos e outro tipo de investimentos. A situação de isolamento em que o país se encontra torna a sua política externa dependente da Federação Russa, apesar de o discurso oficial das autoridades arménias apontar para uma política de aproximação a ocidente – mas de forma muito insípida e nunca como um posicionamento capaz de minar as suas relações com Moscovo.

Em Março de 2004, a Arménia e o Irão assinaram um acordo energético com vista à construção de um gasoduto que ligasse os dois países, servindo de alguma forma os interesses de ambos, ao reduzir o isolamento arménio e a sua necessidade de recursos energéticos e ao aumentar o poder geoestratégico de Teerão, face a investimentos crescentes de países terceiros na área, como os Estados Unidos. Contudo, se naturalmente este seria um projecto apadrinhado pela Rússia, na lógica de contraponto a um envolvimento crescente de Washington na área, de facto Moscovo mostrou o seu desagrado perante este projecto, temendo que a Ucrânia pudesse indirectamente vir a beneficiar do mesmo, reduzindo a sua dependência energética face à Rússia. Além do mais, este projecto levaria à redução da dependência da Arménia em relação à Rússia, o que em termos regionais acarretaria sérias implicações para a Rússia, particularmente num contexto pós-Revolução Rosa. O impacto desta será analisado em seguida, mas quebra as relações privilegiadas e de manutenção de influência que a Rússia pretende manter no espaço pós-soviético num contexto cada vez mais desafiador da sua preponderância e claramente já não num posicionamento favorável. O apoio arménio à Rússia no contexto político agitado que se seguiu à revolução na Geórgia levou o ministro russo dos Negócios Estrangeiros a afirmar que a Arménia «é o único aliado da Rússia no sul» (Iskyan, 2004).

Em inícios de 2003, numa visita a Moscovo, o presidente Robert Kocharian mostrou-se satisfeito com a integração da Arménia como país observador na Comunidade Económica Euro-Asiática, entendida como oportunidade para desenvolver laços económicos e comerciais (Presidente da Rússia, 2003). Um passo fundamental em termos da integração multilateral arménia e de consolidação do seu processo ainda frágil de transição, revelando a distância ainda a percorrer dado que «as pessoas precisam de pensar democraticamente antes de agir democraticamente» (Entrevistas com Liloyan, 2006 e Adamyan, 2006). No entanto, este exercício de maior integração não vem alterar as bases de dependência que permanecem face à Rússia e que esta procura perpetuar.

Em termos políticos, o ano da Rússia na Arménia (em 2005), marcado pela visita do presidente Putin com o objectivo de discutir questões culturais inerentes à programação do mesmo, foi apenas simbólico. Neste encontro foram discutidas outras questões, como o problema do Karabakh, face ao qual a Arménia tem contado com o apoio do Kremlin, e o estacionamento de tropas russas em território arménio na sequência da retirada das bases militares russas da Geórgia. Erevan concorda, mas impõe algumas condições, incluindo a questão do bloqueio aos transportes de saída do país, problema no qual a Geórgia tem tido um envolvimento claro.

A questão da contraproposta de Vladimir Putin aos Estados Unidos no âmbito do projecto de escudo de defesa antimíssil, no sentido do uso da base de Gabbala no Azerbaijão, além das implicações mais globais e para a própria Rússia, teria também sérias implicações regionais caso fosse uma hipótese verdadeiramente equacionada por Washington. Isto deve-se essencialmente ao facto de os vizinhos, e muito particularmente a Arménia, poderem interpretar esta acção como um fortalecimento claro do Azerbaijão em termos militares, alterando as relações de poder, incluindo um posicionamento diferenciado e reforçado de Baku no conflito do Karabakh, e constituindo uma ameaça adicional a uma ordem já de si instável. O Irão é aqui um Estado-chave que demonstrou o seu descontentamento face a esta possibilidade, entendendo-a como provocação à sua própria segurança. Um tema que se manteve na agenda até ao final do segundo mandato de Putin na presidência e que gerou muita controvérsia, mas que acabou por não se concretizar nos termos inicialmente propostos por Washington. Além do mais, e ainda com Putin na presidência, os Estados Unidos deixaram claro que a proposta de Moscovo não lhes era favorável nem correspondia às suas necessidades em termos materiais.

Geórgia: curso pró-ocidental e relações difíceis com Moscovo

A Revolução Rosa de Novembro de 2003 foi saudada como um novo começo. O então Presidente, Eduard Shevardnadze, afastou-se e Mikhail Saakashvili chegou ao poder com promessas de um curso reformista assente na democratização do país. As reformas trazidas pela Revolução Rosa e o governo pró-democrático de Saakashvili permitiram melhorias substanciais ao nível da estabilidade interna, facilitando o investimento estrangeiro, enquanto os rendimentos das taxas de trânsito de gasodutos e oleodutos asseguraram elevados rendimentos ao governo. Em alguma medida, a Geórgia beneficia das relações difíceis entre a Arménia e o Azerbaijão, acabando por ser ponto de encontro nos desencontros entre estes dois Estados. Os exemplos incluem a presença de vários organismos internacionais em Tbilissi, assumindo aqui a representação para os três países do Cáucaso do Sul. Mas os territórios autoproclamados independentes, Abcásia e Ossétia do Sul, e a falta de concordância relativamente a um estatuto político para os mesmos têm marcado profundamente a história da Geórgia pós-soviética.

A política externa da Geórgia tornou-se pró-ocidental, procurando a integração em estruturas ocidentais, em particular a OTAN, e implementando um curso reformista de acordo com os princípios definidos pela UE. Contudo, deve ser sublinhado que este curso pró-ocidental tem sido motivado em grande medida por sentimentos anti-russos e desejo de distanciamento absoluto do velho império. Os discursos de afrontamento a Moscovo são frequentes, discorrendo velhos receios de políticas imperialistas neocoloniais russas que procuram legitimar a necessidade de integração célere nas estruturas ocidentais. Deste modo, a retórica anti-russa da Geórgia marcou um relacionamento difícil com Moscovo ao longo da presidência Putin.

Desde o início da sua presidência, Mikhail Saakashvili declarou o objectivo de reintegração e recuperação do controlo dos territórios separatistas da Abcásia e da Ossétia do Sul. A vontade determinada do presidente georgiano em recuperar o seu controlo e de os reintegrar no seio do Estado georgiano foi sendo fonte de crispação, em particular com a Rússia, cujo apoio às autoridades separatistas se manteve de forma continuada. As várias propostas de partilha de poder que foram apresentadas às autoridades locais encontraram sempre reacção negativa, com base no pressuposto de que apenas a independência é uma solução negociável. A permanência nestes territórios de forças de manutenção da paz russas, sob a bandeira da Comunidade de Estados Independentes, desde os inícios da década de 1990 significa oficialmente estabilidade, à qual oficiosamente se adiciona o controlo de uma área que a Federação Russa cunha como vital para os seus interesses nacionais.

Em Julho de 2006, num discurso na sede da OTAN em Bruxelas, o primeiro-ministro Zurab Noghaideli afirmava que

> uma coisa que vos posso dizer com certeza é que a Geórgia está num caminho irreversível – escolhido e exigido pelo nosso povo – pelo qual eu e o governo sentimos um profundo sentido de responsabilidade. Gostaria que todos soubessem que o nosso compromisso para que desta transformação surjam resultados é genuíno e permanente (Governo da Geórgia, 2007: 60).

Fazendo um balanço dos resultados da Revolução Rosa, o governo entende que tem havido uma revitalização do compromisso do país com a democracia, com passos concretos em áreas diferenciadas para transformar esta visão em realidade, incluindo reformas no sistema judiciário, ao nível dos meios de comunicação social, liberdade de expressão, eleições, direitos de minorias e descentralização da administração (Governo da Geórgia, 2007: 60).

Este alinhamento claramente pró-ocidental e o curso reformista visam, no médio prazo, a adesão da Geórgia a estruturas como a OTAN e a UE. Até ao final da presidência Putin ainda não tinha sido oferecido às autoridades georgianas o Plano de Acção de Adesão da OTAN, que simboliza o princípio de um processo de ajustes prévios à entrada formal. Contudo, a colaboração próxima da Geórgia com a organização, na forma de treinos conjuntos, participação em exercícios militares, formação de elementos militares georgianos no quadro de acções da OTAN e mesmo o reequipamento das forças militares da pequena república, é um exemplo concreto do apoio concertado e efectivo de que a Geórgia tem beneficiado no quadro da cooperação bilateral.

Mas esta atitude, como referido, causa desagrado a Moscovo pelas implicações na coesão da própria CEI, uma estrutura já de si desestruturada e para a qual os redireccionamentos de política externa anti-russos não contribuem positivamente. E, de facto, as relações entre a Geórgia e a Rússia, em particular após a Revolução Rosa, densificaram-se em termos de discurso e acção, com um processo gradual de degradação no relacionamento bilateral. Após a Revolução, em Novembro de 2003, e a tomada de posse de Saakashvili, a 25 de Janeiro de 2004, o discurso sobre a recuperação do controlo total das duas regiões separatistas ganhou novos contornos, como referido, que, apesar de implicarem um processo negocial mais activo, não excluem, em última instância, o recurso a meios mais duros. Nas palavras de Saakashvili, «temos de fazer tudo o que pudermos para assegurar que não haverá confrontação armada na Geórgia, mas, se o preço a pagar for a desagregação da Geórgia e a perda de território, esse é um preço que nunca pagaremos» (RFE/RL, 2004c). Em Fevereiro desse mesmo ano, o presidente georgiano levou a questão do estatuto de autonomia ampla para as repúblicas da Abcásia e da Ossétia do Sul ao Conselho de Segurança das Nações Unidas, demonstrando a sua vontade em encontrar uma solução política satisfatória para todas as partes, ao mesmo tempo que demonstrava a sua vontade de que a Federação Russa assumisse um envolvimento mais construtivo na questão, dado o seu posicionamento político-militar desde o início da questão (leia-se, apoio às causas separatistas).

A agravar as relações bilaterais, apesar da decisão de retirada das forças russas das bases militares na Geórgia até final de Julho de 2001, assumida na Cimeira da OSCE de Istambul, em 1999, o processo foi-se arrastando, com Moscovo a levantar vários problemas relacionados com o transporte de efectivos e equipamentos e com a reintegração das tropas regressadas à Rússia (na linha dos argumentos relativos à retirada russa da Transnístria). Apesar de pressões constantes das autoridades georgianas, a Rússia apenas retirou de Vaziani (Abcásia), não acelerando o processo de retirada da base de Gudauta (também na Abcásia) devido às dificuldades inerentes ao mesmo e que Moscovo havia tornado públicas. De facto, a Rússia reduziu o seu contingente militar em Gudauta e renomeou as forças que permaneceram como de manutenção da paz, deste modo não procedendo à retirada total anteriormente acordada. O compromisso russo era de fechar as bases de Vaziani e Gudauta (Abcásia) e negociar posteriormente com a Geórgia o fecho das bases de Batumi e de Akhalkalaki, ambas em território georgiano.

Mas as negociações relativamente a estas duas bases prolongaram-se e levaram a exigências russas da necessidade de um período alargado de cerca de 11 anos para que o processo de retirada destas duas bases pudesse ser efectuado, exigindo ainda compensações financeiras relativas a todo este processo. Apesar de uma solução ter sido encontrada mais cedo do que inicialmente previsto, e de as forças militares russas terem retirado de Akhalkalaki em Junho de 2007 e de Batumi em Novembro desse ano, cumprindo com os princípios estipulados nas negociações de 2006 em Sochi, o processo de retirada russo da Geórgia não ficou completamente encerrado, especialmente no que concerne à presença russa na Abcásia. A questão agrava-se no sentido em que não se confina à retirada militar russa, mas está directamente inter-relacionada com outros temas difíceis na agenda. Assim, e como forma de pressão, ficou estabelecido que, até que a Rússia completasse a sua retirada destas bases, os EUA e os aliados da OTAN se recusariam a ratificar a revisão do Tratado sobre Forças Convencionais na Europa (FCE) (Lambroschini, 2004). Note-se como uma questão bilateral é naturalmente tornada pólo de interesses mais vastos, em linhas ora convergentes, ora divergentes, mas que denotam claramente a complexidade dos assuntos em discussão e a forma como a Geórgia os vai tentando jogar em seu favor, i.e., no sentido de reunir maiores apoios ocidentais. Esta vai ser uma questão complicada nas relações da Rússia com a OTAN, como se analisa no Capítulo 6.

Apesar da tensão evidente, no início do seu mandato o presidente Saakashvili tentou promover uma aproximação à Rússia, apelando a preocupações partilhadas e tentando dessa forma fortalecer uma base de entendimento que permitisse avanços em áreas mais delicadas, incluindo a questão da retirada militar russa. Assim, logo em Fevereiro de 2004, e nesta lógica de promoção de relações mais cooperativas, Tbilissi ofereceu apoio à Rússia na luta contra o terrorismo checheno, através da adopção de medidas conjuntas de monitorização de fronteiras, evitando as críticas recorrentes de que a Geórgia servia como porto de abrigo a terroristas chechenos. Além do mais, procurou apresentar uma imagem do país como oferecendo oportunidades de investimento interessantes para a Rússia. Chegou mesmo a realizar-se em Maio de 2004 o primeiro fórum económico russo-georgiano, visando a discussão de oportunidades de investimento e pretendendo constituir um sinal claro da melhoria no relacionamento entre as partes após a mudança de liderança na Geórgia.

De facto, após a retirada de Shevardnadze, a alteração nas dinâmicas internas permitiu uma atitude também diferenciada, com a Geórgia a oferecer apoio relativamente à insurgência chechena e a diminuir as exigências de uma rápida retirada russa das suas bases militares em troca do apoio russo na estabilização interna das repúblicas autónomas, em particular a Abcásia e a Ossétia do Sul.

A Rússia predispôs-se ainda a facilitar as restrições de mobilidade impostas em 2001 e mostrou-se receptiva aos planos de federalização avançados por Tbilissi para se encontrar uma solução política para os diferendos, permitindo uma resolução dos mesmos no quadro de manutenção da integridade territorial da Geórgia.

Também em Maio de 2004, as tensões que tinham surgido na república da Adjaria foram sanadas, pelo que Saakashvili se pôde concentrar na Abcásia e na Ossétia do Sul. O líder Aslan Abashidze foi afastado, com apoio russo e sem acção violenta, o que permitiu a estabilização da situação, devendo real-çar-se que tal ocorreu num quadro de cooperação e mobilização de sinergias com Moscovo, um actor essencial na resolução dos diferendos prolongados no espaço pós-soviético. Esta questão foi desde então usada pelo presidente georgiano como exemplo a seguir na procura de um plano de autonomia alar-gada para as duas repúblicas separatistas.

Mas os problemas de base mantêm-se. Na Primavera de 2004, o primeiro--ministro georgiano, Zurab Zhvania, solicita a intervenção do Conselho de Segurança das Nações Unidas para ajudar a resolver a disputa da Abcásia. Comenta quanto à abertura das autoridades georgianas para negociarem uma solução, mas reitera os limites à tolerância de um bloqueio negocial que os abcases parecem pretender manter. Nas palavras de Zhvania,

> estamos agora muito mais optimistas de que as contribuições russas neste pro-cesso de paz poderão ser muito importantes, sendo a base desta declaração as relações mais calorosas entre os nossos dois países e um maior sentido de con-fiança entre nós a par do entendimento de que partilhamos tantos interesses e tantas preocupações com a Rússia que esse facto nos traz para a cooperação e não confrontação (Zhvania citado em McMahon, 2004).

O facto de neste período as relações com a Rússia estarem numa fase de menor densidade antagónica foi entendido como facilitador do processo, na medida em que havia vários protestos da Geórgia face à concessão de cidadania russa e licenças de deslocação a estas populações, complicando naturalmente o processo.

Contudo, este cenário cedo deu lugar a novos problemas. O exercício de proximidade à Rússia revelou-se limitado e sem alcance significativo. A esca-lada na retórica acabou por assumir reflexo directo no aumento de tensão no terreno. Logo em Março de 2004, Sergei Ivanov criticava a Geórgia como país de acolhimento de terroristas chechenos, afirmando que no entendimento russo as medidas tomadas eram claramente insuficientes e não necessariamente efectivas. E no Verão de 2004 registaram-se incidentes na "fronteira" da Geórgia com a Ossétia do Sul. A Geórgia reforçou militarmente as fronteiras com base no combate ao aumento de actividades de contrabando. Os agentes de manutenção da paz russos na área e elementos da Ossétia do Sul recusaram-se a colaborar nas operações georgianas anticontrabando, adicionando às dificuldades e revelando uma atitude não colaborativa com as autoridades de Tbilissi. Claramente, este tipo de acção questiona a independência que a Rússia apregoa neste tipo de acções de manutenção da paz, com consequências nefastas para a sua credibilidade internacional.

Em Junho de 2004, após os georgianos terem reforçado a sua presença policial na Ossétia do Sul, Moscovo apelou à contenção afirmando que este tipo de movimentações não contribuiria para a diminuição da tensão, ao invés reforçando as diferenças existentes. As acções georgianas, de acordo com informações russas, foram minimizadas pela intervenção das forças de manutenção da paz russas na área, que estabilizaram a tensão existente. O líder da Ossétia do Sul, Eduard Kokoity, reforçou que as suas forças se manteriam em estado de alerta face à incursão georgiana e à possibilidade de retomada deste tipo de acções invasivas. Moscovo aproveitou ainda a ocasião para acusar os Estados Unidos de incitarem à instabilidade, dado que as forças georgianas que estiveram envolvidas nestes incidentes tinham sido treinadas no âmbito de um programa de cooperação militar norte-americano com a Geórgia (RFE/RL, 2004d).

Em meados de Julho a tensão aumentou entre as autoridades georgianas e a República da Ossétia do Sul, com trocas de tiros e com as autoridades locais a tentarem reforçar o seu controlo e Tbilissi a recusar-se a abdicar do controlo completo de uma área que define como território georgiano. Numa reunião da Comissão de Controlo Conjunto,[17] em Moscovo, a 14 de Julho, discutiu-se a necessidade de desmilitarização da região, mas o acordo informal de cessar-fogo foi sendo violado repetidamente por incidentes e trocas esporádicas de tiros. Contudo, na república residem cerca de 70 mil ossétios com passaporte russo, contra apenas 20 mil georgianos (Fuller, 2004a), o que reforça a dificuldade de aceitação de qualquer plano de reintegração plena na República da Geórgia. Neste contexto, Saakashvili referiu-se à intervenção de Moscovo num tom diferenciado:

---

[17] A Comissão de Controlo Conjunto envolve quatro partes: representantes da Federação Russa, Geórgia, Ossétia do Sul e da província russa da Ossétia do Norte.

Acredito que alguns elementos em Moscovo estão a prosseguir planos agressivos e não apenas planos, estando mesmo a prosseguir acções agressivas. Estas são pessoas que ainda não se libertaram dos seus sonhos e ambições imperiais. Conto agora com o pragmatismo e abordagem razoável do presidente Putin (Saakashvili citado em RFE/RL, 2004e).

Mais tarde, o embaixador georgiano nas Nações Unidas, Revaz Adamia, adiantou que:

a verdade é que, ao proporcionar cidadania [às populações abcases], interferindo sem cerimónias e ditando as suas condições, enviando oficiais sem consultar as autoridades georgianas, adquirindo ilegalmente propriedades e território através das suas entidades físicas e legais, a Rússia avança no sentido da anexação indirecta da Abcásia (Adamia citado em McMahon, 2005).

Neste contexto, Saakashvili apelou aos países ocidentais para que também fizessem pressão sobre a Rússia no sentido de um desfecho positivo e não violento para uma questão cada vez mais complexa. O presidente georgiano, face à crescente tensão, foi sublinhando que a sua pretensão era a de uma resolução política pacífica da questão, mas o facto de a troca de acusações entre autoridades georgianas e russas assumirem um tom crescentemente hostil não ajudou ao processo. Esta troca de acusações estende-se obviamente internamente, e num tom mais grave, entre as autoridades centrais em Tbilissi e Tskhinvali (Entrevista com funcionários da UE na Geórgia, 2007).

De facto, as autoridades russas assumem a sua simpatia para com as populações de nacionalidade russa que habitam as regiões separatistas. Putin afirmou mesmo, em Abril de 2008, pouco antes de deixar a presidência, que «a Rússia forneceria todo o apoio e assistência necessárias às regiões separatistas da Abcásia e Ossétia do Sul», tendo o assunto já sido discutido na Duma no sentido do reconhecimento da independência das repúblicas, confrontando directamente as autoridades georgianas. Tbilissi acusou imediatamente Moscovo de incitar o separatismo e de interferência nos seus assuntos internos (RIA Novosti, 2008).

Em finais de Agosto de 2004, após a retirada de tropas georgianas e de uma semana de intensos confrontos, Saakashvili reiterou que a retirada se deveu a um gesto de compromisso e uma sinalização de que não era a favor do uso da força, mas que a sua paciência tinha limites. Os russos sublinharam também que a sua paciência não era ilimitada face à tolerância a este tipo de incursões militaristas sob ordem das autoridades de Tbilissi. O acordo de paz de 1992 que estabeleceu a Comissão de Controlo Conjunto, supostamente para supervisionar movimentações, não é considerado suficiente, levando a incursões irregulares de tropas georgianas em solo da república separatista em acções de contraterrorismo e anticontrabando; ou seja, está constantemente a ser alvo de violações de parte a parte.

Finalmente, e num tom de maior desanuviamento, em Junho de 2005 a Rússia e a Geórgia chegam a acordo sobre a retirada da Rússia das bases militares, sendo que cerca de um ano antes a Geórgia tinha proposto à Rússia como contrapartida da sua retirada a transformação das bases militares em centros de acção antiterrorismo. Mas a proposta russa do Ministro da Defesa Ivanov foi no entanto num sentido um pouco diferente do visado pelas autoridades em Tbilissi.

Devido à sua localização à beira-mar, a base militar de Batumi poderia ser naturalmente usada para treinar especialistas no combate ao terrorismo e ameaças contra transportes e infra-estruturas de navegação. Quanto à 62ª base militar russa em Akhalkalaki, poderia ser usada para o estabelecimento de um centro de treino de guardas fronteiriços e especialistas do Ministério das Situações de Emergência (Peuch, 2005a).

A resposta georgiana foi a de que claramente o que os russos propunham se traduzia na manutenção do *status quo*, com uma simples redenominação das bases para centros antiterroristas, algo que Tbilissi não poderia aceitar. Os primeiros meses de aproximação entre a Rússia e a Geórgia parecem algo longe e a tendência é claramente de reforço das diferenças e consequentemente da tensão.

Em Novembro de 2006 é realizado um referendo pela independência na Ossétia do Sul, seguido da eleição do seu presidente, o que aumenta a hostilidade entre Moscovo e Tbilissi. A Geórgia recusa-se legalmente a aceitar este procedimento e pretende uma alteração do *status quo*; a Rússia não tem grande margem de manobra, uma vez que não pode exigir independência dos territórios nem integrá-los na Rússia, mas interessa-lhe claramente a manutenção do *status quo*, que acaba por lhe ser favorável. Não esquecer ainda que em todo este processo de grande complexidade negocial, a Rússia tem ainda grande influência sobre a Geórgia, controlando grande parte da rede de distribuição energética georgiana, o que se tem revelado um instrumento de influência sofisticado.

Em Setembro, uma proposta de Saakashvili para a resolução do estatuto das repúblicas separatistas, num registo faseado, foi apresentada a discussão, mas logo as reacções de desaprovação de ambos os líderes se fizeram ouvir. O presidente georgiano propunha medidas de consolidação de confiança, a desmilitarização das zonas alvo de conflito armado, seguida da monitorização da OSCE do túnel que liga a Ossétia do Sul à Rússia, bem como uma missão de manutenção da paz das Nações Unidas na fronteira entre a Rússia e a Abcásia; e finalmente um estatuto de autonomia ampla, que garantisse a preservação das línguas locais, estruturas governativas, controlo fiscal, e representação e partilha de poder a nível nacional (Fuller, 2004b).

As reacções negativas assentaram no pressuposto de que apenas uma solução que reconheça a independência total destas repúblicas será aceitável para os seus líderes. A proposta avançada implicava um processo de reintegração na Geórgia, apesar do estatuto alargado de autonomia, o que não conferia garantias nem correspondia aos objectivos locais. Ou seja, qualquer tentativa no sentido da discussão do futuro destas repúblicas parece armadilhada: as autoridades centrais em Tbilissi não estão dispostas a conceder mais do que um estatuto de autonomia ampla e os representantes das repúblicas secessionistas não estão dispostos a menos do que o reconhecimento das suas respectivas independências. A Geórgia não está disposta a abdicar da sua integridade territorial e a Rússia não pretende qualquer alteração ao *status quo*, que beneficia os seus interesses, e à manutenção de uma presença alargada numa área onde a influência e controlo russo estão crescentemente ameaçados.

Neste quadro, a história de encontros e desencontros vai-se reduzir a aumentos esporádicos de tensão, trocas de acusações, movimentações suspeitas de tropas de ambas as partes e a um registo de instabilidade constante. As negociações oficiais que vão tendo lugar mantêm-se num registo fechado e grave, sem avanços na posição inflexível das partes envolvidas e com tendência de acentuação sempre que acompanhados por incidentes que contribuem para o agudizar das diferenças, quer no plano político, quer no terreno. Por exemplo, em Fevereiro de 2005, a Ossétia do Sul ofereceu-se para receber as duas bases militares russas ainda em solo georgiano, um desafio directo à autoridade georgiana.

A Rússia vetou ainda, neste contexto de instabilidade e elevada tensão, a extensão do mandato da missão da OSCE de monitorização da fronteira da Geórgia com a Chechénia, Inguchétia e Daguestão, repúblicas russas do Cáucaso do Norte, onde a instabilidade associada à criminalidade organizada e ao radicalismo islâmico é bem conhecida. Esta missão tinha sido iniciada em

1999 e viu assim terminadas as suas funções a 31 de Dezembro de 2004 (OSCE Border Monitoring, 2008).

Deste modo, a Federação Russa não deu sinais de um compromisso real para com a procura de uma solução política para a questão complexa dos separatismos na Geórgia. Para a sua política externa, a manutenção destes focos de instabilidade num país assumidamente pró-ocidental permite-lhe, por um lado, reduzir a margem de manobra das autoridades em Tbilissi, inclusive no que concerne à sua integração formal em estruturas ocidentais; e, por outro, manter apoios locais em áreas estratégicas fundamentais para os interesses russos, como é o caso quer da Abcásia, quer da Ossétia do Sul. No final da presidência de Vladimir Putin, a tensão mantém-se, a instabilidade persiste e a posição russa perpetua os seus interesses nesta área de interesse estratégico fundamental.

CAPÍTULO 4

ÁSIA CENTRAL: MOSAICO DE DESAFIOS E OPORTUNIDADES

Na linha do Cáucaso do Sul, embora com contornos muito diferenciados, os países da Ásia Central formam também uma área regional heterogénea. Os níveis de desenvolvimento social e económico são díspares, com a geopolítica da energia a assumir relevância acrescida, em particular devido às fortes assimetrias existentes em relação à exploração de recursos fósseis e hídricos, diferenciais que constituem quer uma oportunidade, quer um desafio. Quanto aos objectivos de política externa, estes são também distintos em termos regionais e mais amplos, incluindo o relacionamento com actores externos. A particularidade do estatuto de neutralidade do Turquemenistão adiciona à sua política intra-regional e transregional um cariz diferenciado, prosseguindo o objectivo de afirmação enquanto pólo de atracção regional.

Simultaneamente, e em paralelo a estas diferenças, a característica política dominante na região é a de regimes presidencialistas, tendencialmente de cariz vitalício e sucessão familiar, que governam estas repúblicas de forma autoritária, com poder centralizado e o acesso ao mesmo limitado a uma pequena elite que se mantém leal à ordem vigente. O espaço para uma sociedade civil activa é por isso mesmo extremamente limitado, embora em graus diferenciados (por exemplo mais dificultado no Turquemenistão do que no Quirguistão). Além do mais, os países na área partilham problemas e apreensões relativos essencialmente ao aumento do terrorismo islâmico, tráfico e práticas ilícitas transfronteiriças, e questões energéticas, que contribuem para a insegurança, ao mesmo tempo que constituem oportunidades claras de cooperação e reforço das relações nesta área.

Definida pela Rússia como parte da sua área de influência, a forma como Moscovo lida com os países da Ásia Central é diferenciada, reflectindo os diferentes alinhamentos de maior proximidade ou distância nas relações entre as autoridades em Moscovo e estes governos. Apesar de as autoridades em Moscovo reconhecerem esta diferenciação, de facto este cariz diverso teve reflexo na actuação estratégica russa com Putin. No entanto, e apesar da relevância que a Ásia Central assumiu com Vladimir Putin na política externa russa, o Kremlin mostrou-se incapaz de propor linhas de actuação coerentes e que, de facto, garantissem a influência pretendida, visível no grau diferenciado de proximidade e influência que mantém nas suas relações com estas diferentes repúblicas, como se analisa neste capítulo.

A Rússia não pode simplesmente pretender ser um actor económico central na área sem se predispor a investir. Dois grandes sucessos da política russa na era Putin relacionam-se com a estabilização da região até 2003 e com o aumento considerável de influência russa entre 2004 e 2008. Mas as lealdades políticas são frágeis face ao envolvimento de outros actores externos e os muitos desafios e problemas que a região enfrentava no início dos anos 2000 mantêm-se (Kazantsev, 2008: 1087).

A Ásia Central é um corredor intracontinental exposto a diferentes influências com impacto nas políticas de desenvolvimento, opções de segurança e alinhamentos estratégicos. O estilo soviético de governação está ainda muito presente nestas sociedades e o período actual de "democracia imitativa" é parte de um processo complexo de transição e adaptação ao novo estatuto de independência, ainda em curso. Esta readaptação lenta permitiu uma excessiva personificação das escolhas, cunhada como *líderismo*, na transição do despotismo para o autoritarismo. A tríade indivíduo/sociedade/Estado não existe nos Estados da Ásia Central, tornando difícil a construção de modelos de identificação próprios, ainda muito influenciados por modelos de desenvolvimento em conflito, em particular o russo e o chinês, bem como afiliações político--religiosas e políticas de poder especialmente ao nível das elites (Imanaliev, 2008; ver também Freire, 2010). Estas diferentes leituras reflectem-se nas dificuldades que a política externa russa apresenta na área, apesar do crescente centralismo do Eurasianismo na política russa e da indefinição identitária num quadro regional em mutação.

O regresso do Eurasianismo às políticas russas
Apenas após 1992, em particular com a guerra civil no Tajiquistão, o envolvimento russo na Ásia Central se tornou mais claro. Quando Yevgeni Primakov, conhecido como o "Eurasianista", chegou ao Ministério dos Negócios Estrangeiros russo, em 1996, o interesse pela área foi renovado. Mais tarde, em 1997, a Rússia consolidou o seu envolvimento na área face à crescente presença dos EUA, que incluía uma base militar no Cazaquistão e a realização de exercícios militares conjuntos com o Batalhão da Ásia Central (Cazaquistão, Quirguistão e Usbequistão), causando preocupação em Moscovo. Os acontecimentos de 11 de Setembro de 2001 alteraram o cenário e a Rússia imediatamente demonstrou a sua solidariedade para com os EUA na luta contra o terrorismo internacional.

Esta aproximação materializou-se no esforço de cooperação que se seguiu. A Rússia deu o seu consentimento à intervenção dos EUA no Afeganistão, com a colaboração do Quirguistão e do Usbequistão, que cederam bases militares de apoio ao esforço aliado no Afeganistão, entendendo-o como favorável aos seus interesses. Note-se que estamos num contexto de boas relações da Rússia com o Ocidente, como é analisado nos capítulos seguintes, e em que Moscovo entende esta acção no Afeganistão (após anos de insucesso a combater os Talibã) como uma forma de estabilizar as suas fronteiras com o Afeganistão, de controlar melhor o tenso Vale de Ferghana, incluindo acções dos movimentos islâmicos radicais e os fluxos intensos não controlados relacionados em particular com o narcotráfico, e minimizar a possibilidade de regresso às hostilidades armadas no Tajiquistão. Contudo, em pouco tempo o envolvimento dos EUA começou a assumir o contorno de uma presença permanente e com influência acrescida sobre estes governos (a nível económico, essencialmente), um desenvolvimento em consonância com as crescentes dificuldades no relacionamento a ocidente e que se tornou foco de descontentamento em Moscovo.

De forma reactiva e paralelamente a estes desenvolvimentos, a relação China-Rússia fortaleceu-se. De forma bem diferente do "Tratado de Cooperação de Amizade e Boa Vizinhança" de Julho de 2001, que prosseguia o espírito de Xangai de consolidação da parceria estratégica com enfoque nos interesses energéticos, e por isso de âmbito claramente delimitado, a "Declaração de Pequim" de Julho de 2005 foi mais explícita no que toca ao redesenhar de uma ordem multipolar onde a Rússia e a China são pólos fundamentais, e numa lógica de contraposição à hegemonia norte-americana. Este alinhamento segue os objectivos de política externa conforme definidos por Putin logo no início do seu primeiro mandato como presidente (FPC, 2000). Contudo, é impro-vável que a China se concentre na Rússia como o seu principal parceiro, ou na Ásia Central como a sua área de actuação privilegiada, em detrimento de uma política externa mais equilibrada. Isto significa que a China não está disposta a negligenciar o seu envolvimento noutros fóruns para além da Organização de Cooperação de Xangai ou das relações com os EUA, Europa e Ásia Oriental. Deste modo, o envolvimento chinês na Ásia Central traduz basicamente a sua necessidade de recursos energéticos, base de sustentação do seu crescimento, numa leitura muito pragmática que Pequim faz da mesma.

Na opinião de vários oficiais russos, a cooperação de segurança na Ásia Central com uma forte presença russa está consolidada desde finais de 2003, traduzindo-se em cooperação político-militar substancial, planos conjuntos com guardas fronteiriços para responder à criminalidade, cooperação com os serviços especiais destas repúblicas no quadro da CEI na luta contra o terrorismo, tráfico de drogas, crime organizado e migração ilegal (*International Affairs*, 2003).[18] Apesar desta descrição de cooperação alargada, Moscovo mantém, como referido, níveis de relacionamento díspares nos contactos bilaterais e a área não oferece um cariz regionalista que permita a generalização simplificada de sucessos e limites das políticas russas. Contudo, esta presença russa crescentemente notada traduz o esforço duplo de contenção de influência externa e de promoção das políticas russas na região. Eurasianismo ou "Doutrina Monroeski" (Kubicek, 2004: 208) são termos que demonstram bem esta alteração na intensidade do envolvimento russo na Ásia Central e a sua definição como área de interesse primário para a sua política externa.

A Rússia mantém bases militares no Quirguistão, Usbequistão e Tajiquistão, e assinou um tratado de defesa bilateral com o Cazaquistão. A luta contra o terrorismo tem sido motivadora deste envolvimento russo e tem incentivado uma actuação mais proactiva, em particular após os ataques terroristas perpetrados pelo Movimento Islâmico do Usbequistão no Quirguistão (1999 e 2000) e Usbequistão (2000).

> As ofensivas islâmicas em Agosto de 1999 no sul do Quirguistão e no Daguestão, seguidas pela guerra na Chechénia, contribuíram para que a "ameaça islâmica" fosse redefinida como a ameaça do "terrorismo internacional" no Conceito de Segurança Nacional publicado em Fevereiro de 2000 e para a sua inclusão na agenda política russa. Os acontecimentos no Quirguistão iniciaram uma onda de actividade russa de promoção de cooperação militar e de segurança com os Estados da Ásia Central (Jonson, 2001: 100).

O Afeganistão emergiu neste contexto como área fundamental de actuação, com a segurança das fronteiras a tornar-se prioritária. Além do mais, este constituiu ao longo da presidência Putin um exemplo das dinâmicas inerentes às relações com os EUA, de maior ou menor proximidade, com a questão afegã a constituir um exemplo de cooperação reforçada com Washington, apesar das reticências que surgiram à presença norte-americana, essencialmente sob

---

[18] Incluindo contributos de P. P. Vasko, Vice-Presidente do Serviço de Coordenação do Conselho de Comandantes da Guarda Fronteiriça dos Países da CEI; M. D. Inferev, Conselheiro do Secretariado da OTSC; V. K. Novikov, Vice-Presidente dos Departamentos Operacionais do Estado-Maior das Forças Armadas Russas; V. I. Nemchin, Vice-Presidente da Administração dos Serviços Federais de Segurança da Rússia.

a forma do uso estratégico de bases militares em alguns dos países da Ásia Central. Mas a presença norte-americana na Ásia Central vai dando sinais de algum desgaste, com as autoridades russas a aumentarem as suas críticas. O Secretário do Conselho de Segurança Nacional russo, Igor Ivanov, comentava em Novembro de 2005 que esta presença constituía um foco de instabilidade devido à ingerência que implicava nas políticas internas destes Estados, «com o pretexto de promoção de liberdades e de valores democráticos» (AFP, 2005).

Contudo, se genericamente a política externa russa tem vindo a assumir um tom crescentemente assertivo, com as questões energéticas muito presentes, na Ásia Central uma abordagem diferenciada e não tão centrada em questões de *realpolitik* tem também estado presente (*soft power*), essencialmente sob a forma de programas de desenvolvimento e actividades culturais inter-regionais (Ferguson, 2006: 215). Esta parece ser o reflexo de um novo entendimento em Moscovo relativamente ao aumento do seu poder e influência na região, que tem sido diverso e nem sempre correspondendo aos desejos do Kremlin, numa área de intersecção de interesses diferenciados que tem permanecido essencialmente pacífica ao longo dos anos pós-Guerra Fria (com excepção da violência no Tajiquistão em inícios dos anos 1990). Uma tendência que Moscovo parece querer estender a outras áreas da CEI dados os crescentes limites que encontra ao seu poder e influência tradicionais na área.

Deve ainda ser notado que o poder económico tem sido um factor mais relevante do que a influência militar ou política, o que também adiciona ao entendimento desta alteração implícita na política externa russa, e que procura responder às especificidades desta área da CEI. A manutenção das assimetrias energéticas parece permitir espaço de manobra, apesar de dentro de limites, em particular face ao nível de aproximação que a Rússia possui com cada uma destas repúblicas. Contudo, a estratégia russa, muitas vezes desarticulada, tem procurado agregar e responder aos interesses diferenciados na região numa óptica co-constitutiva onde o predomínio de Moscovo é entendido como limitado.

> A política de segurança russa, essencialmente enquadrada pelo contraterrorismo, foca-se no Tajiquistão e Quirguistão. A sua política económica, dominada pelo sector energético, centra-se no Cazaquistão e Turquemenistão; a política de construção de alianças, por seu turno, confere prioridade ao Cazaquistão e atenção secundária ao Quirguistão e Tajiquistão. É talvez só no caso do Cazaquistão que estes jogos se fortalecem mutuamente com um efeito de sinergia. O Usbequistão,

contudo, parece não aparecer apesar das suas ambições pela liderança regional [...] (Baev, 2004: 281).

As relações económicas estão a um nível mais baixo do que no período soviético, mas a Rússia permanece um importante fornecedor de armamento, além de conter o potencial de apoiar o desenvolvimento de infra-estruturas de transporte, com ganhos claros para todas as partes envolvidas. A estratégia russa de desenvolvimento de infra-estruturas e a participação na reconstrução de gasodutos e oleodutos (Blank, 2004: 243) como resposta directa aos interesses russos tem sido uma inovação, seguindo a abordagem mais *soft* de política externa já mencionada. Além do mais, permanecem laços histórico-culturais, étnicos e linguísticos com estas repúblicas, o que confere à Rússia vantagem considerável quando comparada com outros actores externos, em particular os EUA ou a UE. Quanto à China, tem desenvolvido laços estreitos com os Estados da Ásia Central, em particular aqueles que partilham as suas fronteiras com a província de Xinjiang, nomeadamente o Cazaquistão, Tajiquistão e Quirguistão, com base essencialmente na diplomacia económica (investimento em infra-estruturas de transporte e comércio), uma política reforçada no quadro da Organização de Cooperação de Xangai (Atal, 2005: 101), e com atenção reforçada nos planos de desenvolvimento de infra-estruturas que garantam o fornecimento de recursos fósseis tão necessários à política de crescimento definida em Pequim.

Energia: oportunidades e desafios

A energia tornou-se uma questão fundamental na Ásia Central, com as disparidades intra-regionais relativas a produtores e consumidores a aparentemente oferecerem oportunidades de cooperação, mas na realidade a constituírem factores de desentendimento. De facto, em toda a Ásia Central, a população não está preocupada com o desenvolvimento de grandes projectos com perspectivas a longo prazo, mas mais com a forma muito prática e real de enfrentar o próximo inverno gélido, ou seja, com problemas concretos de curto, senão mesmo, imediato prazo (Entrevistas com Öberg e Heidelbach, 2008). Ou seja, é perceptível a necessidade imediata das populações face a condições mínimas de sobrevivência num quadro muitas vezes hostil, em várias dimensões do seu quotidiano, e distanciado das políticas de poder e influência jogadas ao mais alto nível. Verificam-se condições difíceis em termos de infra-estruturas básicas, como pude experienciar na República do Quirguistão, onde na própria capital – Bishkek – o pó domina uma cidade cujas ruas ainda pouco pavimentadas se mantêm pouco cuidadas, onde tampas de saneamento são furtadas para a conversão do aço em alguns *soms* e onde a imponência e frieza soviética se faz sentir a cada esquina, num registo de degradação progressiva. Para além da capital, o ambiente rural que caracteriza o resto do país é também marcado por uma pobreza e austeridade extremas, onde as belíssimas paisagens de extensa aridez em diferentes tons de castanho, a imponência das montanhas caucasianas e os lagos de águas límpidas não escondem dificuldades diárias de sobrevivência.

No entanto, apesar de não serem ricos em recursos fósseis, nomeadamente petróleo e gás natural, o Quirguistão e o Tajiquistão têm potencial hidroeléctrico devido à abundância dos seus recursos hídricos, em grande parte ainda por explorar. Ironicamente, ambos os países enfrentam com frequência cortes e míngua nos fornecimentos de energia eléctrica. As negociações entre estes dois países e os grandes produtores de gás (Cazaquistão, Turquemenistão e Usbequistão) no sentido de encontrar entendimento para a troca de gás natural por electricidade têm tido lugar, embora com maior relutância da parte das autoridades tajiques que não consideram o Usbequistão um parceiro fiável, nomeadamente no que diz respeito à manutenção sustentada de fornecimentos com infra-estruturas que os garantam.

Quanto aos vizinhos Usbequistão e Quirguistão, as suas dependências mútuas de água e gás natural, recorrentemente foco de tensão, poderiam constituir um elemento de promoção de cooperação. Contudo, este não tem sido o caso. «Esses dois países estão em competição por uma quantidade limitada de água de Syr-Daria que o Quirguistão e o Tajiquistão permitem que corra para norte. Este Verão não é excepção e oficiais do Quirguistão e Usbequistão já estão com problemas de novo» (Sharipzhan, 2008). Quanto ao problema do gás, o que poderia ser uma janela de oportunidade para impulsionar a cooperação intra-regional tornou-se novamente numa oportunidade perdida de consolidação de confiança política e fortalecimento da segurança regional, uma opinião partilhada entre os agentes internacionais no terreno que conhecem bem a região (Entrevistas com Öberg, Heidelbach, Motco, Semenenko e Kasybekov, 2008).

As diferenças intra-regionais são ainda agravadas por rivalidades externas e o confronto de visões sobre o futuro dos recursos energéticos. Por exemplo, o gás do Cáspio tem estado sob atenção da UE, com o projecto Nabucco a atestar a sua relevância num contexto onde a Rússia tem sido um negociador difícil. Este projecto não prevê trânsito em solo russo, constituindo mais um obstáculo nas já difíceis relações energéticas entre a UE e a Rússia. Crescentemente, os europeus sentem que a diversificação energética é essencial, como se analisou no capítulo relativo às relações UE-Rússia. Todavia, «antes do Turquemenistão ou Cazaquistão se comprometerem com o Nabucco – um acto que a Rússia consideraria inevitavelmente como hostil – precisam de garantias políticas da UE e dos maiores Estados-membros para mitigar os riscos envolvidos», tornando o projecto interessante, mas difícil de implementar (Lobjakas, 2009).

Quanto aos EUA, estes não têm grandes projectos energéticos na Ásia Central (a este respeito as atenções estão mais voltadas para a bacia do Cáspio), com os seus interesses a focarem-se mais nos meios militares, cruciais aos seus esforços no Afeganistão. Com uma situação crescentemente tensa na fronteira entre o Paquistão e o Afeganistão, os EUA e a OTAN solicitaram apoio russo na abertura, na Ásia Central, de um corredor de apoio às forças aliadas no terreno. A base militar de Manas, no Quirguistão, foi ao longo dos anos Putin essencial aos esforços de Washington no Afeganistão, esforços estes que significam apoio indirecto às acções da OTAN no Afeganistão e nos quais a Rússia tem também interesse, como argumentado, uma vez que um Afeganistão estável é claramente do interesse de Moscovo. No processo, e como forma de atenuar os receios de Moscovo, os acordos assinados de uso destas bases incluíram cláusulas de reabastecimento e do uso das mesmas para fins não bélicos. Deste modo, Moscovo foi procurando contornar o que entendia gradualmente como uma interferência de Washington nos seus interesses na Ásia Central, devido às elevadas quantias monetárias envolvidas nestes acordos e que, de algum modo, poderiam questionar a sua posição, pretendida como de primazia numa área definida como estratégica. Ao longo dos dois mandatos de Vladimir Putin a situação manter-se-á dentro de contornos aceitáveis para a Rússia, embora nos finais do seu segundo mandato Putin tenha pressionado estes governos no sentido da não renovação dos acordos, com base nos fracos resultados obtidos no Afeganistão após tantos anos de envolvimento e considerando este como estando a assumir contornos demasiado permanentes, permitindo maior margem de manobra a estas repúblicas. De facto, depois do Usbequistão, o Quirguistão chegou também a anunciar a retirada norte-americana da sua base, acabando por reverter esta decisão após renegociação dos valores monetários envolvidos no arrendamento da mesma a Washington. Este desenvolvimento, já após o final da presidência de Putin, é claramente demonstrativo das dificuldades crescentes de Moscovo em manter poder e influência alargados e sem constrangimentos na área CEI.

Integração regional? A heterogeneidade a condicionar a rede complexa de relações bilaterais e multilaterais

A participação dos países da Ásia Central em diferentes estruturas da CEI tem sido demonstrativa de uma forma de acomodação para com a Rússia, uma acomodação selectiva e não irreversível. Estes Estados jogam também nas suas relações com a Rússia com a presença de outros actores na área. O peso da energia, comércio e armas nas relações com Moscovo tem sido claro, bem como a existência de laços históricos partilhados e actividades culturais, facilitando o envolvimento da Rússia na Ásia Central, mas não sem limites. De facto, estas mesmas questões que potenciam a actuação russa na área têm permitido o reforço das ligações no seio da Organização de Cooperação de Xangai, que estes Estados entendem como forma de contrapeso ao envolvimento russo e ao crescendo chinês. Isto significa que «a China procura mercados e recursos energéticos, a Rússia procura recuperar o seu estatuto de liderança dentro da CEI, bem como o de superpotência na arena internacional; e os regimes da Ásia Central consideram a Organização de Cooperação de Xangai como a sua garantia de sobrevivência política» (Haas, 2006) face a estes desencontros políticos ao mais alto nível.

Neste quadro, a Rússia tem procurado assumir o papel de "gestor de segurança" na Ásia Central, eventualmente consolidando a sua "posição hegemónica" (Blank, 2008a: 79), na linha dos seus objectivos de política externa. Em alguma medida, a Organização do Tratado de Segurança Colectiva tem funcionado como contrapeso à presença dos EUA e da OTAN na área. Além do mais, a Rússia tem promovido as bases legais para o estacionamento permanente de forças russas e o controlo de bases militares no Quirguistão, Tajiquistão e possivelmente Usbequistão, ostensivamente com o objectivo de defender estes regimes contra a ameaça terrorista (Blank, 2008a: 79). O Usbequistão e o Turquemenistão não são, no entanto, membros desta organização, o que é significativo dado o estatuto do Usbequistão na área. No entanto, a Rússia tem procurado uma colaboração mais estreita entre a Organização do Tratado de Segurança Colectiva e a Organização de Cooperação de Xangai. A China tem adiado a assinatura de um tratado legalmente vinculativo entre as duas organizações, entendendo no entanto que uma colaboração mais próxima lhe permite um escrutínio mais apurado das acções militares russas na área. Apesar de algumas reticências chinesas, a cooperação tem sido prosseguida e a Organização do Tratado de Segurança Colectiva tem estatuto de observadora nos exercícios militares da Organização de Cooperação de Xangai, chamada por alguns a "OTAN do Oriente" (Bhadrakumar, 2007).

No mapa geopolítico da Ásia Central, a par destas grandes organizações, encontramos ainda a Organização de Cooperação da Ásia Central, da qual a Rússia é membro juntamente com o Cazaquistão, o Quirguistão, o Tajiquistão e o Usbequistão, e a Comunidade Económica Euro-Asiática – EurAsEC –, onde a Rússia se junta à Bielorrússia, Cazaquistão, Quirguistão e Tajiquistão (criada em 2001). A Organização de Cooperação da Ásia Central, criada em 1994, é um formato de cooperação regional estabelecido sem a participação da Rússia, ao qual esta se juntou em Maio de 2004. Em 2005, a EurAsEC e a Organização de Cooperação da Ásia Central fundiram-se. Com um âmbito económico, em 2003 foi estabelecido o Espaço Económico Único, envolvendo a Bielorrússia, o Cazaquistão, a Rússia e a Ucrânia.[19] Todas estas instituições regionais são em grande medida lideradas pela Rússia, embora não sem constrangimentos.

A multiplicação do estatuto de membro nestas diferentes organizações tem conduzido a um esvaziamento dos seus conteúdos. Por um lado, a participação de vários Estados nestes formatos envolve-os numa gestão complexa de políticas, enquanto por outro lado não permite que estas organizações se tornem fóruns efectivos de cooperação. Ou seja, esta multiplicidade de interconexões e interesses transversais a par da competição regional têm tornado os processos de integração regionais na área demasiado complexos.

«A integração Eurasiática, inicialmente defendida pelo Presidente cazaque Nazarbayev e subsequentemente apoiada pelo presidente russo Putin, é apenas um conceito em papel» (Rywkin, 2006: 196). Tem havido grandes dificuldades em acomodar diferenças, mesmo a nível micro. Por exemplo, apesar do controlo fronteiriço constituir um tema de relevância para todos, tem havido problemas quanto a acordos relativos a deslocações sem vistos. De facto, as tentativas falhadas de cooperação têm sido muitas, o que dificulta a criação de sinergias regionais.

Partindo de lógicas de cooperação muitas vezes negativas, encontrar acordo sobre questões fundamentais tem sido ainda dificultado pela suspeição e rivalidade persistentes. Assim, tem sido mais fácil encontrar consenso em temas específicos de preocupação comum, como colaboração no controlo de actividades transfronteiriças ilegais, mas não para além deste registo geral, do que num formato alargado de construção de segurança, onde as percepções sejam clarificadas e os níveis de interacção e confiança entre os actores permitam maior estabilidade e previsibilidade nas suas relações.

---

[19] Questão discutida no Capítulo 2 no âmbito das relações Rússia-Ucrânia-Bielorrússia.

Onde os projectos regionais oferecem benefícios de segurança práticos, identificáveis – por exemplo, armamento barato através da Organização do Tratado de Segurança Colectiva ou de medidas de consolidação de confiança em fronteiras partilhadas com a China através da Organização de Cooperação de Xangai –, estes atraem o interesse dos líderes da Ásia Central. Mas, de outra forma, os líderes locais têm conferido prioridade nas suas políticas de segurança e defesa à construção de pontes a nível bilateral com Estados fortes: Rússia, Estados Unidos, Turquia e China (Allison, 2004: 482).

Se as relações entre as repúblicas da Ásia Central são difíceis, estas mesmas dificuldades aplicam-se, e implicam um conteúdo mais denso, quando implicam a Rússia. O nível de envolvimento da Federação Russa tem crescido, e tem sido acompanhado por um esforço de afirmação e configuração de uma agenda estratégica para a área, ainda em definição. Quanto a estes Estados, também têm as suas abordagens particulares para com a Rússia, de maior envolvimento, como o Cazaquistão, de dependência, como o Tajiquistão, de equilíbrio, no caso do Usbequistão, de seguimento de políticas, no que se refere ao Quirguistão, e de envolvimento selectivo, no caso do Turquemenistão. Na globalidade, parece que os arranjos regionais a nível multilateral são muitas vezes ultrapassados por dinâmicas bilaterais, revelando diferenças de entendimento e, acima de tudo, desconfiança dos múltiplos formatos regionais existentes. Além do mais, os governos autoritários destas repúblicas, num estilo de governação personalizado, não estão minimamente abertos a quaisquer mudanças que possam ser entendidas como potencialmente ameaçadoras ao seu controlo político autoritário e centralizado, o que também constitui obstáculo aos esforços de integração regional.

Para muitos, estes processos introspectivos e centralizados relativamente às dinâmicas de integração regional têm contribuído para retrocesso e instabilidade. A continentalidade da Ásia Central reforça o entendimento da necessidade de desenvolvimento e crescimento da região com forte ênfase na construção de infra-estruturas, incluindo sistemas de transporte e rotas de abastecimento, tópicos fundamentais nas agendas políticas destes Estados. A Rússia tem procurado envolver-se activamente na discussão destes temas, com Putin a considerar um aumento do peso russo na área, com a crescente diminuição da presença ocidental, como um objectivo fundamental para os seus interesses. A cooperação nestes assuntos mais prementes deveria, aparentemente, desenvolver-se livre de constrangimentos, construída sobre um entendimento partilhado sobre crescimento e potencial regional resultante de colaboração mais próxima e do desenvolvimento de projectos conjuntos. No entanto, assim não tem sido. De facto, a integração regional

> encorajaria a maturação geopolítica e uma plataforma desenhada para promover interesses nacionais mútuos dos Estados da região. Além do mais, serviria como quadro institucional para o alcance de estabilidade política, crescimento económico, e segurança na região – os principais critérios que os Estados da Ásia Central devem usar para avaliar o desempenho das grandes potências da Ásia Central e países vizinhos (Shaikhutdinov, 2007: 57).

Esta lógica está também presente na Rússia, o que explica a sua presença alargada na maioria dos esforços de integração regional, bem como na promoção deste tipo de arranjos por parte de Moscovo. A Rússia entende que uma maior colaboração ajudaria na estabilização das relações regionais, entendendo também que, se não for parte integrante destes processos, os desenvolvimentos poderão ser contrários aos seus interesses. Nas palavras de Chernov, Vice-secretário do Conselho de Segurança Russo,

> se a Ásia Central se vai desenvolver como "coração" da Eurásia ou se se vai manter como seu centro geográfico, depende das realizações políticas e económicas dos países da região e da sua capacidade para cooperar de forma eficiente e mutuamente vantajosa em todas as esferas, incluindo a segurança nacional e regional (Chernov, 2004: 152).

E certamente que a Rússia não quer ficar alheada destes processos.

A Rússia na Ásia Central: (des)encontros nas dinâmicas regionais

Conforme já se analisou, os posicionamentos, opções, recursos e políticas diferenciados destes diferentes Estados têm gerado reacções díspares em Moscovo, que, no entanto, tem agido e reagido seguindo uma base comum, a de tentar persuadir estas repúblicas a envolver-se e a apoiar a Rússia enquanto principal parceiro e actor regional na Ásia Central. Mas estamos em face de dinâmicas contraditórias que tornam este objectivo difícil de concretizar. A competição regional por influência, seja contra uma presença indesejada norte-americana, o potencial gigantesco chinês ou a localização estratégica iraniana, torna a Eurásia um complexo de inter-relações e interdependência onde o poder russo não é linear, no sentido monopolista e de primazia a que a Rússia aspira. Traduz-se nas variações do seu poder de influência e encontra expressão nas relações de maior ou menor dependência destas repúblicas com Moscovo.

A fragmentação do espaço pós-soviético já criou um grupo de Estados autoritários que procuram o apoio russo para a estabilidade do regime, países com uma orientação clara europeia ou euro-atlântica, novas potências regionais como o Cazaquistão, e países fracos e divididos incapazes de sustentar uma soberania de facto (Averre, 2008: 36).

Estas diferenças vão ser agora analisadas de forma mais cuidada.

A Revolução das Tulipas no Quirguistão (Março 2005), que forçou o afastamento do antigo presidente Askar Akaev para Moscovo, acolhendo o líder da revolução, Kurmanbek Bakiev, mais tarde eleito presidente, foi lida com preocupação não só em Moscovo, mas também nas outras capitais da Ásia Central. Essencialmente, foi interpretada pelos líderes russos como resultando do apoio ocidental numa lógica de soma nula e como um sinal de alarme quanto à possibilidade da instabilidade se replicar noutras repúblicas. Por exemplo, o Cazaquistão reforçou o seu envolvimento no quadro da Organização de Cooperação de Xangai, marcando dessa forma um contra-sinal a qualquer tentativa subversiva face à ordem estabelecida. No entanto, e apesar da mudança de liderança, esta mudança política formal não correspondeu a uma mudança ideológica e a política de aproximação à Rússia foi retomada. A primeira base militar russa após a queda da União Soviética foi estabelecida em território quirguiz, em Outubro de 2003, em Kant. A Rússia tentou ainda negociar o acesso à base de Osh e foi pressionando no sentido da retirada militar dos Estados Unidos, em particular já no segundo mandato de Putin, mas sem sucesso. De facto, o Quirguistão tem desenvolvido crescentemente uma política autónoma face a Moscovo, embora a sua política externa de 2000 a 2008 tenha sido essencialmente marcada por regularidade nas relações com Moscovo, numa lógica de cooperação.

Apesar dos recursos hídricos que o país possui, só cerca de 10% do seu potencial hidroeléctrico é explorado. De acordo com os procedimentos tradicionais, deveria ser aplicado o "princípio da compensação" com vista a um esquema interestatal mutuamente benéfico, que ligasse estes países com recursos energéticos distribuídos de forma pouco equilibrada – o Tajiquistão e o Quirguistão são ricos em água, enquanto o Cazaquistão, o Turquemenistão e o Usbequistão detêm recursos energéticos fósseis significativos: petróleo e gás. Dando seguimento ao acordo de 1996, os cinco países da Ásia Central concordaram em «trabalhar princípios e a participação com base na ordem de equidade no financiamento dos custos de exploração e reparação de objectos hidroeconómicos inter-repúblicas» (Chudinov, 2009). Esta interdependência poderia ser explorada com vantagens para todos. Contudo, e apesar do potencial de cooperação e da promoção de ligações intra-regionais, o incumprimento dos princípios acordados tem gerado tensão e mesmo interrupções nos abastecimentos, particularmente sentidos nos verões secos e quentes e nos invernos gélidos.

O Cazaquistão tem sido o maior parceiro da Rússia na região. Como principal produtor de petróleo (1,3 milhões de barris por dia), um país rico e influente, e partilhando uma longa fronteira com a Rússia, é para Moscovo, um actor fundamental na Ásia Central. Mas esta proximidade não tem sido suficiente para evitar medidas contrárias aos interesses de Moscovo, como a assinatura de contratos petrolíferos com a China, por exemplo, que se tornou o parceiro número um do Cazaquistão. Simultaneamente, as autoridades temem o poder crescente da China na Ásia, valorizando muito a relação de cooperação com Moscovo. Beneficia de boas relações com o Irão e coopera em matéria de anti-terrorismo, não-proliferação e questões energéticas com os Estados Unidos. O apoio de Washington aos investimentos cazaques no sector não extractivo e o apoio dado para que o Cazaquistão assumisse a presidência rotativa da OSCE em 2010 demonstram as diferentes linhas de cooperação, resultado também da diversificação em matéria de política externa que as autoridades cazaques pretendem.

De acordo com fontes ministeriais, a agenda de cooperação bilateral com a Rússia inclui objectivos como a cooperação na área dos transportes, investimentos, indústria refinadora, energia, cooperação militar e socioeconómica (MNE do Cazaquistão, 2009). No quadro da CEI, o Cazaquistão refere-se ao processo de integração como procedendo a diferentes ritmos (*ibid.*).

> O problema é o desequilíbrio entre capacidade de produção e de distribuição e a necessidade de desbloquear rotas para o petróleo que vêm da Ásia Central continental, essencialmente do Cazaquistão. Deste modo, a estratégia do Cazaquistão é desenvolver um sistema multivectorial de oleodutos que evite dependência de qualquer país vizinho (Rywkin, 2006: 200).

Esta política de diversificação não significa, no entanto, uma política de afrontamento face à Rússia; ao invés, reforça a política cazaque de independência e de não subserviência face a Moscovo.

A energia tem permitido aproximação com outros países produtores e de trânsito, como o Azerbaijão (apesar dos problemas que permanecem relativos à definição do estatuto do Mar Cáspio), a Geórgia (como país de trânsito) e o Turquemenistão. A participação cazaque no projecto BTC, ligando Aktau a Baku, é um exemplo de como as sinergias do Cáspio podem ser desenvolvidas. Com o Turquemenistão há interesses partilhados nas rotas de trânsito para norte e sul (o trânsito de gás deste país para norte, para o Cazaquistão, e daí para a Rússia, Ucrânia, UE e China; e petróleo cazaque para sul, até ao Golfo Pérsico, incluindo o Irão). Com o Usbequistão o tom é mais formal e as relações mais difíceis, apesar de as partes terem assentido num acordo de comércio livre em sectores económicos fundamentais. Contudo, as diferenças nas abordagens conceptuais relativas ao desenvolvimento económico destes países continua a deixar rasto nas relações económicas e comerciais, com restrições aos fluxos económicos do Usbequistão que minam relações comerciais melhoradas. O uso racional de recursos hídricos é geralmente objecto de discórdia.

O Quirguistão e o Tajiquistão não estão na lista dos parceiros preferenciais do Cazaquistão, com os problemas da "energia por água" no topo das agendas. A cooperação com o Tajiquistão é essencialmente desenvolvida no quadro de organizações multilaterais como a CEI, a Organização de Cooperação de Xangai, a Cooperação Económica Euroasiática e a Organização do Tratado de Segurança Colectiva. Numa área onde as relações bilaterais têm primazia sobre acções multilaterais colectivas, este é um reflexo da parca relevância do Tajiquistão na política externa cazaque, à parte a retórica da estabilidade regional. Quanto ao Quirguistão, a cooperação é mais próxima, em particular nas zonas fronteiriças, como na região de Jambyl, com Talas no lado cazaque da fronteira; e Chuy e Issykul no Quirguistão com a região de Almaty no Cazaquistão. O diálogo tem-se centrado essencialmente no uso racional de recursos, com os dois países a alcançarem um acordo relativo à utilização do reservatório de água de Naryn-Syrdarian em troca de petróleo (MNE do Cazaquistão, 2009).

O Turquemenistão mantém a tradição de governação autocrática e centralizada e mantém nos seus recursos energéticos uma forma de evitar a exposição externa e, desse modo, maior dependência de processos globais. O Estado subsidia a gasolina, água e electricidade, isentos de pagamento, e mantém a custo reduzido os preços do pão e de outros bens básicos. Deste modo, como afirma o presidente Berdymukhammedov, não é uma verdadeira economia de mercado, mas mais um estilo de governação socialista que prioriza a protecção social da população e exige o controlo por parte do Estado dos principais sectores estratégicos da economia nacional, incluindo a extracção de hidrocarbonetos, reservas energéticas e rotas de transporte (Berdymukhammedov, 2008).

O actual presidente, Gurbanguly Berdymukhammedov, tem procurado inverter a política introspectiva de Saparmurat Niyazov (Niyazov governou o país desde o final da Guerra Fria até à sua morte em Dezembro de 2006), abrindo o país à cooperação regional (por exemplo, com o Azerbaijão), incluindo a promoção do turismo, como no caso da região de Avaza, e a iniciativas internacionais (envolvendo a União Europeia e os Estados Unidos). Este tem sido, no entanto, um processo muito limitado pelo estilo autocrático e centralizado de governação.

Quanto ao relacionamento com a Rússia, uma relação amigável é entendida como servindo os interesses nacionais do país. Este princípio era já seguido por Niyazov, que convidou a Rússia a investir no país e a desenvolver explorações *offshore* no Mar Cáspio, não numa relação desigual de submissão, mas antes como parceiros. A suspensão das exportações de gás natural do Turquemenistão para a Rússia, em finais de 2004, devido a desentendimentos quanto aos preços praticados (Blagov, 2005) ilustra bem o tipo de relacionamento pretendido pelas autoridades de Ashgabat. O projecto de gasoduto a ligar o Turquemenistão e o Cazaquistão até à Rússia ao longo da costa leste do Mar Cáspio e investimentos numa infra-estrutura de transporte, um corredor a ligar o norte ao sul do Turquemenistão, são projectos em curso. Mais a leste, o governo está a desenvolver conjuntamente com a Rússia um gasoduto que se estenderá até à China, bem como investimentos conjuntos nos depósitos de hidrocarbonetos no rio Amudarya. Estes projectos interligam-se e, nas palavras do presidente, assumem o objectivo de revitalização da antiga "rota da seda", uma rota que ligava o Oriente ao Ocidente (*Tatar*, 2008). As políticas energéticas são centrais na política externa do Turquemenistão, que se pretende assumir como líder regional na promoção das ligações e relações de cooperação a este nível. Mas a característica mais distintiva do Turquemenistão é o seu estatuto de neutralidade (ONU, 1995), comummente associado a uma atitude amigável para com os seus vizinhos, e a sua afirmação como parceiro de confiança.

> A ausência de suspeições externas nos compromissos políticos permite ao Turquemenistão sentir-se um parceiro de confiança para a Turquia, como membro da OTAN; para a Rússia, como membro da Organização do Tratado de Segurança Colectiva; e para o Irão, como membro do Movimento dos Não--Alinhados (Berdymukhammedov, 2008).

Nestas palavras resume-se o objectivo do Turquemenistão de se posicionar como o principal dissuasor de conflitos na região, uma posição que tem sido sustentada repetidamente nas Nações Unidas e noutros fóruns internacionais (ver, por exemplo, Tarasov, 2007). Este estatuto agrada a Moscovo: o Turquemenistão não faz parte de qualquer bloco ou aliança militar e não disponibiliza o seu território para acolhimento de bases militares estrangeiras (Blatov, 2007). Para além da cooperação em matéria energética, a Rússia e o Turquemenistão assinaram uma parceria estratégica que visa uma cooperação alargada em sectores diferenciados, sublinhando a atmosfera cooperativa que quer Ashgabat, quer Moscovo imprimem a esta relação bilateral.

> O estatuto de neutralidade do Turquemenistão, a sua doutrina de política externa de não afiliação com quaisquer blocos e a não-aceitação da força como meio de resolução de disputas internacionais predeterminam a nossa posição com vista às questões da paz e da segurança (Berdymukhammedov, 2007).

Este estatuto de neutralidade levou também à decisão de diminuição da sua participação no quadro da CEI, justificada no facto de

> [...] a CEI não se [ter tornado] uma união interestatal efectiva. [...] Nestas circunstâncias, a decisão de Ashgabat de diminuir radicalmente o seu nível e estatuto na CEI é lógico, bem pensado e justificado. O Turquemenistão neutro não pode e não vai manter-se numa posição desinformada de não participação em vários blocos, uniões e grupos político-militares no território pós-soviético. Quanto à participação "formal" na organização, que está desprovida de um conceito de base comum, não faz sentido (Dubrovin, 2005; ver também Amansariev, 2007).

Quanto ao Tajiquistão, e desde a guerra civil no início dos anos 1990, o país manteve-se muito dependente da Rússia. De facto, e no contexto da luta contra o terrorismo, Moscovo conseguiu obter acordos relativos à transformação da 201ª divisão motorizada das suas anteriores funções de monitorização e salvaguarda fronteiriça e de manutenção da paz para uma base militar regular e permanente em 2004 (Wilhelmsen e Flikke, 2005: 55). Em Outubro desse ano, Putin inaugurou a primeira base militar russa no Tajiquistão, apesar da presença russa no país contar já com anos, e prometeu maior investimento na economia tajique, para além do perdão de parte da dívida. Uma parceria baseada na presença militar e apoio económico enquanto elementos fundamentais da consolidação da presença russa na Ásia Central, reflectindo o regresso do Eurasianismo às políticas russas. Estes desenvolvimentos têm consolidado a dependência e a atitude subserviente do Tajiquistão face à influência de Moscovo sobre as suas políticas.

A cooperação com a Rússia é prioritária na política externa do país, orientando-se para «questões regionais e internacionais de importância actual, [e a] evolução de processos de integração no espaço da Comunidade [de Estados Independentes]» (MNE do Tajiquistão, 2007). No seguimento da política de proximidade com a Rússia, a CEI assume-se naturalmente como prioridade da política externa tajique. O Tajiquistão não tem recursos fósseis, embora seja rico em água, o que tem sido um tema em disputa na área, como já foi analisado. Mantém relações amigáveis com a China, em particular em termos comerciais, assentes no apoio ao princípio da integridade territorial chinesa. Pequim tem investido no desenvolvimento da infra-estrutura hidroeléctrica, potenciando a sua capacidade hídrica e as possibilidades de exportação de energia eléctrica. Exemplos deste investimento incluem a reconstrução das ligações terrestres que fazem a ligação Dushambe-Khujand-Chanak, a construção do túnel Shar-Shar, e o desenvolvimento de linhas de transmissão de electricidade, como a "500 sul-norte" e a "Lolazor-Khatlon" (MNE do Tajiquistão, 2007). Esta cooperação económica com a China não é, no entanto, prosseguida numa lógica de equilíbrio ou desafio à Rússia. Moscovo retém poder político, económico e militar sobre a política externa tajique.

A nível regional, as relações com o Cazaquistão, Usbequistão e Turquemenistão assentam em tratados de amizade e boa vizinhança. Os tajiques prosseguem a cooperação económica como o seu principal objectivo, embora as ligações não estejam muito desenvolvidas, em particular com o Turquemenistão. Além do mais, o Tajiquistão não considera as garantias das autoridades usbeques relativas às rotas de trânsito como fiáveis, o que adiciona fricção às relações bilaterais. Com o Quirguistão, as relações estão mais avançadas e os dois países procuram coordenar posições no seio de organismos internacionais como forma de aumentar o seu potencial nestes quadros. O potencial hidroeléctrico de ambos os países poderia ser maximizado em resultado dos recursos hídricos abundantes de que dispõem, evitando os cortes no abastecimento de que muitas vezes são alvo (Najibullah, 2009). Uma percepção pragmática que não tem sido acompanhada de projectos concretos. O facto de o Quirguistão ser também próximo da Rússia nos seus objectivos de política externa contribui claramente para uma mais fácil coordenação de políticas entre as autoridades em Dushambe e Bishkek.

O Usbequistão tem sido um parceiro simultaneamente próximo e distante da Rússia, jogando com os seus interesses e a intersecção de influências externas na área. É um dos maiores produtores de gás natural a nível mundial, o que lhe confere alguma margem de manobra política. Após os ataques terroristas de

11 de Setembro de 2001, o presidente Karimov assinou uma parceria estratégica com os Estados Unidos, com base na luta global contra o terrorismo, tal como aconteceu com a Rússia e outros Estados da área (Breault *et al.*, 2003). O Usbequistão junta-se a este esforço, mas numa lógica diferenciada, procurando afirmar o seu poder regionalmente. As actividades terroristas do Movimento Islâmico do Usbequistão no país e no vizinho Quirguistão permitiram a colaboração com a Rússia, mas não ao ponto do Usbequistão fornecer poder de supervisão à Rússia.

Em Abril de 2004, o presidente Karimov deslocou-se a Moscovo para discussão das relações bilaterais e de um acordo de investimento russo na indústria do gás natural usbeque. Karimov afirmou: «pessoalmente não estou satisfeito com as relações com a Rússia. O meu objectivo é que prossigamos com apoio mútuo e reconhecimento mútuo com base nos interesses de cada Estado» (citado em Knox, 2004). As relações com a Rússia deterioraram-se no início dos anos 1990, com o Usbequistão a ser o primeiro país da Ásia Central a completar a retirada de guardas fronteiriços russos e, em 1999, a retirar-se do Tratado de Segurança Colectiva. Com os ataques terroristas promovidos pelo Movimento Islâmico do Usbequistão, houve alguma aproximação que se desvaneceu com os desenvolvimentos pós-11 de Setembro, com o Usbequistão a tornar-se o principal parceiro dos Estados Unidos na Ásia Central na luta contra o terrorismo.

Mas apesar desta política multivectorial usbeque, com enfoque claro nas relações com Washington, a Rússia e o Usbequistão assinaram, em Junho de 2004, um Tratado de Parceria Estratégica (Presidente do Usbequistão, 2004), que envolve questões económicas e políticas e pretende constituir a base da coordenação de esforços no sentido do desenvolvimento de um sistema de segurança regional na Ásia Central, com enfoque particular em questões de segurança, nomeadamente, o combate contra o terrorismo internacional. Um sinal claro de que é reconhecido à Rússia um papel relevante nestas matérias, apesar das várias limitações conhecidas.

Contudo, a repressão severa de Andijon, em 2005, com uma resposta violenta das autoridades sobre os manifestantes, que as autoridades usbeques classificaram como extremistas religiosos que entraram em confronto directo com a polícia, exigindo das autoridades uma resposta de força para reposição da ordem, aumentou as críticas em Washington de violação de direitos fundamentais e adicionou fricção à relação. A altura mostrou-se propícia e a Rússia aproveitou o contexto, primeiro através da Organização de Cooperação de Xangai e depois de forma bilateral, para trazer o Usbequistão de novo para a sua esfera de influência.

Em finais de Julho de 2005, o governo usbeque anunciou que as tropas norte-americanas tinham seis meses para deixar o país. A par da inversão da parceria com os Estados Unidos, as autoridades usbeques assinaram vários acordos com a Rússia relacionados com a indústria da defesa, claramente fortalecendo o poder de Moscovo sobre a política militar de Tashkent. E, se apesar de neste período parecer que o Usbequistão «está a regressar a uma parceria militar com a Rússia» (Rywkin, 2006: 198), a realidade é que esta nunca se desenvolveu em detrimento das ligações com Washington. O Usbequistão mantém apoio às forças norte-americanas no Afeganistão, através de provisão de ajuda logística para abastecimentos não militares, mantendo as suas bases abertas às forças da OTAN para este efeito.

Eurasianismo e supremacia russa na Ásia Central: formulações descoincidentes

Neste capítulo argumenta-se que a forma como os países da Ásia Central se relacionam com a Rússia difere de acordo com a autonomia das suas políticas interna e externa, bem como com uma equação constante das relações custo-benefício relativamente ao envolvimento mais claro da Rússia na área. Deve também ser sublinhado que as dinâmicas internas de preservação de autoridade e centralização de poder são relevantes nas formulações políticas destes Estados, genericamente seguindo tendências de autoritarismo bem próximas da russa. Parece claro que a abrangência e profundidade do poder russo na área é objecto de um envolvimento selectivo nas dinâmicas intra-regionais e face ao exterior perante uma distribuição assimétrica de capacidades e influências externas que diminuem o poder e influência russos, como nos casos do Cazaquistão, Turquemenistão ou Usbequistão, ou projectam a sua relevância, como no caso do Tajiquistão. Estas diferenças são uma demonstração do mosaico que esta área constitui e das dificuldades russas no prosseguimento dos seus interesses na mesma.

De facto, este envolvimento regional parece reflectir um sentimento de contenção de ameaça face ao envolvimento ocidental em áreas definidas pela Rússia como preferenciais na sua esfera de influência. Aponta para o conceito de equilíbrio multifactorial como instrumento pragmático de promoção dos interesses nacionais russos (ver Voskressenski, 2007: 14-15). Moscovo tem de reformular e readaptar as suas políticas a um cenário em mudança, de modo a manter a sua influência numa área onde a intersecção de interesses em competição tem sido crescente.

A formação da Comunidade Económica Euroasiática, com um carácter predominantemente centro-asiático, revelou-se uma tentativa de contornar o insucesso da CEI enquanto entidade política agregadora. Mais tarde, quando em Agosto de 2006 é fundada a união aduaneira, que pretendia ser inclusiva, apenas três Estados se vão associar: a Rússia, a Bielorrússia e o Cazaquistão, o que logo à partida significava uma grande incapacidade de concretização de resultados práticos. O que se veio a verificar. A Organização do Tratado de Segurança Colectiva, também com uma forte componente eurasiática, é claramente um mecanismo integrador mais coeso e com resultados mais visíveis. Na Ásia Central foi criado um mecanismo de Forças Colectivas de Resposta Rápida e realizam-se regularmente treinos conjuntos. Já cunhada a "OTAN do Oriente", esta organização pretende afirmar-se como aglutinadora de uma estratégia de segurança na área. Contudo, não de forma ilimitada. Os níveis de empenho dos diferentes membros são diferenciados, a implementação de subacordos no âmbito do seu quadro institucional nem sempre é prosseguida e levantam-se questões relativas à articulação desta organização com outras que actuam na área, também com presença da Rússia, mas com Estados-membros diferenciados, e o modo como cooperam/competem nos seus objectivos e meios. Note-se, por exemplo, a relação com a Organização de Cooperação de Xangai neste contexto. Parece claro, no entanto, ao longo da presidência Putin, que a Organização do Tratado de Segurança Colectiva assumiu um posicionamento fundamental e da maior relevância na política externa russa.

Os objectivos de política externa russos para a Ásia Central passam pelo desenvolvimento de projectos de integração pró-russos ultrapassando os limites claros da CEI e no quadro de definição de relações com outros actores externos activos na região. Além do mais, inclui o entendimento de que a estabilidade nesta região contribuirá directamente para a estabilidade na Rússia através de medidas de combate ao terrorismo transnacional, ao extremismo islâmico e ao narcotráfico, para além do interesse económico mais evidente de controlo das rotas de transporte de petróleo e gás natural (Kazantsev, 2008: 1073).

De facto, a Rússia ainda controla a maior parte dos oleodutos e gasodutos de transporte de energia da Ásia Central para leste e oeste. No entanto, projectos alternativos, como o projecto Atasu-Alashankou entre o Cazaquistão e a China, em funcionamento desde Dezembro de 2005, ou o gasoduto Korpeje-Kurt-Kui que liga o Turquemenistão ao Irão, retiraram à Rússia o monopólio deste controlo. Estes desenvolvimentos parecem conferir força ao argumento de que «a falta de influência económica complexa fora da esfera do petróleo e gás natural é uma das razões explicativas da instabilidade da influência russa na região» (Kazantsev, 2008: 1086).

Parece claro que a Rússia ainda mantém grande poder na área, definindo-a nos seus documentos oficiais como de importância primária na sua política externa. Contudo, como já foi discutido, não sem constrangimentos, com vários destes Estados, em particular aqueles que possuem recursos energéticos, a prosseguir uma política externa diversificada e crescentemente independente de Moscovo, por vezes mesmo contrária aos interesses russos. Isto adiciona uma nova dimensão ao Eurasianismo na política externa russa, exigindo novas formas de lidar com estes novos desafios.

PARTE II

A dimensão ocidental na política externa russa: estratégias em competição

As relações com o Ocidente, entendido aqui como EUA, OTAN e UE, assumiram ao longo dos dois mandatos de Vladimir Putin na presidência russa um carácter híbrido, ora de cooperação, ora de competição. Esta hibridez projecta as incompatibilidades dos princípios subjacentes à política doméstica no seio da política externa (Shevtsova, 2007a: 902). De facto, e como já se analisou, as tendências centralizadoras e autoritárias no Kremlin, que pauta a sua acção num registo diferenciado do modelo democrático ocidental liberal, divergem profundamente das linhas que sublinham as políticas ocidentais. O *Putinisimo* enquanto modelo próprio de desenvolvimento interno na Rússia, com as características que lhe são próprias, quando transposto para a política externa confere-lhe contornos também de centralismo e autoritarismo – o realismo pragmático discutido anteriormente. É nesta diferenciação de base que vai assentar grande parte dos problemas existentes nesta relação.

> Da perspectiva de Moscovo, as relações russas com o Ocidente são competitivas mas não antagónicas. A Rússia não pretende dominar o mundo e os seus líderes não sonham em restaurar a União Soviética. Planeiam reconstruir a Rússia como uma grande potência com alcance global [...]. As implicações alargam-se a áreas políticas e estratégicas. Apesar dos ocidentais geralmente rejeitarem igualdade moral entre os seus países e a Rússia, nomeadamente o *values gap*, os russos já não reconhecem autoridade moral à Europa ou aos Estados Unidos. Moscovo está preparada para lidar com os seus parceiros ocidentais na base de interesses e discordando quando necessário. A principal questão subjacente às relações entre a Rússia e o Ocidente no início do século XXI são os termos do seu relacionamento (Trenin, 2007: 96).

A perspectiva russa sobre a construção da sua imagem no Ocidente revela um entendimento de que os aspectos que merecem maior consideração incluem a «imprevisibilidade do seu comportamento no sistema internacional, desconfiança enquanto parceiro económico, ineficiência das suas instituições e cariz não democrático, [e] omnipotência de uma liderança autocrática» (Semenenko *et al.*, 2009: 88). O passado imperial e depois comunista russo, no entendimento de Moscovo, produziu uma imagem da Rússia não só como principal rival do

Ocidente em termos de geopolítica global, mas também de ameaça principal ao estilo de vida ocidental.

A Federação Russa prossegue uma política externa para além do espaço CEI onde os princípios vestefalianos da igualdade soberana entre os Estados (leia-se entre grandes potências) e do respeito pela integridade territorial dos Estados e das suas fronteiras, incluindo a não ingerência nos assuntos internos, estão muito presentes. Assim, a Rússia defende um sistema internacional multipolar, onde lhe seja reconhecido um lugar central, com capacidade de iniciativa e legitimidade para a prosseguir. Esta definição deve, no entanto, ser entendida no quadro de crescentes dificuldades no relacionamento com o Ocidente e, em particular, na definição desta nova ordem como contraponto a uma ordem entendida como desestabilizadora e sob hegemonia norte-americana, pós-Guerra Fria e mais tarde pós-11 de Setembro. Em 2006, o Ministro dos Negócios Estrangeiros, Sergei Lavrov, comentava quanto ao potencial da Rússia enquanto mediador, afirmando que «a Rússia está preparada para ser uma ponte» (Shevtsova, 2007a: 902), mas subjacente ao discurso estava claramente associado um carácter de pouca abertura para cooperação com o Ocidente, assumindo Moscovo um papel central e de iniciativa no sistema internacional.

«O Ocidente deixou de pensar na sua relação com a Rússia como de "parceria", para usar o termo introduzido por Gorbachev, e procura definições mais adequadas para um relacionamento mais difícil, passando de "cooperação" para "cooperação selectiva" e daí para "envolvimento" e, finalmente, "envolvimento selectivo"» (Shevtsova, 2007b: 164-165), expressando as dificuldades graduais que o relacionamento da Rússia com o Ocidente vai experimentando e que se vão agudizando com o passar dos anos de presidência Putin, questionando mesmo os fundamentos de base, os princípios definidores e os níveis de actuação estratégica. Valores e princípios manter-se-ão na base da discórdia e do desentendimento entre as partes, pois a linguagem tantas vezes partilhada em documentos oficiais não o é nas práticas políticas, com um fosso enorme entre formulação e implementação, que contribui para desconfiança e dificuldades acrescidas no relacionamento da Rússia com os seus "parceiros" ocidentais.

A transformação das políticas russas de maior proximidade ao Ocidente numa crescente crispação nas relações, como se analisa nos capítulos que se seguem, apesar de entendimentos partilhados de que todos têm a beneficiar de relações de cooperação e abertura, num contexto onde um conjunto de ameaças transnacionais e desafios ao sistema se colocam, levou a que alguns avançassem com um discurso mais forte sugerindo o surgimento de uma "nova Guerra Fria" a caracterizar o relacionamento difícil da Rússia com o Ocidente e em particular com os Estados Unidos. Foram publicados alguns livros intitulados de "nova Guerra Fria" (por exemplo, Lucas, 2008), que procuraram construir, sobre as dificuldades profundas no relacionamento, mas longe daquilo que conhecíamos como o quadro de relações bilaterais na Guerra Fria, uma imagem da Rússia como o "inimigo" e a demonstração de que estaríamos perante um novo cenário de afrontamento ideológico, político e económico com base em acontecimentos reais, lidos de forma extremada. Esta anotação é fundamental, uma vez que o entendimento aqui subjacente é o de que, apesar de todas as muitas dificuldades nas relações da Rússia com o Ocidente, especialmente no segundo mandato de Vladimir Putin, estamos longe de um novo quadro de Guerra Fria.

> A velha Guerra Fria não voltará e analogias a esta são desajustadas no tempo. Mas também o são os sentimentos positivos que se lhe seguiram. O erro mais catastrófico que o mundo cometeu desde 1991 foi assumir que a Rússia se estava a transformar num país "normal". Deste ponto de vista, quaisquer problemas que surjam são meros obstáculos e desvios que serão ultrapassados no progresso inexorável para a legalidade e liberdade ao estilo ocidental. A ideia parecia optimista, mas parece agora completamente desfasada (Lucas, 2008: 6).

É de sublinhar que esta linguagem rotuladora de uma "nova Guerra Fria" utilizada por Edward Lucas tem claramente uma conotação muito particular, como evidenciado no extracto. Pretendendo um forte impacto, passa em grande medida pela avaliação de um curso não democrático na Rússia, onde a centralização de poderes, a corrupção e a limitação de liberdades fundamentais são dominantes e parecem desviar a Rússia de um curso pró-democrático. Mas esta é uma argumentação amplamente reconhecida nos estudos sobre a evolução das políticas russas e utilizá-la no sentido amplo que acabou por ser apropriado académica e mediaticamente torna-se excessivo e um exercício demasiado alarmista e sem projecção real.

Um exemplo muito concreto prende-se com a questão da interdependência energética, mais premente nas relações Europa-Rússia do que com os EUA, mas que oferece potencialidades de cooperação mais estável, apesar das dificuldades inerentes à Carta Energética. Contudo, a interdependência energética é clara e vantajosa para ambas as partes: a Europa é um importante mercado consumidor, a Rússia é um importante fornecedor de recursos energéticos. É de sublinhar ainda que o relacionamento da Rússia com a UE e com os EUA é distinto, sendo que em muitas instâncias são as dificuldades de entendimento com Washington que acabam por adicionar tensão no relacionamento com Bruxelas. Estas dinâmicas são analisadas nos próximos dois capítulos.

CAPÍTULO 5

RÚSSIA-UNIÃO EUROPEIA: PARCERIA ESTRATÉGICA OU ESTRATÉGIA DE PARCERIA?

A UE e a Rússia são dois parceiros desiguais, actores distintos com agendas diferenciadas nem sempre fáceis de conciliar. Enquanto a UE é uma organização regional com 27 Estados-membros, construída sobre princípios democráticos, um sistema de decisão multinível onde os interesses individuais nem sempre coincidem com os colectivos, em particular em matéria de política externa; a Federação Russa é um grande país com uma política unificada e interesses políticos, estratégicos e económicos bem definidos, com base num sistema de governação autoritário e um posicionamento estratégico face a assuntos externos considerados vitais para os interesses russos. Destas disparidades na coesão e unidade política interna, bem como nos meios para as alcançar, têm resultado diferenças significativas na construção da denominada parceria estratégica UE-Rússia.

Apesar de no período soviético as relações entre as partes serem de relevância menor e reduzidas a um mínimo quase insignificante, dado o contexto de rivalidade bipolar, já com Gorbachev e em finais da década de 1980 são dados os primeiros passos numa lógica de abertura a ocidente, e nomeadamente à vizinha Europa, num quadro de desanuviamento promovido pelas políticas de abertura e reforma introduzidas na então União Soviética. Mas é já no período pós-soviético que as relações UE-Rússia se vão consolidar, assumindo um novo patamar, abrangente em termos das áreas definidas pelas partes como prioritárias e mais aprofundado em termos das práticas de rotinização de diálogo e contactos a nível formal e informal.

Neste capítulo analiso as relações UE-Rússia traçando o quadro evolutivo das mesmas, um exercício demonstrativo da importância que quer a UE, quer a Rússia atribuem ao relacionamento bilateral e simultaneamente revelador das muitas dificuldades que permanecem no aprofundamento desta relação. E estas dificuldades assumem-se tanto no plano bilateral, mesmo ao subnível das relações bilaterais da Rússia com Estados-membros da União, como a um nível mais macro, onde as relações com outros actores das relações internacionais acabam por afectar directa e indirectamente, tal como positiva e negativamente, a construção da parceria estratégica UE-Rússia. Daí a questão central: uma parceria estratégica, assente em fundações sólidas de diálogo e cooperação e com objectivos delineados e prosseguidos com firmeza, ou, ao invés, uma estratégia de parceria, num registo mais ligeiro que se vai adequando às necessidades e por isso flutuando de acordo com interesses pontuais, objectivos semidelineados e actuação selectiva.

Apesar do quadro lato que constitui esta parceria, em termos de desenvolvimentos económicos, comerciais, culturais, entre outros, esta análise centrar-se-á nas questões políticas e de segurança, novamente com especial ênfase nesta última para a questão energética, que aliás se assumiu desde cedo como tema central. A partilha de uma vizinhança comum, no caso da Rússia, enquadrada na CEI, e no caso da UE, na Política Europeia de Vizinhança (PEV), com contornos diferenciados, não só nos níveis de integração, mas também nas opções e possibilidades envolvidas, é também um tema fundamental na análise das relações políticas UE-Rússia e que será aqui objecto de estudo.

Fundamentos das relações UE-Rússia

A proximidade no relacionamento que se desenvolveu no contexto pós-Guerra Fria permitiu que em Junho de 1994 fosse assinado o Acordo de Parceria e Cooperação (APC) que definia as bases legais da relação, embora este só tenha entrado em vigor em Dezembro de 1997, essencialmente devido à guerra na Chechénia e às críticas europeias à forma como a Rússia conduziu as operações de contra-insurgência na república. Em traços gerais, o acordo visa a cooperação em áreas diferenciadas, essencialmente políticas, económicas e culturais, com o objectivo de integrar a Rússia na área alargada de cooperação europeia. Inclui a promoção da segurança e estabilidade internacional, o desenvolvimento de uma sociedade democrática e o fortalecimento de laços comerciais (com o objectivo de estabelecer uma área de comércio livre). Reforça o princípio de que a existência de laços em diferentes áreas serve de base à construção da segurança e ao desenvolvimento de uma cooperação mais dinâmica entre as partes (APC, 1997).

A agenda alargada UE-Rússia permite, por um lado, manter flexibilidade suficiente para manter o diálogo aberto e avançar em diferentes áreas de acção, desde os laços económicos a questões de educação e segurança. No entanto, e por outro lado, também permite o distanciamento de assuntos delicados remetidos para posterior discussão, incluindo questões como democratização e direitos humanos. Face aos processos de alargamento e aprofundamento da União Europeia, a Rússia,

> entendendo estes processos como uma componente objectiva do desenvolvimento europeu, procurará o devido respeito pelos seus interesses, incluindo na

esfera das relações bilaterais com Estados-membros individuais. A Federação Russa vê a UE como um dos seus principais parceiros político-económicos e procurará desenvolver com esta uma cooperação intensiva, estável e de longo prazo independentemente de flutuações indesejadas que possam ocorrer (FPC, 2000).

Os princípios desta relação estratégica foram estabelecidos na reunião do Conselho Europeu de Colónia em Junho (Conselho Europeu, 1999), ainda antes de Vladimir Putin assumir a presidência interina. Mantendo o APC como o instrumento central no desenvolvimento de princípios e acções comuns, consolida de modo formal as bases definidas no Acordo de 1994 dando-lhes contornos operacionais mais claros, em particular face ao contexto de tensão que se vivia então com a segunda guerra da Chechénia e as acções aliadas na antiga Jugoslávia, com a intervenção militar da OTAN a ser muito criticada em Moscovo. O texto inicia-se com a frase: «Uma Rússia estável, democrática e próspera, firmemente ancorada numa Europa unida sem novas linhas de separação, é essencial para uma paz duradoura no continente», vincando a necessidade de evitar que o desacordo em alguns temas pusesse em questão o desenvolvimento de uma parceria comum. Reflecte ainda o reconhecimento da UE, correspondido pela Federação Russa, relativamente à importância desta relação e da manutenção do diálogo numa perspectiva construtiva.

A Estratégia Comum do Conselho Europeu para a Rússia representa um esforço de coordenação das políticas europeias e dos programas direccionados para a cooperação com a Rússia, definindo objectivos e desenhando prioridades imediatas para a acção. Os objectivos centrais incluem a consolidação democrática de um Estado de direito e das instituições públicas na Rússia, a integração russa numa área social e económica europeia comum, cooperação no fortalecimento da segurança e estabilidade na Europa e para além desta, a resposta a desafios comuns, incluindo políticas energéticas, segurança nuclear e protecção ambiental. A mensagem política é evidente: apela a uma Rússia estável governada por princípios democráticos nas fronteiras da UE.

Moscovo apresentou em Outubro desse mesmo ano um documento sobre a Estratégia de Médio Prazo da Federação Russa em relação à União Europeia (Federação Russa, 1999). O documento visa assegurar os interesses nacionais e expande a imagem da Rússia na Europa como parceiro de confiança na construção de um sistema de segurança colectiva, enquanto mobiliza o potencial e a experiência da UE na promoção da economia de mercado na Rússia e no desenvolvimento de processos democráticos no país. Além do mais, visa a cooperação estratégica na prevenção e procura de soluções para conflitos locais, com ênfase no direito internacional e em meios pacíficos, no quadro de uma ordem internacional multipolar. Deste modo, procura uma Europa unificada, sem linhas de divisão e um fortalecimento equilibrado e integrado das posições da Federação Russa e da UE relativamente aos temas mais difíceis que a comunidade internacional enfrenta no novo século. De acordo com o exposto no documento, os objectivos propostos parecem em linha com a Estratégia Europeia para a Rússia.

No entanto, se num primeiro momento os dois documentos parecem alinhados, uma leitura mais cuidada revela algum desalinhamento. A «UE concentra-se nos valores e na necessidade de a Rússia mudar profundamente, enquanto o documento russo sublinha os interesses nacionais e o princípio da soberania. A [Estratégia Comum para a Rússia] é vaga, enquanto a estratégia russa é muito específica» (Lynch, 2003a: 59), revelando o tom pragmático que a política externa russa tinha já assumido ainda com Ieltsin na presidência. Estes princípios aparentemente coincidentes, mas na realidade distanciados, permanecem muito presentes na relação UE-Rússia, demonstrando quer o afastamento nos conceitos de base subjacentes à relação, em particular relativos a valores e normas, quer as dificuldades de entendimento do "outro", como consequência desta interpretação diferenciada de conceitos.

Putin refere claramente que a partilha de valores comuns assume bases diferenciadas.

> É óbvio que quando falamos em valores comuns, é necessário termos em atenção o desenvolvimento histórico de uma civilização europeia unida, mas multifacetada. Seria reducionista e erróneo impor qualquer enquadramento artificial, medíocre, nesta matéria. Quero enfatizar que estamos receptivos à experiência de outros países. Contudo, a Rússia – um país com mais de mil anos de história – tem coisas para partilhar com os parceiros europeus, incluindo uma experiência única onde várias religiões, grupos étnicos e culturas coexistem e se enriquecem mutuamente (Putin, 2006b).

A estrutura complexa da UE e as dinâmicas de decisão multinível tornam-na um parceiro opaco, enquanto a formulação de políticas e o compromisso muitas vezes precário de Moscovo para com alguns dos princípios definidos como partilhados, nomeadamente, a questão da democracia, demonstram a densidade implicada no relacionamento (Freire, 2008b). Esta densidade vai-se manter ao longo dos dois mandatos de Putin, intercalando momentos de cooperação com outros de alguma tensão, sendo que esta última marcará claramente os anos finais da presidência de Vladimir Putin.

Nenhuma das partes vê os seus interesses melhor servidos por exclusão da outra, reconhecendo ambas a necessidade de aprofundar as linhas de cooperação. Putin referiu-se à necessidade de melhorar a eficácia e qualidade desta cooperação, uma afirmação que se manteve actual ao longo da sua presidência, apesar da fricção existente. No entanto, as políticas têm prosseguido uma via realista onde as políticas de poder se têm sobreposto a dinâmicas de cooperação: sempre que os seus interesses vitais estão de algum modo ameaçados, Moscovo não coopera. Assim, interesse, compromisso e cálculo racional de oportunidades e benefícios têm pautado a relação. «A política russa é pró--russa e não pró-ocidental; a estratégia de alinhamento é um meio para um fim. O fim mais importante é o da revitalização doméstica» (Lynch, 2003b: 94). Deste modo, há uma tensão clara entre a expansão da agenda normativa da UE e as considerações russas de poder (Timmins, 2003: 78-79). As ambiguidades inerentes à parceria, onde a reconciliação de interesses nem sempre é fácil, são reflexo da necessidade de equilibrar custos e ganhos, bem como do distanciamento entre palavras, entendimentos e acções – dificuldades que definem bem as relações UE-Rússia no final da presidência de Vladimir Putin.

Neste contexto de redefinição de princípios e de delineação de um novo acordo definidor dos fundamentos subjacentes a esta relação, Putin sublinhava que a negociação de um novo tratado que substituísse o APC deveria revelar-se um «instrumento capaz de assegurar um maior nível de integração económica e interacção, proporcionando liberdade e segurança no continente europeu» (Putin, 2007b). A incapacidade entre as partes de efectivamente redigirem um novo documento, mantendo ou muito possivelmente alterando a sua designação, é demonstrativa das dificuldades várias inerentes à relação.

Deste modo, o acordo foi automaticamente renovado em finais de 2007. Esta renovação automática foi interpretada como um sinal negativo face ao contexto de tensão e desacordo entre as partes (Arbatova, 2006; Likhachev, 2006: 102-114; Bordachev, 2006; Emerson, Tassinari e Vahl, 2006). Por um lado, assinala a falta de vontade russa em negociar um acordo, que entende como contrário aos seus interesses, especialmente no que se refere a questões energéticas; bem como o facto de a UE apenas abrir o seu mercado aos recursos energéticos russos e de fechá-lo a outros bens económicos; e, por outro, sublinha a posição reticente da UE em desenhar um novo modelo para a relação com Moscovo, resultado em ampla escala da falta de uma estratégia coerente para lidar com o seu vizinho gigante. Durante a presidência francesa da UE, as negociações foram retomadas, já com Dmitry Medvedev como presidente da Rússia (Cimeira UE-Rússia, 2008a; 2008b), mas as redes densas onde estas

A RÚSSIA DE PUTIN: VECTORES ESTRUTURANTES DE POLÍTICA EXTERNA

foram tomando lugar não permitiram ultrapassar as divisões de fundo no que respeita ao processo de revisão das bases da relação, com a guerra no Cáucaso do Sul no Verão de 2008 a suspender por completo as negociações. Estas seriam retomadas mais tarde, em Novembro de 2008, demonstrando claramente o reconhecimento mútuo da relevância do diálogo activo e de uma parceria funcional, mas sem qualquer acordo até ao final desse ano.

A nova ordem pós-11 de Setembro

Os ataques terroristas de 2001 e a denominada "luta global contra o terrorismo" foram usados pelo presidente russo na procura do realinhamento com o Ocidente e na reafirmação do seu estatuto político internacional como promotor de decisão e influência na política internacional. «Os processos de integração, em particular na região Euro-Atlântica, são muitas vezes prosseguidos numa base selectiva e limitada. Tentativas de depreciação do papel do Estado como elemento fundamental das relações internacionais geram ameaça de interferência arbitrária nos assuntos internos» (FPC, 2000). Deste modo, Putin responde à necessidade de um sistema internacional multipolar, sublinhando o potencial de afirmação da Rússia neste, opondo-se à apropriação da luta global contra o terrorismo para afirmação hegemónica dos EUA. Neste sentido, o reforço das relações com a UE é novamente entendido como um desenvolvimento natural.

No entanto, na Primavera de 2002 a política externa europeia é uma prioridade no discurso de Putin à Duma, marcando um quadro de relacionamento que se define claramente por metas ambiciosas mas com perspectivas de entendimento e abertura positivas. Com base nestes documentos que servem de fundamento legal e político à relação, outros documentos e estratégias bilaterais foram adoptados, permitindo que em Novembro de 2002, já com Putin como presidente russo, fosse fechado um acordo sobre o regime de trânsito de pessoas entre Kalininegrado e o resto da Federação Russa (Cimeira UE-Rússia, 2002b; ver também CE, 2002). Na Cimeira Rússia-UE de Maio de 2002 (Cimeira Rússia-União Europeia, 2002) este tema tinha sido abordado numa óptica prioritária, permitindo a definição das bases de entendimento para o desfecho positivo das discussões. A UE reconheceu o estatuto de economia de mercado à Rússia, um desenvolvimento entendido como natural neste período caracterizado pela cooperação alargada a nível bilateral.

Na Cimeira de São Petersburgo de Maio de 2003, a UE e a Rússia acordaram no reforço das suas relações através da criação do conceito dos "quatro espaços comuns" – um espaço económico comum; um espaço comum de liberdade, segurança e justiça; um espaço comum de cooperação na área da segurança externa; e um espaço comum de educação, investigação e cultura – no âmbito do Acordo de Parceria e Cooperação (Cimeira UE-Rússia, 2003a). Apesar de não revelar uma estratégia de base para além da retórica usual, contribuiu para um novo enquadramento da relação ao organizar as principais áreas e temas de cooperação. Na Cimeira de Moscovo de Maio de 2005 foram definidos os roteiros, incluindo os instrumentos para efectivar a cooperação nestas quatro áreas (Common Spaces Roadmap, 2005).

Este é um acordo juridicamente não vinculativo que visa a criação de um mercado comum entre a UE e a Rússia sem barreiras ao comércio e a cooperação nos serviços financeiros, transportes, comunicações, energia e ambiente, bem como em matéria humanitária e de segurança. Juntamente com os princípios de vizinhança e a Estratégia Europeia de Segurança (EES, 2003), estes são descritos como a «expressão definidora da política da UE para a Federação Russa». Mas estes princípios precisam de ser traduzidos em acções concretas – um objectivo difícil de alcançar quando ainda há temas em que a discórdia subsiste e que dificultam a aproximação entre Moscovo e Bruxelas, não conferindo a estes compromissos mais do que uma tradução prática mínima.

No relatório de progresso produzido pela UE em Março de 2008, pode ler-se que não se verificaram avanços significativos, embora as relações numa base diária se tenham mantido activas nas quatro áreas definidas, o que não deve deixar de ser realçado. Alguns dos acordos alcançados entretanto precisam ainda de ser implementados, como por exemplo o mecanismo de alerta antecipado em matéria energética, uma área muito sensível e onde a consolidação de medidas concretas é essencial. É ainda sublinhado no relatório que a conclusão do processo de adesão da Rússia à Organização Mundial do Comércio melhoraria substancialmente as relações em diversos tópicos (Common Spaces Progress Report, 2008: 2), um assunto analisado mais à frente.

Voltando um pouco atrás na análise da evolução das relações UE-Rússia, pouco depois da sinalização dos quatro espaços comuns, em Novembro de 2003, a Rússia assinou com a UE, em Roma, uma Declaração Conjunta relativa ao fortalecimento do diálogo e da cooperação em matéria política e de segurança (Cimeira UE-Rússia, 2003). Esta veio reforçar as bases lançadas anteriormente e mais uma vez sublinha a relevância que ambas as partes conferem às questões securitárias, questões estas que se foram intensificando e que assumiram um cariz prioritário na agenda bilateral, em particular no segundo mandato de Putin. Contudo, os resultados práticos deste aprofundamento na cooperação de segurança foram não só modestos como também estiveram envoltos em controvérsia, no que concerne por exemplo à participação russa na Missão de Polícia na Bósnia-Herzegovina, assumida na altura como sinal de uma atmosfera positiva na cooperação bilateral.

Para Moscovo, este envolvimento é fundamental, demonstrando claramente o seu entendimento de que uma política europeia de segurança e defesa que não interfira nos seus interesses vitais, que de algum modo sirva de contrapeso à OTAN e que permita um envolvimento activo russo é do seu maior interesse. Mas a forma como o processo foi conduzido causou desconfiança na Rússia.

> A UE toma decisões sobre a condução de missões de paz enquanto relega a Rússia para um estatuto de observador. Posso afirmar francamente que a nossa cooperação nessa base será abalada, não levando a lado algum. Participamos na Missão de Polícia da UE na Bósnia-Herzegovina, mas este é o primeiro e único caso de tal participação. Já declinámos o convite da UE para sermos parte de outras missões de manutenção da paz e operações de policiamento. Acredito que a nossa resposta a propostas subsequentes será a mesma a menos que acordemos quanto a um formato para operações de gestão de crise que tenham em atenção os interesses de todos os participantes (Chizhov, 2004: 137).

Esta percepção de desequilíbrio no relacionamento endureceu o discurso de Moscovo relativamente à questão de um tratamento diferenciado, isto é, Moscovo exige ser tratada como igual na denominada parceria com a UE. E, de facto, o segundo mandato de Putin vai ser marcadamente mais conflituoso nas relações com a União, assumindo uma atitude rígida em questões centrais.

Em inícios de 2004, as dificuldades no relacionamento entre a UE e Moscovo eram já visíveis a vários níveis, com a questão chechena a agudizar as diferenças. De acordo com um documento do Comité de Assuntos Externos do Parlamento Europeu, o fosso entre a retórica e a realidade no quadro dos "espaços comuns" aumentou, incluindo as questões económicas, a luta contra o crime organizado e a promoção de investigação conjunta. Num esforço de reenquadramento das relações, a proposta da UE visa uma maior cooperação face aos desafios de *soft security*, particularmente na gestão conjunta de fronteiras, poluição ambiental, imigração ilegal e crime transfronteiriço. De seguida, a promoção de questões de direitos humanos, democracia e de um Estado de direito – referência à Chechénia – são listadas como prioridade. E, por fim, a cooperação económica e comercial (Lobjakas, 2004a).

A questão da relação directa entre temas diferenciados numa lógica de condicionalidade tem sido várias vezes referida. No decurso da presidência irlandesa da União Europeia, o Ministro dos Negócios Estrangeiros irlandês, Brian Cowen, criticou veementemente a política russa de «criação de ligações entre tópicos não directamente relacionados», que, em seu entender, dificultam o diálogo e o progresso em *dossiers* de interesse mútuo. A questão da extensão do Acordo de Parceria e Cooperação (APC) aos novos Estados-membros após o alargamento efectivo que iria ocorrer a 1 de Maio de 2004 foi um exemplo que Cowen realçou como demonstrativo desta tendência (Cowen citado em Lobjakas, 2004a).

De facto, este foi um tema difícil na agenda UE-Rússia, com a indicação por parte desta de 14 pontos que considerava relevantes para a possível extensão do APC aos novos Estados-membros da UE, salientando-se a questão das minorias russas nos Estados do Báltico, acesso a Kalininegrado, restrições agrícolas e sanitárias. Mas os novos Estados-membros também apresentaram algumas reticências em relação à sua inclusão automática no Acordo expandido, nomeadamente a Ucrânia, face às tensões permanentes nas relações com Moscovo. No entanto, e apesar das muitas dificuldades, Diego de Ojeda, porta-voz da Comissão para os Assuntos Externos, sublinhou «estarem a decorrer conversações com a Rússia sobre modalidades de extensão do APC a todos os novos membros. Não estamos a negociar» (citado em Lobjakas, 2004b), ou seja, pretendeu sinalizar que ainda só se estava a conversar, procurando deste modo minimizar a escalada de tensão visível no discurso de Brian Cowen.

Em Fevereiro de 2004 foi publicada uma Comunicação da Comissão com vista a clarificar as bases da relação bilateral, reconhecendo que a política declaratória não tinha sido eficaz. «Em várias áreas onde nos mantemos a um nível declaratório, incluindo quando nos referimos a valores partilhados, deveríamos ser mais precisos e dizer explicitamente aos russos o que pensamos serem os nossos valores comuns. Isto aplica-se aos direitos humanos, ao Estado de direito e, claro, à liberdade dos média e à Chechénia em particular» (Diego de Ojeda citado em Lobjakas, 2004b). Face às políticas de condicionalidade, e cunhando-as de "reciprocidade", no documento é avançado que, pela extensão do APC aos novos membros, se possa oferecer à Rússia condições comerciais preferenciais, a diminuição de restrições na emissão de vistos, em troca de um acordo de readmissão de imigrantes ilegais, e uma maior cooperação na área da defesa, em troca do apoio de Moscovo na procura de resolução para os conflitos na Moldova e no Cáucaso do Sul (CE, 2004).

A 27 de Abril de 2004, no Luxemburgo, foi finalmente assinado o Protocolo ao Acordo de Parceria e Cooperação que permite a sua extensão aos novos Estados-membros (Conselho da UE, 2004). Este foi acompanhado de um comunicado conjunto relativo às respostas da União a uma série de preocupações enumeradas pela Rússia ao longo dos meses de conversações, incluindo a questão do trânsito de bens para o exclave de Kalininegrado e questões sobre minorias, sem especificar qualquer país neste ponto (mas sendo do conhecimento geral o caso muito particular e delicado dos países do Báltico). De facto, ainda em Abril de 2004, o acordo relativo a Kalininegrado foi reforçado com a alteração de procedimentos da parte da UE relativamente a meios mais eficazes para o trânsito de bens entre o exclave e o território russo, entendido como mais um passo positivo na consolidação da confiança essencial nesta relação bilateral.

Contudo, este é um tema que envolve ainda controvérsia e algumas dificuldades, apesar deste entendimento inicial, particularmente após a adesão dos países do Báltico à União Europeia, em 2004. Dado o debate aceso sobre "condicionalidade" e "reciprocidade" que se manteve em paralelo às conversações, na altura da assinatura do acordo, Chris Patten, Comissário para os Assuntos Externos, não quis deixar de reforçar que «discutimos este comunicado conjunto em paralelo ao protocolo de alargamento e aplicação do APC aos dez novos Estados-membros. Não temos estado a discutir condicionalidades, temos falado sobre uma preocupação paralela em responder aos problemas» (citado em Lobjakas 2004c).

No entanto, e apesar das dificuldades crescentes, a Rússia ratificou o Protocolo de Quioto, permitindo a sua entrada em vigor em Fevereiro de 2005. E, em Março desse ano, teve lugar no Luxemburgo a primeira ronda de contactos para discussão de questões de direitos humanos, minorias e direitos fundamentais, abrindo as portas à discussão de um tema que há muito divide a Rússia e a UE. Apesar dos limites associados a estas questões, foi considerado como um primeiro passo importante na discussão alargada, permitindo a consolidação da confiança entre as partes, particularmente num contexto em que a fricção começava a ser mais notória.

Na Cimeira de Moscovo de Maio de 2005, e como já foi referido, foram aprovados os roteiros relativos aos quatro espaços comuns. De acordo com Putin, «a implementação dos roteiros permitirá o progresso significativo na construção de uma Europa unida sem linhas de divisão, criará condições para maiores contactos entre os povos, aumentará as possibilidades de cooperação humanitária, comercial e económica, e assegurará a protecção efectiva de direitos humanos, incluindo os das minorias étnicas» (Lobjakas, 2005). Mas, a par do que podem ser efectivamente medidas oportunas que permitam um real desenvolvimento nas relações entre as partes, não devemos esquecer a dimensão «técnico-burocrática da agenda e a falta de compromissos juridicamente vinculativos» (Averre, 2006: 134), que significam a fragmentação das relações de cooperação da Rússia com a UE numa série de organismos diferenciados que podem acabar por entravar o processo de forma relevante.

Quanto ao pacote sobre vistos e readmissão de emigrantes ilegais, não se chegou a consenso. Problemas de longa data subjazem, incluindo a resolução da definição da fronteira entre a Estónia, a Letónia e a Rússia. A UE está disposta a oferecer um regime facilitado de concessão de vistos, mas não de completa liberdade de circulação, e pretende que, simultaneamente, a Rússia se comprometa a readmitir pessoas que ilegalmente entrem em território da União. Só no ano seguinte a UE e a Rússia chegaram a acordo relativamente a procedimentos sobre a facilitação de vistos e a readmissão, reforçando os laços político-administrativos entre os dois (Acordo Rússia-UE, 2006), mas não resolvendo ainda por completo a questão, uma vez que as partes se dividem no entendimento do que este processo administrativo deve implicar: restrições à liberdade de circulação, da parte da UE, versus total liberalização, que constitui o cerne da proposta da Rússia.

Note-se que na Cimeira UE-Rússia de Maio de 2004, em Moscovo, no contexto do alargamento da UE, foi finalmente assinado um protocolo de apoio da União à entrada russa na OMC após seis anos de conversações. As questões mais difíceis relacionadas com energia e abertura dos mercados financeiros na Rússia foram ultrapassadas – um ponto positivo no relacionamento bilateral, mas que não deixa de ser marcado pelo contexto muito próprio em que esta demonstração de apoio europeu à Rússia surge.

Apesar dos desenvolvimentos no aprofundamento da relação que marcaram o primeiro mandato de Putin, o segundo mandato foi marcadamente mais tenso. As Cimeiras bilaterais ao mais alto nível[20] foram uma concretização desse contexto de tensão, não só no diálogo bilateral (renegociação do APC, questões energéticas, adesão russa à OMC, fecho do mercado europeu à produção russa), mas também no diálogo mais amplo, a nível transatlântico, onde o alargamento da OTAN, o escudo de defesa antimíssil norte-americano (com

---

[20] Para consulta dos documentos finais, ver European Commission External Relations, Russia, Summits, disponível em linha em: <http://ec.europa.eu/external_relations/russia/sum11_08/index_en.htm>, consultado em 14 de Janeiro de 2010.

planos de instalação de mecanismos na Polónia e na República Checa), a questão do Kosovo e os desenvolvimentos que lhe estiveram subjacentes causaram tensão nas relações, permitindo pouco mais do que declarações vagas e poucos avanços. Note-se, no entanto, que, mesmo ao longo deste período mais difícil, os contactos a nível mais operacional, de grupos de trabalho, permaneceram activos, mantendo por isso o diálogo permanente apesar das diferenças essenciais que marcaram este período difícil nas relações bilaterais.

A caminho de uma independência contestada: o caso do Kosovo

A questão do Kosovo foi marcante na triangulação Rússia-Estados Unidos-UE, com os dois primeiros a marcarem posições fortes e em sentidos opostos – uma vez que Moscovo manteve firme a sua posição de oposição à independência do Kosovo enquanto Washington a apoiou resolutamente. Quanto à UE, procurou equilíbrios numa gestão complexa, não só em termos internacionais, mas também, e não com menor relevância, internamente, face às posições contraditórias dos seus Estados-membros. A tensão que acompanhou esta questão, e que no final do segundo mandato de Vladimir Putin não estava ainda completamente resolvida, é tida como parte de um jogo estratégico alargado, onde interesses russos, norte-americanos e europeus se confrontam. De facto, a *troika* negocial, envolvendo a Federação Russa, os Estados Unidos e a UE, encontrou sérias dificuldades na definição de um entendimento partilhado e minimamente consensual para a questão do estatuto futuro da província.

Os argumentos russos de oposição à independência do Kosovo resultam de um equacionamento estratégico em várias frentes, procurando uma posição que lhe garantisse que, independentemente do desfecho da questão, a Rússia beneficiaria da manutenção de uma atitude afirmativa da sua política externa face a este assunto. Os argumentos russos centraram-se na questão de direito internacional relativa ao princípio da integridade territorial dos Estados, e à necessidade do consentimento destes para a alteração das suas fronteiras, consagrado na Carta das Nações Unidas e reforçado na Acta Final de Helsínquia (CSCE, 1975) e subsequentes documentos aprovados no âmbito da Organização para a Segurança e Cooperação na Europa (OSCE). A proposta de Marti Athisari, enviado especial da UE para a região, de uma independência supervisionada pelas Nações Unidas foi rejeitada pela Rússia no Conselho de Segurança, com base no pressuposto de que não reunia de forma clara o acordo de Belgrado e Pristina (condição necessária para que a Rússia não exercesse o seu direito de veto no Conselho de Segurança).

Nas entrelinhas do posicionamento russo parece claro não só o apoio tradicional à Sérvia, sendo ambos povos eslavos, como também, e talvez mais ainda, uma preocupação face à expansão da OTAN na região. Trata-se de mais uma posição defensiva russa face a uma série de políticas e acções que têm levado a um envolvimento excessivo de actores ocidentais na sua zona tradicional de influência. Além do mais, Moscovo manteve sempre presente a tese de que o reconhecimento internacional da independência do Kosovo poderia constituir um precedente perigoso para outras províncias separatistas e repúblicas autoproclamadas, em particular no espaço da antiga União Soviética, podendo, então, esses Estados autoproclamados no espaço pós-soviético exigir também, legitimamente, o reconhecimento do seu estatuto de independência. Estamos a falar de regiões como a Abcásia ou a Ossétia do Sul na Geórgia, cujo reconhecimento seria do agrado de Moscovo, dadas as implicações de fragilização que resultariam para as autoridades em Tbilissi, e uma vez que na prática o *status quo* seria mantido porque estas repúblicas beneficiam do apoio continuado russo desde as suas autoproclamações de independência. Contudo, quer Washington, quer Bruxelas afirmaram em vários momentos o cariz único do caso do Kosovo, como forma de evitar este tipo de alinhamento e discurso, não dando cobertura às expectativas e ameaças de Moscovo.

Face à resistência e inflexibilidade russas surgiram propostas, nomeadamente pela voz de Javier Solana, no sentido de uma deliberação de apoio à independência kosovar poder ser formulada fora do quadro das Nações Unidas, evitando, portanto, o veto russo no Conselho de Segurança. Neste ponto a Rússia manteve-se irredutível, considerando que qualquer decisão tomada fora do âmbito das Nações Unidas seria sempre uma decisão incompleta. Ou seja, manteve o seu apoio à Sérvia, aceitando as regras do jogo: no quadro das Nações Unidas veta a proposta de independência; fora deste, mantém uma posição diplomática de não reconhecimento da decisão e do seu não compromisso para com a mesma. Deste modo, a Rússia assegurava assim a manutenção de uma postura firme, que não a fragilizasse política e diplomaticamente, face a um resultado que parecia cada vez mais evidente – a declaração de independência (RFE/RL, 2007a).

Semanas antes do prazo definido pelas autoridades kosovares, Vitaly Churkin, embaixador russo nas Nações Unidas, afirmava que «condutas unilaterais não levarão o Kosovo a juntar-se aos membros da comunidade internacional legitimamente reconhecida. Poderá obter algum reconhecimento, mesmo que em violação da Resolução 1244 e da própria Carta das Nações Unidas, mas não entrará neste edifício como membro de pleno direito da comunidade internacional» (Churkin citado em Krastev, 2008). A 17 de Fevereiro de 2008, o Primeiro-Ministro kosovar, Hashim Thaçi, declarava que «esperámos muito tempo por este dia... a partir de hoje estamos orgulhosos, independentes e livres» (*BBC News*, 2008). Javier Solana, o Alto Representante para a Política Externa e de Segurança Comum da UE, reagiu com satisfação, considerando esta declaração um compromisso para com os princípios democráticos (Solana, 2008). Contudo, importa sublinhar que nem todos os Estados da UE reconheceram esta independência, demonstrando dificuldades acrescidas nas dinâmicas internas da organização (Vucheva, 2008). A administração norte-americana, que manteve forte empenho ao longo do processo para que a independência do Kosovo se tornasse uma realidade, demonstrou também satisfação face ao desenlace da questão.

A Rússia reagiu de imediato, demonstrando o seu desagrado e solicitando uma reunião de emergência do Conselho de Segurança para que fosse manifestada a ilegalidade desta declaração de independência. Mais uma vez não se conseguiu chegar a um consenso, mas a Federação Russa deixou bem claro o seu descontentamento face ao desenlace da situação, bem como à fragilização da posição sérvia. Esta atitude de força e de demonstração de desacordo constituiu um ingrediente adicional no curso crescentemente assertivo da sua política externa e principalmente no nível de tensão com os parceiros ocidentais.

O "realismo assertivo" de Putin nas relações com a UE

A Rússia de Putin assumiu uma abordagem claramente realista de política externa nas relações com a UE, reconhecendo os seus limites e procurando uma revitalização do Estado, com o 11 de Setembro a revelar-se um acelerador desta tendência. A tomada de consciência de que a Rússia não tinha poder efectivo para travar desenvolvimentos inevitáveis, como o alargamento da UE e da OTAN, levou a que Moscovo alterasse o seu discurso uma vez que a confrontação directa poderia afectar a sua relação com o Ocidente de forma negativa para a Rússia, perspectivando o seu isolamento e, consequentemente, aumentando as fragilidades do país. Putin cedo percebeu que a ligação entre as dimensões interna e externa na definição das prioridades de projecção da Rússia no sistema internacional era essencial à construção de estabilidade no seio da Rússia e na sua vizinhança. Como consequência disso, a concentração na consolidação do crescimento interno, muito assente nas políticas energéticas e com resultados visíveis, permitiu um tom crescentemente assertivo na política externa russa. O endurecimento do discurso, especialmente no segundo mandato da presidência Putin, com particular visibilidade na Conferência de Munique de

Fevereiro de 2007 e a partir daí, é um exemplo que demonstra claramente a inversão no discurso de um tom cooperativo para um tom mais antagónico.

Na Cimeira de Samara de Maio de 2007, as partes tentaram inverter o curso de deterioração das relações. Questões densas como o estatuto do Kosovo, o Irão e a interdição da importação de carne polaca por parte das autoridades russas contribuíram para as dificuldades. Apesar de as declarações oficiais procurarem minimizar os resultados limitados das cimeiras bilaterais de Samara, em Maio de 2007, e de Mafra, em Outubro do mesmo ano – ambas num registo agreste –, estas deixaram as diferenças entre as partes bem claras. Isto veio somar--se às palavras duras do Presidente Putin em Munique, em Fevereiro de 2007, e no discurso sobre o Estado da Nação (26 de Abril do mesmo ano). Neste último, Putin referiu que «[n]o passado, na era do colonialismo, os países coloniais falavam sobre o seu papel civilizacional. Hoje, [alguns países] usam slogans como expansão democrática com o mesmo propósito, que se traduz no ganho de vantagens unilaterais e na segurança dos seus próprios interesses» (Putin, 2007c).

Já em Munique, Putin havia criticado as políticas ocidentais que, além de contrárias aos princípios acordados, são claramente um factor de divisão entre as partes.

As pedras e blocos de cimento do Muro de Berlim já foram há muito distribuídos como lembranças. [...] E agora eles estão a tentar impor novas linhas divisórias e muros entre nós – estes muros podem ser virtuais mas são de qualquer modo separadores, atravessando o continente. E é possível que mais uma vez precisemos de muitos anos e décadas, bem como de várias gerações de políticos, para derrubar estes novos muros (Putin, 2007a).

Este tom mais duro foi acompanhado por medidas concretas para além da retórica habitual, com o anúncio, no Verão de 2007, de uma moratória ao Tratado sobre Forças Convencionais na Europa (Tratado FCE) e, mais tarde, a retirada unilateral russa do Tratado, a par do anúncio de uma possível retirada do Tratado sobre Forças Nucleares de Alcance Intermédio, num contexto de grande tensão internacional. Uma demonstração de que a ligação entre desenvolvimentos internos e o contexto externo na definição de políticas e opções é fundamental. Num contexto de elevada tensão internacional, com temas delicados na agenda, incluindo o escudo de defesa antimíssil norte-americano, a eterna questão do alargamento da OTAN e os temas ainda mais duradouros sobre (des)respeito dos direitos humanos e dos princípios democráticos, a par de uma atitude inconsistente e não coesa da UE e o azedar de relações com os Estados Unidos, esta atitude não constitui surpresa.

A adicionar às dificuldades de entendimento há ainda o prolongar das negociações relativas ao APC, exigindo uma acção concertada e uma revisão e readaptação do Acordo ao novo contexto pós-alargamento. Um primeiro passo neste sentido foi a extensão do acordo aos novos Estados-membros, de modo a que a relação privilegiada de Moscovo com a UE fosse alargada também a esses novos membros,[21] como já se analisou antes. Deve ser notado que muitos destes Estados eram até então parceiros privilegiados da Rússia em termos comerciais, um estatuto que desta forma foi mantido.

Nas Cimeiras de 2006 não houve acordo nas negociações para a renovação do APC, quer devido a desacordo relativo a conteúdos, quer devido ao veto polaco em reacção à proibição de importação de carne polaca pela Rússia devido a questões de higiene, isto segundo fontes oficiais (*EurActiv*, 2006). Em Setembro de 2006 realiza-se em Paris uma reunião trilateral entre Angela Merkel, Jacques Chirac e Vladimir Putin onde são discutidas questões energéticas entre outros aspectos da agenda UE-Rússia, incluindo os espaços comuns. Putin sublinhou as vantagens deste formato tripartido na prossecução dos objectivos da parceria estratégica, permitindo mesmo a coordenação de posições a nível bilateral, especialmente em matéria energética, com a Europa a assumir-se como parceiro privilegiado (Putin, 2006a e 2006bc). Trata-se de um exemplo claro da proximidade que a Rússia mantém com a Alemanha e com a França e que contribuiu em muitas instâncias para o fraccionamento no seio da União. Contudo, no mês seguinte, Angela Merkel assume uma posição mais incisiva e de base colectiva, sublinhando que a Alemanha integrará o plano energético europeu, pedindo neste mesmo sentido a Putin que ratifique a Carta Energética, sabendo-se que o entendimento de Moscovo relativamente a ela é que o seu conteúdo não corresponde aos seus objectivos. Ou seja, Moscovo faz uma leitura desigual em termos de compromissos nesta matéria, que entende beneficiarem a União.

Vladimir Putin procurou capitalizar nas relações com a UE e em particular com Estados europeus numa lógica bilateral. O mercado energético europeu é um mercado fundamental para a Rússia, com as suas exportações a rondarem os 50%, o que é muito significativo para ambas as partes. No período difícil que se seguiu à decisão norte-americana de intervenção no Iraque sem o apoio de uma resolução do Conselho de Segurança das Nações Unidas, a Rússia alinhou com os países europeus mais críticos desta intervenção, nomeadamente

---

[21] Assinado a 27 de Abril de 2004, tornou-se efectivo em Outubro do mesmo ano.

a França e a Alemanha. Manteve no entanto cuidado na formulação do seu posicionamento no sentido da não hostilização dos Estados Unidos, posição que não servia os seus interesses, conforme se analisa no próximo capítulo. Mas o pragmatismo das políticas russas manteve-se, nomeadamente, reagindo de forma incisiva sempre que sentia que os seus interesses não estavam a ser respeitados, proibindo a actuação em território russo de algumas ONG europeias – que foram acusadas de espionagem –, não só a nível humanitário mas também educativo e cultural; fechando a missão da OSCE na Chechénia em Dezembro de 2002, considerando-a um elemento obstrutivo na consolidação da estabilidade na região; não compactuando com as propostas que, face aos problemas com a Transnístria, pretendiam o envio de forças de manutenção da paz para a Moldova, definindo a questão neste período como sendo interna à política desse país.

Putin foi desenvolvendo relações pessoais com líderes europeus, em particular Berlusconi em Itália, Schröder na Alemanha e Chirac em França, como forma de compensação pelas dificuldades num relacionamento mais integrador e inclusivo com a UE. Este tipo de relacionamento preocupava a Comissão Europeia devido aos impactos que tinha em termos de divisões e consequente desunião. A questão iraquiana acabou por desunir a UE, e Moscovo apoiou a França e a Alemanha nas suas críticas à intervenção, coincidindo com o período de negociação do acesso russo ao exclave de Kalininegrado e ao muito necessário apoio francês e alemão a Moscovo nesta matéria.

A intransigência de Varsóvia devido ao embargo à carne polaca, as exigências lituanas quanto à abertura do oleoduto de Druzhba e a controvérsia na Estónia devido à deslocação do memorial de guerra soviético em Talin contrastam com o acordo entre a Alemanha e a Rússia para a construção do gasoduto *Nord Stream* através do Báltico, ou com o abandono por parte da Hungria do projecto *Nabucco*, que traria gás natural do Cáspio, em favor do *Gazprom Blue Stream* (Schöpplin, 2007). Mas, face à dissensão, a UE deveria manter o princípio da solidariedade, a que Angela Merkel apelou na altura da Cimeira de Samara, na primeira metade de 2007, e ir trabalhando no sentido da definição de uma estratégia comum para com a vizinha Rússia.

A questão energética: (in)segurança a leste

Se a UE vê a Rússia como parceiro privilegiado em matéria energética, especialmente face a um Médio Oriente instável, também entende a diversificação energética como essencial, em particular devido às práticas assertivas e retaliatórias russas no espaço pós-soviético, com impacto directo nos mercados europeus, como foi evidenciado nas interrupções no abastecimento de petróleo e gás natural à Ucrânia e à Bielorrússia, com impacto em Estados europeus, como a Alemanha. Note-se que esta é uma questão muito relevante e que se irá arrastar ao longo dos dois mandatos de Putin, sem se encontrar uma solução efectiva de acordo mútuo. O Diálogo Energético estabelecido na Cimeira UE-Rússia de Outubro de 2000, no início da presidência de Putin, demonstra esta relevância, mas os parcos resultados alcançados revelam as dificuldades inerentes ao entendimento bilateral nesta matéria (Likhachev, 2004: 81).

> Já não são os tanques do Pacto de Varsóvia que ameaçam a segurança europeia, mas a crescente dependência de gás natural e petróleo e das infra-estruturas de transporte russas, a incapacidade de chegar a acordo quanto a uma estratégia energética coerente e sustentável, e o receio dos petro-rublos de interferência crescente na indústria europeia (Stuermer, 2008: 204).

De facto, esta tem sido uma questão que tem permanecido no topo da agenda, definida por ambas as partes como estratégica e essencial, mas envolta em dificuldades. Em Dezembro de 2005, as relações UE-Rússia estavam já ensombradas pela tensão entre a Rússia e a Ucrânia relativamente ao trânsito de gás natural, pois Moscovo exigia o preço de mercado comprometendo-se a pagar também a preço de mercado o custo do trânsito.[22] As interrupções no fornecimento de gás afectaram a Europa e, apesar do acordo alcançado, Bruxelas tomou consciência da necessidade de resolver esta questão com a Rússia e também da necessidade de diversificar as suas fontes de abastecimento. «Apesar de o acordo entre a Ucrânia e a Rússia ser animador no curto prazo, não devemos ter ilusões. O assunto não se desvaneceu. As negociações comerciais entre as partes continuarão no sentido de se encontrar uma fórmula de ajuste de preço mutuamente aceite pelas partes», comentou Andris Piebalgs, Comissário Europeu para as questões energéticas (citado em Lobjakas, 2006).

Em Maio de 2006, na Cimeira de Sochi, Putin afirmou que, «se os nossos parceiros europeus esperam que os deixemos entrar no cerne dos cernes da nossa economia – a energia –, têm que avançar com passos recíprocos que ajudem no nosso próprio desenvolvimento» (Putin citado em Yasmann, 2006). Ou seja, a questão energética manteve-se claramente associada ao processo mais lato de reafirmação da Rússia. Em Dezembro de 2006 a tensão aumen-

---

[22] Para uma análise mais detalhada, ver Capítulo 2.

tou, desta feita com a Bielorrússia, novamente devido a questões relacionadas com alterações no preçário energético. Os problemas com os abastecimentos à Bielorrússia no início de 2007 foram resolvidos com a assinatura de um acordo relativo ao trânsito de petróleo, que mais uma vez teve efeitos directos nos abastecimentos à Europa.

A complexificar este processo, e uma vez que a nível multilateral os resultados têm sido algo limitados, tem havido negociações e acordos bilaterais, que a Rússia entende como mais favoráveis, mas que acabam por minar o próprio processo negocial ao mais alto nível entre a UE e a Rússia. Exemplo claro destas dinâmicas paralelas foi a assinatura em Setembro de 2005 de um acordo entre empresas russas e alemãs relativo à construção de infra-estruturas de abastecimento energético ligando directamente a Rússia à Alemanha através do Mar Báltico, permitindo o abastecimento de gás natural sem ter que passar por território ucraniano ou polaco.

Estas divisões internas e as tentativas de as minimizar tornam-se de novo centrais na Cimeira de Helsínquia, em Novembro de 2006, em que o presidente francês procura evitar críticas explícitas à Rússia. O problema do embargo russo à carne polaca constitui um entrave nas conversações para uma nova parceria estratégica. E mais uma vez a Carta Energética é discutida, com a União a reconhecer a não ratificação da mesma nas condições vigentes (Ferrero-Waldner, 2006). As dificuldades acima mencionadas, que marcaram também 2007, não permitiram quaisquer avanços nas Cimeiras de Samara ou Mafra: a falta de unidade e coesão na UE tem sido explorada pela Rússia numa lógica de divisão, como já se referiu antes.

A centralidade das relações germano-russas no contexto europeu

A abordagem continental e inclusiva da Alemanha face à Rússia, entendida como um parceiro relevante nas relações externas, quer num quadro bilateral, quer no quadro das relações da UE com terceiros, confere centralidade às relações germano-russas. A Alemanha tornou-se o principal parceiro da Rússia no período pós-Guerra Fria. Em 1991, a Alemanha e a Rússia tinham estabelecido um procedimento de consultas bilaterais através do Conselho de Aconselhamento Permanente de Cooperação Económica, Científica e Técnica (Timmins 2006: 305). Este conselho sublinha a relevância da relação bilateral e o leque de opções em diferentes áreas sectoriais. E apesar de Schröder, ao assumir a chancelaria em 1998, ter criticado Köhl pelo investimento em relações imprevisíveis com a Rússia de Ieltsin e ter mostrado frustração face à incapacidade alemã de influenciar os desenvolvimentos na Chechénia, não deixa de vincar com firmeza a preocupação com o facto de a Rússia estar a ser crescentemente marginalizada dos assuntos europeus numa altura em que o alargamento a leste a colocava firmemente na nova vizinhança da UE.

Neste sentido, e já com Putin no poder, a relação consolida-se e a política de integração da Rússia é prosseguida com forte apoio alemão. A 4 de Junho de 1999 é assinada a Estratégia Comum da UE para a Rússia, à qual Putin responde com a Estratégia de Médio Prazo para a UE, em Outubro de 1999, como já foi referido, e que demonstra o seu desagrado face ao parco envolvimento russo na delineação da referida Estratégia Comum. Apesar da janela de oportunidade que o desejo de maior integração e cooperação económica russo permitia, não visando no entanto a integração formal, a UE continuou muito focada no discurso normativo, o que não permitiu uma aproximação substancial, dados os entendimentos diferenciados das partes. Assim, Putin começou a expressar de forma mais clara a sua preferência pela via bilateral nas relações com países europeus e em especial com a Alemanha.

Putin comentava, em Setembro de 2001, que «entre a Rússia e os EUA há um oceano. Entre a Rússia e a Alemanha há uma grande história». Basicamente, o Presidente sublinhava o facto de a Alemanha e a Rússia estarem ligadas por questões geopolíticas e por serem pilares essenciais no desenvolvimento das relações Leste-Oeste desde o período da Guerra Fria. De facto, a discordância face ao projecto de defesa antimíssil e à intervenção norte-americana no Iraque, em 2003, em relação à qual Schröder assumiu uma posição muito crítica e comentou que a política externa alemã se fazia em Berlim e não em qualquer outro lugar, são exemplo de áreas de discordância entre Berlim e Washington e onde o alinhamento germano-russo é manifesto.

A questão energética assume uma relevância clara no contexto bilateral. O *Nordstream*, o gasoduto que liga a Rússia à Alemanha através do mar Báltico, não passando nem pelos Estados do Báltico ou pela Ucrânia, nem pela Polónia, é um projecto que marca a relação de proximidade entre estes dois Estados, envolvendo custos de investimento avultados. Este projecto gerou reacções de descontentamento, em particular nos Estados mencionados, face ao que entendem como maior vulnerabilidade perante os ditames do Kremlin, bem como na procura de articulação de uma estratégia energética comum no seio da UE. A Alemanha assume, nesta matéria, uma atitude pragmática de leitura do interesse nacional num contexto multilateral onde o diálogo não tem prosseguido de forma fácil. Na perspectiva de Berlim, a Rússia deve ser envolvida de forma positiva com o Ocidente para evitar desenvolvimentos que possam ser contrários aos interesses europeus, nomeadamente uma aliança com a China.

A tentativa de maiores ligações ao espaço pós-soviético demonstra as relações que a Alemanha pretende desenvolver com a área numa lógica de estabilização e cooperação económica, essencialmente energética (Rahr, 2007: 142), tendo em vista o reforço da cooperação com Moscovo.

As relações UE-Rússia no quadro da vizinhança alargada

A UE tem seguido uma política que visa exercer influência sobre os desenvolvimentos internos na Rússia através da definição de concessões e negociações face a interesses e objectivos partilhados. Uma política de abertura com reticências, que, através de elementos de condicionalidade, pretende pressionar a Rússia em questões delicadas, particularmente em matérias de direitos humanos e democratização. A UE reconhece à Rússia um estatuto especial na sua área de vizinhança, não a incluindo na Política de Vizinhança,[23] apesar dos procedimentos e mecanismos serem semelhantes. No entanto, o facto de posicionar a Rússia num enquadramento diferenciado, entendido aqui como diferenciação positiva, demonstra o reconhecimento por parte da União da relevância deste actor. O objectivo desta política é a partilha dos benefícios do alargamento com os Estados na vizinhança da UE, como forma de promover estabilidade, bem-estar e segurança – definido nos três Pês: proximidade, prosperidade e pobreza –, independentemente de estes países serem potenciais membros ou mesmo países candidatos.

A PEV visa evitar linhas divisoras entre uma Europa alargada e os seus novos vizinhos, respondendo directamente ao objectivo da Estratégia Europeia de Segurança (EES, 2003) de construção de estabilidade na vizinhança da União. A Rússia não tem, no entanto, demonstrado muito entusiasmo por esta proposta de Europa alargada, uma vez que não pretende mais do que uma relação especial com a UE. Pretende liberdade de manobra no espaço pós-soviético e entende a política de vizinhança como podendo conter implicações directas nos seus interesses nesta área, onde, por exemplo, as preocupações energéticas já demonstraram a sua centralidade. Além do mais, Putin sublinhou o que entende poder ser o início de uma nova fronteira. «Não devemos deixar que mentalidades de bloco prevaleçam nas políticas europeias, nem devemos permitir que surjam no

---

[23] A Política Europeia de Vizinhança (PEV) inclui seis países do espaço pós-soviético (Bielorrússia, Moldova, Ucrânia, e, do Cáucaso do Sul, a Arménia, o Azerbaijão e a Geórgia), e nove mais um na área do mediterrâneo (Argélia, Egipto, Israel, Jordânia, Líbia, Líbano, Marrocos, Síria e Tunísia, mais a Autoridade Palestiniana).

continente novas linhas de divisão ou projectos unilaterais implementados em detrimento de interesses e da segurança dos nossos vizinhos» (Putin, 2007b).

Em Maio de 2004 foi aprovado um Documento Estratégico que definia uma colaboração mais próxima entre a União e os seus vizinhos e incluía a redacção de Relatórios Nacionais que sublinhassem as preocupações e necessidades mais prementes de cada um desses países. Estes relatórios discutem a situação política, institucional, económica e social em cada um desses países como base para a definição dos Planos de Acção. Estes, com orientação específica, procuram aproximar as diferenças entre necessidades e capacidades, definindo simultaneamente objectivos ambiciosos e concretos em áreas distintas para um desenvolvimento integrado de cada um desses parceiros, em particular no processo de transição político-económico e democrático.

De acordo com fontes da UE, estas medidas permitem a construção de uma área alargada de estabilidade e segurança com base em princípios de confiança e a partilha de valores comuns, visando maior eficácia no combate a ameaças transnacionais, como, por exemplo, o crime organizado e o terrorismo transnacional. No entanto,

> um Plano de Acção com a Rússia só poderia ser parte da estratégia de parceria global, que inclui o Diálogo Energético e conversações sobre um espaço económico comum. É improvável que a Rússia concorde com um Plano de Acção nacional nas linhas propostas, precisamente porque levaria a um maior envolvimento da UE e, por isso mesmo, a interferências nos assuntos russos (planos de acção sectoriais poderão, no entanto, ser possíveis) (Lynch, 2003b: 55).

A UE foi incapaz de associar totalmente a Rússia ao seu processo de alargamento em 2004, seguindo uma tentativa embaraçosa e falhada de conferir substância aos "quatro espaços comuns". Um diferendo ideológico crescente desenvolveu-se à medida que a Rússia centralizava as suas estruturas políticas e económicas no Kremlin, seguindo um modelo de "petro-Estado" (Alexandrova-Arbatova, 2008: 298), e a UE insistia em expandir as suas políticas pouco claras ao que Moscovo entende como a sua esfera de influência (Allison *et al.*, 2006: 85) – no todo, faltava uma linguagem comum da qual uma parceria estratégica pudesse emergir.

Em Janeiro de 2005, e na sequência de transformações relevantes no espaço pós-soviético, a Comissária para as Relações Externas, Benita Ferrero-Waldner, avançou críticas às tentativas russas de imposição da sua autoridade em países vizinhos. Mas simultaneamente há um reconhecimento das dificuldades da UE em responder às expectativas de integração destes Estados. Neste contexto desagradável para a Rússia, Vladimir Chizhov comentou que os russos são «parceiros iguais, não consumidores de bênçãos da UE» (citado em Averre, 2007: 174). Os interesses russos no que é uma vizinhança partilhada têm estado muito presentes em todas as conversações no sentido do aprofundamento do relacionamento bilateral, com base no pressuposto de que «temos que encontrar um *modus vivendi* no que é uma espécie de "triângulo de integração": entre a Rússia e a UE, entre a Rússia e os nossos parceiros no espaço pós-soviético e entre estes países e a UE» (Chizhov, 2006).

A visão do mundo russa, centrada no Estado, relaciona-se directamente com uma preferência por relações bilaterais ao invés da relação supranacional com Bruxelas e muitas vezes este entendimento reflecte uma suspeição face a actividades transfronteiriças. Na mesma linha, o estatuto de poder também tem implicações nas relações com a UE, em particular, relativamente à partilha de uma vizinhança comum, onde a Rússia se sente muitas vezes tratada com inferioridade. As críticas relativas a violações de direitos humanos e a níveis díspares de articulação das mesmas face à Rússia e a outros Estados da vizinhança são referidas pelas elites russas como um exemplo claro disso mesmo (Kratochvil, 2008: 417-418). Os documentos oficiais que revelam sistematicamente a questão da soberania e da Rússia como grande potência acabam por oferecer este espaço de resistência na tentativa de ajustamento de discursos diferenciados, que dificultam um verdadeiro espaço de diálogo construtivo, tão necessário nesta relação bilateral. Parece que «a UE está provavelmente demasiado obcecada pelo regionalismo, em detrimento da geopolítica. Pelo contrário, a Rússia está possivelmente demasiado obcecada pela geopolítica, em detrimento do regionalismo. Estas obsessões respectivas são obviamente fonte de desentendimento» (Gomart, 2007: 59).

Balanço das relações UE-Rússia na era Putin
A relação UE-Rússia é uma relação bilateral estratégica que, mesmo não seguindo um modelo coeso, deve ser sublinhada por vontade política e partilha conjunta de responsabilidades. Sinais claros da construção de confiança juntamente com diálogo e a sua tradução em projectos concretos são, por isso, fundamentais. O diálogo energético, a cooperação transfronteiriça e o reforço de infra-estruturas de comunicação são algumas das áreas onde estes desenvolvimentos podem e devem produzir resultados. Contudo, mesmo em áreas onde a colaboração efectiva é reconhecida como mutuamente benéfica são mantidas soluções de compromisso como expressão da necessidade de ambas as partes em manter o seu poder negocial – uma demonstração implícita das dificuldades inerentes a esta relação.

Genericamente, a evolução da relação UE-Rússia ao longo da presidência de Putin mostrou sinais de progresso, com o reconhecimento de que parceria e cooperação são necessárias apesar de persistirem divergências num cenário crescentemente instável e volátil. Fenómenos transnacionais, como terrorismo, crime organizado, e outras actividades ilícitas, como o tráfico de armas, droga e seres humanos, são preocupações partilhadas. Além do mais, aspectos mais pragmáticos, como o facto de partilharem uma fronteira de mais de 1500 quilómetros, de mais de 50% das trocas comerciais russas serem com a UE, da Rússia ser o maior fornecedor de hidrocarbonetos da UE, de se apresentar à União como um enorme mercado, apesar das suas fragilidades económicas, e do seu desejo de aceder à OMC, são factores importantes que demonstram o jogo de soma positiva que pode resultar do diálogo e da muito necessária tradução deste em formas efectivas de cooperação. E talvez o reconhecimento disto mesmo tenha permitido a manutenção de canais abertos de diálogo mesmo em contextos de muita fricção.

A política russa para a Europa é baseada no entendimento partilhado de que um sistema aberto, democrático e cooperativo é essencial para evitar novas linhas de demarcação. No entanto, a Rússia ainda sublinha a sua visão negativa da política da UE de alargamento a leste e «da aproximação dos seus meios militares às fronteiras russas, uma prática que mina as normas de igualdade e segurança e que permite uma nova fronteira na Europa» (Hongjian, 2008). Esta visão é parte da diferença de entendimento que se estende à própria (re)definição de base da parceria. Num famoso discurso, Putin sublinhou eloquentemente que «Fyodor Dostoevsky deu o que chamaria de uma definição política e filosófica da missão europeia russa: "ser um verdadeiro russo significa em última instância trazer reconciliação às contradições europeias". Acredito fortemente que a unidade do continente não pode ser alcançada sem a Rússia, que é o maior Estado europeu» (Putin, 2007b). Ou seja, Putin deixa bem claro o papel que a Rússia pode e deve ter na consolidação de um continente europeu forte e estável, onde as leituras têm de ser feitas com base num princípio de simetria de relações e de igualdade, o que nem sempre tem acontecido.

Estas têm sido relações assimétricas e difíceis que passam pela questão dicotómica inclusão/exclusão, que não têm necessariamente de ser tratadas de forma excludente. A forma como a Rússia é envolvida em processos de maior integração europeia e excluída de outros, incluindo por auto-exclusão, não tem que conduzir a uma leitura reducionista dos contornos desta relação bilateral. Estes processos dinâmicos cruzam-se e, diferentemente dos temas em discussão, articulam-se no sentido de uma maior ou menor integração em termos formais e informais. A expressão "inclusão hierárquica" (Prozorov, 2007: 325) reflecte esta diversidade de temas e de densidades associadas aos mesmos em termos de importância relativa e de impactos concretos nas relações UE-Rússia.

Além do mais, «uma aproximação à Europa significaria um "novo jogo" de acordo com regras diferentes, civilizadas. A administração russa geralmente descreve-o como "concessões" e "restrições de soberania"» (Kuznetsova, 2005: 69-70). As diferenças de discurso demonstram a dificuldade das partes em falarem a mesma linguagem política. No entanto, o desacordo é visível em vários aspectos, incluindo questões democráticas e de direitos humanos, dos quais são exemplos a Chechénia e as críticas sobre a forma como a Rússia geriu a crise de Beslan.

> Por trás do reflexo directo do sistema doméstico híbrido, o modelo russo "parceiro-oponente" de relações com o Ocidente não pode mudar radicalmente a menos que o sistema doméstico seja reformado. Para Moscovo, este modelo poderia ser bastante eficaz a alcançar objectivos de curto prazo e a adaptar-se a um ambiente em mudança, mas falta-lhe substância e rejeita compromissos estratégicos. [...] No longo prazo, esta fórmula "parceiro-oponente" pode tornar-se uma barreira séria à parceria entre a Rússia e o Ocidente – uma parceria sem a qual a transformação interna na Rússia é impossível (Shevtsova, 2007b: 904).

O controlo fronteiriço, as políticas migratórias, os regimes de vistos, a corrupção, os certificados veterinários e as questões fronteiriças com a Estónia e a Letónia são exemplo disso mesmo e acrescem ao desacordo entre as partes. O modo como a Rússia reage ao fortalecimento das capacidades da União revela uma atitude ambígua de apoio se isso significar um contrapeso à OTAN e aos Estados Unidos, mas também de desconfiança por um vizinho poderoso que se pode tornar mais um adversário do que um parceiro. Isto revela a tensão existente entre a expansão da agenda normativa da UE e as políticas de poder russas. Como afirma Tsygankov (2006: 182, 184 e 186), nas relações com a Rússia é importante manter-se envolvido, mas é necessário que este envolvimento esteja de acordo com termos mutuamente aceites pelas partes e que haja razoabilidade nas expectativas de parte a parte.

> Por muitos dos séculos passados, a Rússia tem mantido uma abordagem ambígua face à Europa: por um lado, tem procurado a integração na Europa, enquanto, por outro, sentimentos fortes de soberania levaram ao seu não envolvimento nos principais desenvolvimentos a nível europeu. Este comportamento tem-se reflectido em duas visões distintas da Europa face à Rússia. Numa, a Rússia é

entendida como um grande Estado europeu que tem muito em comum com outros Estados europeus, mas, no outro retrato da Rússia, esta é algo estranho, diferente e ameaçador (Smith, 2006: 7).

A parceria estratégica UE-Rússia assenta numa agenda abrangente e exigente, que não significa, no entanto, que tenha vindo a seguir uma estratégia bem definida. Parece claro que a UE não tem uma abordagem estratégica para a Rússia: a sua política tem sido essencialmente reactiva face aos vários desafios e fundamentalmente definida de forma ampla, mantendo-se aberta ao diálogo e à cooperação. A Rússia também permanece atenta aos desenvolvimentos que vão ocorrendo, entendendo muitos deles, como por exemplo a política de alargamento e as questões energéticas, como desafiadores dos seus interesses nacionais. Estes factores têm condicionado em grande medida a delineação da parceria estratégica UE-Rússia, que, apesar de reconhecida como acarretando uma série de mais-valias para ambas as partes, está também envolta em desacordo e numa série de dificuldades que se vêm adicionando ao trilho sinuoso que estes dois vizinhos gigantes têm ainda de percorrer.

CAPÍTULO 6

RÚSSIA-ESTADOS UNIDOS: CONTEXTOS E DINÂMICAS NA (RE)DEFINIÇÃO DE POLÍTICAS

Após a sua chegada ao poder, e ainda antes da sua eleição como presidente da Federação Russa, Vladimir Putin ligou ao secretário-geral da OTAN (Fevereiro de 2000), George Robertson, convidando-o a visitar Moscovo e assim avançando claramente com uma proposta de aproximação e preparando caminho para uma maior integração da Rússia em estruturas da organização. Apesar de um relacionamento inicial difícil com Washington, esta abordagem de Putin permitiu-lhe que, na Cimeira de Ljubljana, no Verão de 2001, a aproximação entre os dois líderes – Vladimir Putin e George W. Bush – se iniciasse de forma mais consistente. O famoso comentário de Bush após o encontro com o líder russo, em que afirmava que «fui capaz de entender a sua alma» (*BBC News*, 2001), marca claramente esta inversão de tendências, bem como a relação muito personalizada que se vai manter e desenvolver ao longo dos dois mandatos dos dois presidentes.

Esta tendência será ainda reforçada com os ataques terroristas de 11 de Setembro de 2001 nos Estados Unidos. «Após o 11 de Setembro, muitas, mesmo muitas pessoas no mundo perceberam que a Guerra Fria estava mesmo terminada. Entenderam que hoje há outras ameaças com as quais é preciso lidar, de que há outra guerra que tem de ser travada – a guerra contra o terrorismo internacional» (Putin, 2002).

O apoio pós-11 de Setembro implicou alterações significativas no discurso, uma vez que no seio da elite russa havia vozes de descontentamento face ao que entendiam como uma política norte-americana desestabilizadora, mais do que promotora de estabilidade internacional. Esta linha levantava a questão do alinhamento com os EUA na luta global contra o terrorismo poder eventualmente incorrer em riscos negativos no relacionamento com a Europa, China e países muçulmanos (Tsygankov, 2006: 132). Mas esta posição russa, baseada em princípios pragmáticos, permitiu que o Ocidente se mantivesse como uma esfera privilegiada das relações de política externa russas, com Putin a procurar avançar a sua própria agenda relativamente ao conteúdo do que deveriam ser estas relações, para além de assuntos de dissensão, como a expansão da OTAN ou mesmo a questão do escudo de defesa antimíssil. Ou seja, apesar de não estar disposto a ceder num determinado número de questões, incluindo as acima referidas, Putin não pretendia fechar o relacionamento num conjunto de diferenças, mas antes incluir nas discussões novas áreas de colaboração em relação às quais a Rússia entendia que poderiam advir mais-valias. Neste contexto, Putin referia-se, em particular, a áreas estratégicas de interesse comum como a luta contra o terrorismo internacional e a cooperação energética, mantendo assim um campo de manobra alargado num relacionamento condicionado por velhos desacordos, mas com abertura para o diálogo continuado.

Putin entendeu este contexto de maior proximidade, apesar de algumas discordâncias internas já referidas, como um momento de oportunidade para implementar a sua visão de interesse nacional com expressão a nível externo. O apoio na luta antiterrorista poderia ter desenvolvimentos muito favoráveis aos interesses russos face ao regime Talibã que governava o Afeganistão e constituía há muito uma ameaça à própria Federação, particularmente através da incitação ao radicalismo islâmico com todos os efeitos desestabilizadores daí decorrentes. Já em Fevereiro de 2002 Putin sublinhava o potencial alternativo que a Rússia oferecia em termos energéticos face a um Médio Oriente instável, procurando assim acordos preferenciais com os Estados Unidos. Note-se que até então os Estados Unidos importavam apenas cerca de 1% da sua energia da Federação Russa (Tsygankov, 2006: 138). Na sequência desta aproximação, em Maio foi assinada uma declaração relativa a maior cooperação energética e em Outubro, no que ficou conhecido como a Cimeira da Energia em Houston, nos Estados Unidos, esta via foi reforçada, com o compromisso russo de aumento das suas exportações para os Estados Unidos. Nesta fase, comentava-se que as relações entre a Rússia e os Estados Unidos nunca tinham estado tão fortes desde a Segunda Guerra Mundial (*The Economist*, 2002).

O ano de 2002 constitui sem dúvida um exemplo da colaboração mais próxima que se desenvolveu entre Moscovo e Washington. Em Maio, as partes assinaram uma declaração conjunta sobre cooperação energética em Moscovo e em Outubro realizou-se a Cimeira de Houston, reforçando acordos energéticos favoráveis a Moscovo. A 28 de Maio desse ano foi criado o Conselho OTAN-Rússia como formato político-institucional fundamental para a inserção da Rússia num fórum tradicionalmente descrito como hostil e de ameaça – uma linguagem que aliás irá sendo retomada de acordo com o nível de colaboração nas relações entre as partes. Putin comenta que «[...] estamos empenhados em construir um novo sistema de segurança, mantendo diálogo constante com os Estados Unidos e trabalhando para melhorar o nível do nosso relacionamento com a OTAN. Em geral, gostaria de afirmar que a Rússia está a integrar-se activamente na comunidade mundial» (Putin, 2002).

Esta posição já tinha sido delineada na altura da definição do conceito de política externa, que adianta que,

> avaliando realisticamente o papel da Organização do Tratado do Atlântico Norte (OTAN), a Rússia avança com base na importância da cooperação com esta no interesse da manutenção da segurança e estabilidade no continente e está receptiva à interacção construtiva. [...] num número determinado de parâmetros, as linhas de actuação actuais da OTAN em termos políticos e militares não coincidem com os interesses de segurança da Federação Russa e ocasionalmente confrontam-nos directamente (FPC, 2000).

Putin não deixa de elencar aspectos positivos destas relações, mas deixa bem claro desde logo que a Rússia se opõe à expansão da Aliança Atlântica e a uma série de iniciativas promovidas pela organização que considera como interferência directa na sua área de actuação privilegiada e, desde logo, contrárias aos interesses da Rússia. O desenvolvimento da Parceria para a Paz vai ser um exemplo neste contexto.

A atitude unilateral de tendência hegemónica norte-americana após o final da Guerra Fria tem gradualmente sido desafiada e as referências a um "mundo pós-americano", bem como ao declínio da superpotência, tornam-se cada vez mais comuns no debate (Zakaria, 2008; Kolodziej e Kanet, 2008). A redefinição de relações e posicionamentos, com potências emergentes, como a Índia e a China, por exemplo, a pôr em causa equilíbrios de longa data é frequentemente citada. Numa tendência similar, a Rússia parece assumir gradualmente um papel de maior relevo no cenário internacional, com reflexo nas suas políticas crescentemente assertivas e de alinhamentos estratégicos, em contraponto ao unipolarismo norte-americano e na promoção de uma ordem multipolar onde a sua posição tenha relevância acrescida, reflectindo um dos objectivos centrais da política externa russa de Putin, a promoção da multipolaridade.

> Há uma tendência crescente para o estabelecimento de uma estrutura unipolar do mundo com o domínio económico e de poder dos Estados Unidos. [...] A estratégia das acções unilaterais pode destabilizar a situação internacional [...]. A Rússia actuará no sentido de alcançar um sistema multipolar de relações internacionais que de facto reflicta a diversidade do mundo moderno com a sua grande variedade de interesses (FPC, 2000).

Nesta busca pela primazia, Bush e Putin partilham o objectivo, mas diferem fundamentalmente nos meios: a procura de manutenção da unipolaridade pelo primeiro e a promoção de uma ordem multipolar pelo segundo. Contudo, nas práticas de poder assentes em princípios de *realpolitik* as semelhanças abundam, apesar de a forma revelar distanciamento ao nível dos entendimentos conceptuais, tornando difícil a definição de um mínimo denominador comum para o diálogo. De referir ainda, e de algum modo compensando estas dificuldades, que a personalização da relação nas figuras dos presidentes, cujos mandatos foram praticamente coincidentes, contribuiu de forma ampla para uma minimização da hostilidade, uma gestão de divergências e uma concordância de posições, com excepções claras, conforme se analisa adiante, mas mantendo os canais de comunicação abertos e um diálogo continuado, mesmo que muitas vezes pautado por uma retórica clara de confrontação.

Uma relação assimétrica

O endurecimento de procedimentos políticos, burocráticos e legais após os ataques terroristas nos EUA, em 2001, foi entendido em Moscovo como uma oportunidade que conferia legitimidade às suas acções, particularmente na Chechénia, embora não sem dificuldades. A própria fraqueza do conceito de "guerra contra o terror global" torna-se a sua maior força; as ambiguidades inerentes e a ambivalência personificada por esta "guerra" fornecem à Rússia o pretexto ideológico para a projecção da sua política externa através de realinhamentos estratégicos, enquanto as disparidades e fracturas na comunidade de segurança Euro-Atlântica lhe permitem uma posição reforçada. Putin – o ocidentalizador mais consistente desde Catarina, *a Grande* – pôde, deste modo, «seleccionar e escolher quais os valores e interesses centrais de uma comunidade transatlântica dividida que a Rússia partilha» (Herd e Akerman 2002, 370).

A Rússia tem procurado simetria numa relação claramente assimétrica.

A Federação Russa está preparada para ultrapassar dificuldades consideráveis nas relações com os Estados Unidos e preservar a infra-estrutura de cooperação russo-americana estabelecida há quase uma década. Apesar da presença de diferenças fundamentais num determinado número de casos, a interacção russo-americana é condição necessária para a melhoria da situação internacional e a consecução do objectivo de estabilidade estratégica global (FPC, 2000).

Putin sublinha claramente o carácter simétrico que a relação deve ter, bem como a relevância da Rússia, a par dos Estados Unidos, na promoção da segurança internacional. Uma atitude que se manterá bem clara ao longo dos seus mandatos, em que as dificuldades constantes não deixarão de ser pautadas por momentos de diálogo, essenciais à manutenção de estabilidade, e sinalização do reconhecimento mútuo da relevância de relações minimamente cordiais.

Mas apesar do desejo russo de ser tratado como igual acarretar muito irrealismo, a tendência norte-americana de se comportar de forma paternalista, tratando a Rússia como "parceiro júnior", também não é uma opção aceitável e susceptível de ser bem-sucedida (Kortunov, 2002: 38), uma vez que a Rússia ainda detém poder de influência relevante no espaço pós-soviético, além de manter potencial económico, essencialmente a nível energético e nuclear. Mas, se o discurso e prática de Washington têm variado entre aproximação e distância, a Rússia também parece seguir o mesmo curso, apesar do seu poder diminuído.

A Rússia apoia os EUA na medida em que encontra legitimidade para as suas acções, mas procura contê-los sempre que entende que os seus interesses podem estar em causa. A intervenção americana no Afeganistão foi bem acolhida em Moscovo, na medida em que iria eliminar um foco perigoso de instabilidade próximo das suas fronteiras, apesar de não ter beneficiado de um apoio ilimitado, como já se analisou antes. Relativamente às repúblicas pós-soviéticas, o envolvimento americano é mais problemático. Contudo, o pragmatismo de Putin permitiu o estacionamento de tropas dos EUA na área ao procurar obter compensações económicas e políticas. Moscovo enfatizou o seu compromisso para com o multilateralismo, uma abordagem de política externa já visível em documentos oficiais russos antes do 11 de Setembro, criticando severamente a intervenção americana no Iraque sem consentimento das Nações Unidas. Contudo, a atitude russa pode, em muitas circunstâncias, ser comparada à dos Estados Unidos. Quando sente os seus interesses em risco, Moscovo prefere prosseguir sozinho, contrariando resoluções internacionais e mesmo bloqueando organismos internacionais de decisão (neste último caso, a actuação da Rússia no seio da OSCE é um exemplo ilustrativo desta dinâmica). Assim, Moscovo tem prosseguido uma estratégia de cooperação quando possível e de competição sempre que necessário, adicionando complexidade a uma relação já de si complexa.

Apesar da retórica e pragmatismo que geralmente apontam para a relevância da cooperação entre os Estados Unidos e a Rússia, esta lógica tem sido, muitas vezes, ultrapassada por considerações de *hard power*, domínio económico e superioridade estratégica pelas administrações políticas em Washington e Moscovo. Nas palavras de Mikhail Margelov, Presidente do Comité de Assuntos Externos do Conselho da Federação Russa,

> [a] máquina de propaganda americana encaixa quaisquer problemas relacionados com o conflito de interesses no contexto da preocupação norte-americana

com o futuro da democracia russa e associa-os a assuntos correntes como o fortalecimento do "poder vertical" na Rússia. Isto torna mais difícil prosseguir a cooperação bilateral e desenvolve-se noutro tipo de sistema de relacionamento flutuante na relação de prioridades (Margelov, 2006: 25).

Além do mais, os russos acrescentam ainda às suas críticas a parca consistência norte-americana, que segue uma política de dois pesos e duas medidas, prosseguindo com tentativas sucessivas de interferência nos assuntos internos russos.

Quanto aos Estados Unidos, criticam a Rússia pelas suas práticas políticas pouco democráticas e a sua actuação fora dos contornos internacionalmente aceitáveis. Apesar de consubstanciarem formalmente em documentos, intervenções e até mesmo acordos a partilha de princípios comuns no que respeita a orientações de base política e ideológica, o facto é que esta mesma linguagem é entendida de forma diferenciada por ambas as partes. De forma simplificada, o que Moscovo e Washington entendem na realidade por "democracia" ou "valores comuns" na orientação das suas acções não é claramente o mesmo, com as implicações práticas daí resultantes.

Seguindo linhas de cooperação, Moscovo e Washington colaboram na luta contra o terrorismo e crime organizado, bem como face à proliferação de armas de destruição maciça (através da partilha de informações, do desenvolvimento de avaliações conjuntas de ameaças, da implementação de medidas de consolidação de confiança e de colaboração mais activa na segurança fronteiriça, e de medidas antitráfico); na promoção de sistemas políticos democráticos e de protecção de direitos individuais (com as limitações acima referidas); e na consolidação de benefícios económicos, assumindo uma lógica de complementaridade numa relação de interdependência, onde os recursos energéticos são um factor relevante.

Estes objectivos foram firmados na "Declaração de Moscovo sobre uma Nova Relação Estratégica", assinada em Maio de 2002, e foram confirmados em encontros e declarações posteriores em ambas as capitais. Moscovo fechou algumas das instalações militares do período da Guerra Fria (como a base militar de Lourdes em Cuba), apoiou amplamente a campanha norte-americana no Afeganistão e assentiu na presença de forças militares americanas na Ásia Central, demonstrando uma atitude cooperativa (Blagov, 2004), como já foi referido. Por seu turno, e não necessariamente seguindo uma ordem cronológica rigorosa, os Estados Unidos assentiram e reconheceram a Rússia enquanto economia de mercado, a sua participação de pleno direito enquanto membro do G8 e têm mostrado o seu apoio, embora muitas vezes reticente, à sua entrada na Organização Mundial do Comércio.

Na sequência de trocas de apoios e da personificação da relação, Bush foi um dos principais impulsionadores da presença da Rússia no G8, considerando que a transformação económica e democrática fundamental que a Rússia tem vindo a experimentar nos anos recentes tem particular relação com a liderança de Putin (Shevtsova, 2007a: 163-164). A Rússia assumiu a presidência do G8 em Janeiro de 2006, após se ter juntado ao grupo em 1997. Este tornou-se desde logo um elemento estrutural na sua política externa, como fórum de diálogo, de expressão e defesa dos interesses russos e, consequentemente, de afirmação internacional da Rússia (FPC, 2000). A presidência russa do G8 permitiu-lhe grande visibilidade internacional, capitalizando no projecto de reafirmação subjacente à sua política externa.

Estas áreas de cooperação têm sido intercaladas, em vários momentos, com rivalidade. A Rússia critica o envolvimento dos Estados Unidos nos seus assuntos internos, em particular no que concerne a práticas governativas, direitos humanos e à guerra contra o terrorismo, com a qual inicialmente alinhou, mas que gradualmente entendeu como se traduzindo em «tentativas de classificação dos actos terroristas como "nossos" e "deles", como "moderados" e "radicais"» (RFE/RL, 2004f). De facto, em 2004 Putin referia que «a menos que aprendamos a falar a mesma linguagem conceptual, nunca alcançaremos os nossos objectivos partilhados e nunca conseguiremos proteger o nosso povo – o nosso, o vosso, todas as pessoas do planeta contra esta ameaça, esta praga do século XXI, o terrorismo» (Putin, 2004b). Além do mais, algumas acções americanas reforçaram as suspeitas existentes de que os Estados Unidos estavam a transformar a guerra ao terrorismo numa guerra pelo controlo de petróleo, gás e rotas de trânsito (Foglesong e Hahn, 2002: 11), o que se viria a tornar uma questão simultaneamente relevante e delicada nas relações bilaterais.

A retirada norte-americana do Tratado sobre Mísseis Anti-Balísticos (Tratado ABM), em 2001, apesar da assinatura de um novo tratado em Maio de 2002 relativo à redução de armas nucleares de longo alcance – o Tratado de Redução [de Armas] Ofensivas Estratégicas – e o desenvolvimento do escudo de defesa antimíssil aumentaram os receios de Moscovo face a uma atitude que entendiam como crescentemente belicista e de cariz agressivo. Em reacção, o Kremlin anunciou a adopção de uma doutrina militar "preemptiva" seguindo os passos e linguagem de Washington, bem como o desenvolvimento de um novo sistema de mísseis nucleares como garantia da segurança russa. A agravar esta

A RÚSSIA DE PUTIN: VECTORES ESTRUTURANTES DE POLÍTICA EXTERNA

questão e claramente como factor de aumento de tensão na relação tem sido o escudo de defesa antimíssil e a forma como o tema, já de si quente, tem sido conduzido por ambas as partes. A "guerra de palavras" inicial deu já lugar a algumas movimentações militares, medidas retaliatórias e posições rigidificadas.

Em Maio de 2006 é avançada a proposta norte-americana de instalação de interceptores de mísseis na Europa Central, gerando imediatamente reacções de desagrado e desconfiança na Rússia. Apesar de Washington sublinhar que estas medidas visam aumentar a sua segurança face a países como o Irão e a Coreia do Norte, a Rússia não deixa de expressar a sua desconfiança e desconforto com esta decisão. As críticas russas ao plano de instalação de equipamentos na Polónia e República Checa são fortes, sublinhando a incompreensão russa quanto aos reais visados e o sentimento de Moscovo de que esta acção de Washington é uma provocação, com extensão das críticas à UE pela sua colaboração tácita com o projecto.

Em Junho de 2007, Putin deixou claro que a Rússia poderia tomar medidas de retaliação se os Estados Unidos mantivessem o projecto de desenvolvimento do escudo de defesa antimíssil. Neste contexto, e uns dias antes destas declarações, a Rússia testou com sucesso um novo míssil balístico intercontinental com múltiplas ogivas independentes (Putin, 2007b: 7). Putin ofereceu ainda a Washington a possibilidade de partilha da estação de Gabbala no Azerbaijão para este efeito, proposta que os Estados Unidos viriam a recusar, aumentando a desconfiança na Rússia e alimentando o discurso da ameaça.[24] De facto, em final de mandato, Putin sublinhava que

> os nossos especialistas acreditam que o sistema [antimíssil] ameaça a nossa segurança nacional e, se se concretizar, teremos de reagir rapidamente e seremos forçados a redireccionar o nosso sistema de defesa antimíssil contra este sistema que nos ameaça. Não estamos a criar esta situação. Pedimos para que não fosse prosseguido, mas ninguém nos deu ouvidos (RFE/RL, 2008a).

Deste modo, Vladimir Putin reitera a possibilidade de a Rússia reagir para além da retórica discursiva, através de acções militares concretas e de reposicionamento de equipamentos, de forma a demonstrar claramente aos Estados Unidos o seu desagrado face não só a movimentações que considera contrárias aos seus interesses nacionais, mas também à sua atitude pouco aberta e receptiva às contrapropostas e demonstrações de receio russas.

---

[24] Para maior detalhe, ver Capítulo 3.

A guerra no Iraque (Março 2003) marcou claramente o ponto mais baixo nas relações pós-Guerra Fria Rússia-Estados Unidos. A Rússia junta-se à coligação anti-intervenção e argumenta que as Nações Unidas são o único organismo legítimo para sancionar o uso da força no Iraque, criticando severamente a orientação unilateral de Washington. «A posição da Rússia é consistente e clara: apenas através do envolvimento directo das Nações Unidas na reconstrução do Iraque é que o seu povo terá oportunidade de decidir sobre o seu futuro» (Putin, 2003a). Nos finais de Maio de 2003, o encontro em S. Petersburgo para as celebrações dos 300 anos da cidade deixou claras as diferenças entre Moscovo e Washington.

> Putin tinha restabelecido contactos com os seus vizinhos próximos e distantes e colocou a Rússia numa posição mais sóbria e realista. Mas havia também uma nova assertividade, ao demonstrar que poderia não ser um Estado pária, mas que também não era lacaio do Ocidente. Era uma relação baseada na *realpolitik*, um equilíbrio de forças e interesses económicos muito mais do que um verdadeiro encontro de mentes e valores (Jack, 2004: 296).

E este afastamento permanece, tendo vindo a reforçar-se. Exemplo disso mesmo são as paradas militares na Praça Vermelha, bem ao estilo soviético, recuperadas por Putin no início de 2008 e que, claramente, fazem parte de uma política assertiva sustentada na detenção de força militar. Putin sublinhou em várias intervenções que estes exercícios não constituem qualquer tipo de ameaça nem visam terceiros, tratando-se apenas de exercícios inseridos no programa militar russo, demonstrativos das capacidades russas, leia-se, pretendendo um efeito dissuasor. «Temos o suficiente de tudo. Mas isto é uma demonstração da nossa crescente capacidade de defesa. Somos capazes de defender o nosso povo, os nossos cidadãos, o nosso Estado, as nossas riquezas abundantes» (Bigg, 2008). Uma atitude que se coaduna com o posicionamento russo no seio e perante a Aliança Atlântica, como se analisa em seguida.

A Aliança Atlântica: parceria, parcimónia ou parcialidade?

As políticas da administração Bush, muito centradas em considerações geopolíticas militares (Calleo, 2001: 376) como forma de manutenção da primazia internacional, foram exacerbadas com os ataques de 11 de Setembro de 2001 e mais ainda com a crise do Iraque em 2003, onde instituições multilaterais, como as Nações Unidas e a OTAN, foram inicialmente excluídas. Enquanto Washington justificou as suas opções numa campanha militarmente sustentada em alta tecnologia, em que o uso de Forças Especiais, instrumentos de informação paramilitares e munições guiadas com precisão tornaram uma eventual contribuição da Aliança Atlântica menor, o facto é que os Estados Unidos preferiram evitar mais uma "guerra de comités" (Neuhold, 2003: 464; Bereuter e Lis, 2004: 157).

Em consequência, «enquanto a UE foi dividida, a OTAN foi posta de lado» (Hoffmann 2003, 1034). Para a Rússia, isto significou a oportunidade de se opor à presunção de Washington e permitiu o regozijo pelo enfraquecimento da OTAN, apesar do seu envolvimento crescente nas actividades da organização. Estas acções levaram ao entendimento de que o papel da OTAN nas políticas de Washington tinha sido reduzido, com a Aliança Atlântica a passar de um papel central para um papel diminuído de basicamente providenciar candidatos para coligações *ad hoc* (Kanet, 2005: 3).

A aproximação mais consistente entre a Rússia e a Aliança Atlântica deu-se em Maio de 1997, quando as partes decidiram estabelecer um mecanismo de consulta e cooperação, o Conselho Conjunto Permanente OTAN-Rússia (OTAN, 1997), como afirmação de que entre as partes o qualificativo "adversário" não tinha fundamento e de que com este exercício se pretendia o desenvolvimento de uma parceria baseada em interesses comuns, reciprocidade e transparência. O objectivo central da criação deste Conselho foi o de aumentar os níveis de confiança e a criação de regimes de consulta e cooperação com vista ao alargamento da segurança Europeia. Este mecanismo de consulta e coordenação iria permitir ainda, e sempre que possível, decisões e acções conjuntas relativamente a assuntos de segurança de interesse comum.

Em 2002, a OTAN e a Rússia criaram um fórum bilateral que substituiu o Conselho Conjunto Permanente inicialmente criado em 1997. O Conselho OTAN-Rússia visa uma presença permanente da Rússia na OTAN em Bruxelas e uma voz igualitária em matéria de contraterrorismo, controlo de armamento, emergências civis, gestão de crises, manutenção da paz, segurança marítima e difusão de armas de destruição massiva. Apesar das muitas dificuldades, este fórum permitiu a inclusão na agenda de assuntos de preocupação comum, a manutenção do diálogo e a rotinização de encontros, objectivos estes que foram alcançados. A Rússia é extremamente crítica das políticas de alargamento da Aliança Atlântica e da presença de tropas e equipamentos militares junto às suas fronteiras, demonstrando a persistência de receios num alinhamento ainda de quase Guerra Fria.

A criação deste Conselho significou, neste quadro, uma participação alargada da Rússia no processo colectivo relativo à segurança europeia, sem direito de veto. Com base nos princípios da democracia e da segurança cooperativa, a Rússia e a OTAN comprometeram-se na construção de uma paz inclusiva no espaço Euro-Atlântico. O documento define, neste quadro, os objectivos e mecanismos de consulta, cooperação, decisão conjunta e acção coordenada que devem constituir o cerne das suas relações bilaterais. A constituição deste fórum de consulta diminuiu as vozes de descontentamento, embora não as tenha silenciado, em particular nos meios militares russos, onde a desconfiança permanece. Além do mais, em Maio de 2006, por exemplo, a OTAN lançou uma campanha promocional de duas semanas em cidades russas com o objectivo de clarificar objectivos e procedimentos e tentar ultrapassar a ideia do "inimigo", ainda muito presente. Denominada *NATO-Russia Rally 2006: What Binds Us Together*, a acção encontrou resistência de grupos nacionalistas e comunistas na Rússia, mas sinalizou esta preocupação em desconstruir a ideia do "inimigo".

A Aliança é igualada aos Estados Unidos, servindo os seus interesses e sendo vista como veículo de aceleração da tendência unipolar conduzida pelos Estados Unidos e desse modo alargando o fosso de poder existente (Splidsboel-Hansen, 2002: 445). O General Anatolii Kvashnin, chefe do estado-maior, definiu o Acto Básico OTAN-Rússia como "cobertura informacional" sob a qual o pensamento da Guerra Fria persistia (Kvashnin citado em O'Loughlin *et al.*, 2004: 13). No entanto, Putin seguiu uma abordagem muito discreta face ao alargamento da OTAN, que gerou reacções inflamadas em casa que o presidente foi gerindo através da manutenção de uma atitude de contenção.

A 1 de Abril de 2004 a Bulgária, a Eslováquia, a Eslovénia, a Estónia, a Letónia, a Lituânia e a Roménia aderiram formalmente à OTAN. Na Cimeira de Istambul de Junho de 2004 ficaram claras as linhas de desacordo entre a OTAN e a Rússia sobre as questões usuais (incluindo o alargamento da organização, o Tratado FCE, a retirada militar russa da Geórgia), mas ficou também clara a necessidade de reforço da colaboração com a Rússia, em particular nos esforços desenvolvidos no âmbito da luta contra o terrorismo transnacional, onde a Rússia é um parceiro central. No Verão desse ano, o Ministro da Defesa Russo, Sergei Ivanov, descrevia as relações como «não [sendo de] inimigos, mas também ainda não [de] aliados» (O'Rourke, 2004). A expansão da OTAN nesse ano, em particular aos países do Báltico, manteve o diálogo entre as partes difícil. Ivanov referiu-se mesmo a estes Estados como «consumidores e não produtores de segurança», sublinhando que a segurança da Aliança Atlântica não foi reforçada com este alargamento.

Após a entrada dos países do Báltico, em Abril de 2004, a Aliança Atlântica previa um reforço dos seus meios, em particular ao nível do patrulhamento aéreo, que foi entendido em Moscovo como uma ameaça nas suas fronteiras. O Ministro da Defesa Ivanov reiterou que, nessas condições, a Rússia teria de «reavaliar adequadamente o seu planeamento militar de modo a garantir equilíbrios ajustados» (RFE/RL, 2004g). Apesar da firme resposta russa, não eram esperadas medidas de retaliação a nível militar, para além do eventual reforço de contingentes. O contexto do alargamento da OTAN, bem como da UE, tornou-se um momento especialmente tenso nas relações com a Rússia. Foi neste período (Abril de 2004) que Jaap de Hoop Scheffer fez a sua primeira visita a Moscovo enquanto Secretário-geral da Aliança Atlântica. Scheffer sublinhou a necessidade de fortalecimento das relações bilaterais no interesse da segurança global, mas a Rússia permaneceu reticente especialmente face ao processo de alargamento da Aliança até às suas fronteiras. Moscovo manteve firme a sua posição de que «esta expansão mecânica não ajuda nas respostas que hoje são necessárias. Esta expansão não pode nem poderia prevenir os ataques terroristas em Madrid ou ajudar a resolver os problemas de reconstrução do Iraque» (Putin citado em Bransten, 2004a).

Este quadro de desalinhamento permitiu ainda o agudizar do diálogo no que concerne ao Tratado FCE. Em Munique, em 2004, a Rússia referiu-se à desactualização dos termos do Tratado. O Ministro russo da Defesa, Sergei Ivanov, afirmou que «o regime FCE no seu formato actual não consegue manter estabilidade e equilíbrio de interesses dos Estados signatários dados os desenvolvimentos políticos e militares actuais na Europa» (citado em Eggleston, 2004). A admissão à Aliança Atlântica de sete novos membros não signatários do Tratado FCE vem reforçar a preocupação russa face à validade do mesmo, depois consubstanciada em questões relativas à suspeição de intenções relativamente ao reforço de bases OTAN, em particular nos países do Báltico. Quanto a países como a Bulgária ou Roménia, no entender de Moscovo este reforço seria mais compreensível no quadro da luta contra o terrorismo transnacional, como afirmado por Sergei Yastrzhembskii, enviado do presidente Putin a Bruxelas (citado em Mite, 2004). A versão revista do Tratado (1999) foi ratificada pela Rússia em Julho de 2004, sendo-o também pela Bielorrússia, Cazaquistão e Ucrânia. A OTAN manteve pressão no sentido de condicionar a ratificação do mesmo à retirada das forças militares russas das Repúblicas da Geórgia e da Moldova, o que causou irritação em Moscovo.

A 21 de Abril de 2005, a Rússia e a OTAN assinaram um acordo que visa facilitar a organização do trânsito de forças nos seus respectivos territórios. O Acordo relativo ao Estatuto das Forças foi assinado na primeira Cimeira da OTAN em território da antiga União Soviética – Vilnius, capital da Lituânia.

O Acordo regula a presença e eventual treino de forças militares estrangeiras, o seu estatuto, questões financeiras, protecção jurídica, entre outros. A assinatura do documento constituiu um momento simbólico nas relações OTAN-Rússia, constituindo um modelo de cooperação e abertura, mas sem significar, contudo, que as dificuldades persistentes tenham sido ultrapassadas. Já em Junho, Putin criticava os parcos resultados da guerra contra o terrorismo, visíveis nos feitos muito limitados alcançados no Afeganistão. E avançou neste contexto com a ideia da OTAN colaborar de forma mais próxima com a Organização do Tratado de Segurança Colectiva,[25] da qual poderiam resultar sinergias, em seu entender positivas, na luta contra o terrorismo e o narcotráfico (Putin citado em Bigg, 2005).

A recepção a esta proposta foi naturalmente fria e sem consequências em termos da definição de parâmetros de cooperação interinstitucional que tinha sido proposta por Moscovo. De qualquer modo, este tipo de iniciativas da parte russa procura demonstrar o seu envolvimento e a sua atitude colaborativa, sabendo de antemão que são propostas desencontradas do tipo de iniciativas de cooperação a que a Aliança Atlântica estará predisposta, sublinhando contudo as reticências permanentes que Moscovo encontra do outro lado e, deste modo, procurando ganhar dividendos e maior margem de manobra para a demonstração do seu desagrado face a uma série de medidas, como o exemplo do Tratado FCE tão bem ilustra.

A 26 de Abril de 2007, o Presidente russo ameaçou suspender unilateralmente a participação russa no Tratado FCE, a menos que este fosse adequado aos interesses russos e ratificado pelos aliados da OTAN, incluindo os Estados--membros que haviam aderido entretanto. Neste contexto, realizou-se em Viena, em Junho, uma Conferência Extraordinária dos Estados-Parte do Tratado sobre Forças Convencionais na Europa (FCE), a pedido da Rússia face a desenvolvimentos que esta considerava desajustados e que levaram à ameaça de retirada unilateral da parte de Moscovo. O objectivo era simplesmente assegurar que os Estados-membros da OTAN ratificassem o acordo. Nenhum consenso foi alcançado nessa reunião, onde a política de condicionalidade se tornou evidente: os Estados-membros da OTAN não iriam ratificar o Tratado enquanto a Rússia não retirasse militarmente da República da Geórgia. Os Aliados expressaram a sua preocupação pela possível retirada russa, considerando o processo de partilha

---

[25] Os Estados-membros incluem, para além da Federação Russa, a Arménia, a Bielorrússia, o Cazaquistão, o Quirguistão e o Tajiquistão.

de informação sobre forças militares como uma medida de transparência da maior importância, entre outros aspectos (OTAN, 2007). A 17 de Julho, a Rússia avançou com uma moratória. O Conselho OTAN-Rússia, reunido a 25 de Julho em Bruxelas, discutiu a questão evidenciando discórdia, mas não conseguindo evitar a retirada unilateral russa do Tratado em finais de 2007.

Apesar da criação do Conselho OTAN-Rússia no seu novo formato (OTAN a 20, hoje a 27) ter diminuído as vozes críticas, não as silenciou e, de quando em quando, a imagem tradicional do "inimigo", reminiscência da Guerra Fria, é recuperada juntamente com o argumento de que o contexto geoestratégico foi alterado em detrimento da Rússia. Mas a atitude norte-americana tem, nalguns momentos, dado sinais de que efectivamente a Rússia se assume crescentemente como actor de maior peso no jogo estratégico internacional e cuja posição deve ser ouvida. A Cimeira de Bucareste da Aliança Atlântica (OTAN, 2008), na Primavera de 2008, foi uma demonstração clara disto mesmo. Neste contexto, o recuo norte-americano no seu apoio à Ucrânia e à Geórgia, relativamente à aprovação dos Planos de Acção de Adesão, foi entendido na Rússia como uma vitória diplomática.

No Conselho OTAN-Rússia em Abril, que decorreu em paralelo à Cimeira, o discurso russo foi duro para com os Estados Unidos e a sua política no seio da OTAN de apoio à expansão da Aliança para leste. «A Ucrânia não é um Estado» e «a parte leste do território é "nossa"», além de afirmar explicitamente o seu entendimento deste alargamento como ameaça e que tomaria medidas adequadas de resposta, incluindo o reconhecimento da independência da Abcásia e da Ossétia do Sul como zonas tampão entre a Aliança Atlântica e a Rússia. Um discurso duro, sublinhado pela firmeza e sustentado em medidas concretas caso Moscovo as entenda como necessárias (Blank, 2008b). De facto, Moscovo tem recorrido a diferentes instrumentos, desde a exploração de dependências energéticas até às restrições na liberdade de acção nas políticas de defesa e relações externas, em particular na área que descreve como a sua vizinhança próxima e que constitui para as autoridades centrais em Moscovo um espaço estratégico vital de influência russa, conforme já foi analisado. Este posicionamento divergente deixa espaço à suspeição e à falta de transparência na relação Estados Unidos-Rússia.

Possibilidades e limites nas relações Moscovo-Washington

A intervenção norte-americana no Iraque foi desde o primeiro momento criticada por Moscovo e marcou claramente um ponto de viragem na cordialidade que pouco a pouco havia sido construída no relacionamento bilateral e, em particular, ao longo de 2002. Como já se referiu, a Federação Russa foi muito crítica da intervenção norte-americana no Iraque nos moldes em que esta foi conduzida. Em Abril de 2004, face «a uma catástrofe humanitária sem precedentes» no Iraque, o Ministério Russo dos Negócios Estrangeiros apelava à retirada norte-americana. Um apelo simbólico a marcar o primeiro ano da intervenção. A Rússia manteve uma postura firme quanto à necessidade do envolvimento claro e sem constrangimentos das Nações Unidas no Iraque (RFE/RL, 2004h). De facto, 2004 seria um ano tenso. Na visita do Secretário de Estado Colin Powell a Moscovo, em Janeiro, os assuntos em discussão, incluindo o desacordo sobre o Iraque e a Geórgia, marcaram a agenda. O que era já cunhado como "parceria estratégica" entre as partes após o 11 de Setembro (Bransten, 2004b), assente em níveis reforçados de cooperação bilateral em áreas sectoriais estratégicas, como as finanças, questões militares e dividendos geopolíticos, parece ter ficado bloqueado face a obstáculos e desentendimentos profundos.

Em Maio de 2004, a Secretária de Estado Condoleezza Rice deslocou-se ao Kremlin onde a questão iraquiana foi o ponto central das conversações. A Rússia manteve o seu apoio a uma nova resolução da ONU, mas só depois de clarificados os procedimentos para a transferência de poder prevista para 30 de Junho, visando o reconhecimento da legitimidade a um novo governo iraquiano (RFE/RL, 2004i; 2004j). A resolução da ONU relativa à transferência de poder para um governo interino iraquiano, emendada em Junho de 2004 de acordo com propostas da Rússia, da França, da Alemanha, da China e de outros, foi descrita pela Rússia como uma melhoria clara em termos procedimentais (RFE/RL, 2004l).

Mas os diferendos estendem-se para além da questão iraquiana, e as repúblicas pró-ocidentais da Geórgia e Ucrânia, na área de vizinhança russa, foram objecto de controvérsia ao longo dos anos Putin. Os Estados Unidos sublinham a importância de Moscovo cumprir com a retirada de duas bases militares na Geórgia, anunciada em 1999 (compromisso russo no âmbito da Cimeira de Istambul da OSCE), considerando que a permanência da Federação Russa no país é um factor adicional de perturbação, com particular relevância no processo de transição pós-soviético em curso (RFE/RL, 2004h; Bush citado em Tully, 2004). Neste sentido, Washington disponibilizou-se para financiar a retirada das tropas russas do país, mediando na medida do possível as conversações entre georgianos e russos.

Nas palavras do Embaixador norte-americano em Moscovo, Aleksander Vershbow, «as relações entre a Rússia e os Estados Unidos estão a deteriorar-se» (Vershbow citado em Bransten, 2004b). Moscovo demonstrou o seu desagrado face ao envio de tropas georgianas, treinadas ao abrigo do programa de cooperação militar Geórgia-Estados Unidos, para a república da Ossétia do Sul, em Junho de 2004, descrevendo as acções como "provocadoras" e referindo os rumores de que estaria a ser instigado o regresso de centenas de georgianos à região (RFE/RL, 2004d). Vershbow sublinhou ainda, nesta linha de densificação de desentendimentos, que a detenção de Mikhail Khodorkovskii (Yukos) constituiu uma violação séria dos princípios de um Estado de direito, bem como dos direitos de propriedade na Rússia. Adiantou ainda que a condução de eleições presidenciais na República da Chechénia prosseguiu num curso de desconfiança e falta de democracia, apontando para o curso geral de desconfiança que se ia acentuando na relação bilateral entre Washington e Moscovo (Vershbow citado em Bransten, 2004b). Ou seja, questões internas a misturarem-se com problemas de ordem internacional, conferindo maior complexidade à relação.

Em Dezembro de 2004, o Presidente Putin referia-se criticamente, em particular, à intervenção dos Estados Unidos nos seus assuntos, nomeadamente, nas suas relações com a vizinhança, sublinhando a existência de dois pesos e duas medidas, contrapondo as rondas eleitorais na Ucrânia ao processo eleitoral no Iraque, afirmando, em relação a este: «não consigo imaginar como se podem organizar eleições num território sob ocupação de tropas estrangeiras» (Putin citado em Tully e Bransten, 2004). Face aos desenvolvimentos na Chechénia, o presidente realçou o que cunhou de tentativas de desestabilização, não deixando de fazer referência num tom menos agreste à cooperação na luta contra o terrorismo como uma boa base de entendimento (RFE/RL, 2004m). Parece assim que

> O verdadeiro grande problema nas relações russo-americanas não são apenas estas questões irritantes que existem, mas que sempre existiram. O problema fundamental que vejo na relação é o facto de a relevância da Rússia na política externa norte-americana se ter reduzido praticamente a zero. [...] Com a guerra global contra o terrorismo, parecia haver uma oportunidade para a inversão das tendências da Guerra Fria. Mas cada vez mais as pessoas reconhecem que este não é o caso. A Rússia pode ser um alvo oportunístico para a política externa americana sempre que a Rússia possa fazer algo pelos Estados Unidos. Mas é apenas isso que a Rússia pode fazer. No seu estatuto actual a Rússia não é um parceiro igual aos Estados Unidos. E não é provavelmente um bom parceiro júnior (Spiegeleire citado em Bransten, 2004b).

De facto, no discurso sobre o Estado da União, em 2004, o presidente George W. Bush omitiu qualquer referência à Rússia (Bush, 2004), o que é sintomático do carácter problemático do relacionamento neste período. Na Cimeira Rússia-Estados Unidos no início de 2005, em Bratislava, o tom foi amenizado, embora as questões relacionadas com a "democracia" tenham estado no centro da agenda. Putin sublinhou que a escolha pela democracia foi uma escolha do povo russo, mas que nunca o país seguiria um rumo em que democracia fosse equivalente a penúria e miséria, significando isto um princípio de intervenção sempre que as autoridades o entendam como necessário. As partes acordaram várias directivas em matéria de cooperação energética, comercial e relativamente à luta contra o terrorismo. Veicularam também o entendimento partilhado de que o Irão não deve deter capacidade nuclear que não seja para fins civis (Departamento de Estado dos EUA, 2005). Claramente, foi uma cimeira voltada para o reforço da cooperação, que, apesar das diferenças existentes, é entendida pelas partes como fundamental. Note-se que esta cimeira se seguiu a comentários severos do Ministro dos Negócios Estrangeiros russo, Lavrov, em que este denuncia tentativas de reinauguração de uma Guerra Fria entre a Rússia e o Ocidente, especialmente encenada nos meios de comunicação ocidental (citado em Peuch, 2005b).

Em finais de Janeiro de 2006, Putin afirmava que os Estados Unidos constituíam o último entrave à entrada da Rússia na OMC. A questão prendia-se com a posição russa de não permitir que bancos estrangeiros possam abrir directamente sucursais na Rússia. Uma questão muito disputada entre as partes (RFE/RL, 2006a). De acordo com Putin, «recebemos dos nossos colegas americanos uma lista de acordos adicionais, que já considerávamos resolvidos há muito. Isto atrasa-nos artificialmente no processo negocial» (citado em Mite, 2006). As negociações já se arrastavam desde 1994. A Rússia acusa os Estados Unidos de obstruírem a sua entrada na OMC por razões políticas pouco claras e apesar de as partes terem assinado um acordo, em 2006, este não significou progresso efectivo.

As questões energéticas também têm estado na agenda bilateral, especialmente após a suspensão dos abastecimentos à Ucrânia no início de 2006 e que afectaram a Europa, conforme já foi analisado. Em Maio, a Rússia avançou neste âmbito com a proposta de adopção de um Plano de Segurança Energética que assegurasse a segurança energética a nível global, com base em diálogo sério e na assunção de compromissos. A Rússia procura deste modo envolver os principais líderes na questão, refutando acusações de práticas de manipulação política (RFE/RL, 2006b). Mas o vice-presidente norte-americano, Richard Cheney, criticou o uso por parte da Rússia dos recursos energéticos como «ferramentas de intimidação ou chantagem política» na condução da sua política externa, uma referência clara aos cortes nos abastecimentos à Ucrânia registados uns meses antes (Cheney, 2006; NYT, 2006), e que se iriam repetir. O ano de 2007 marca claramente o ano das dificuldades no relacionamento bilateral, com o discurso na Rússia a tornar-se áspero e muito crítico das políticas norte-americanas. A intervenção anual de Putin dirigida à nação e o seu discurso na conferência anual sobre segurança em Munique são uma prova clara da deterioração nas relações face a um conjunto de desenvolvimentos, já analisados, que foram sendo lidos na Rússia num crescendo de tensão e num alinhamento contrário aos seus interesses nacionais.

Entre o esfriar da relação e projectos de cooperação – que perspectivas?

As opções russas pós-Guerra Fria parecem demonstrar a consolidação de uma alteração de alinhamentos, assumindo uma postura mais activa e mesmo assertiva, especialmente no segundo mandato de Vladimir Putin. Os ataques de 11 de Setembro de 2001, nos Estados Unidos, levaram a Rússia a definir a sua política, com contornos de ambivalência, apesar de sublinhados por esta tendência gradual de afirmação. É por isso mesmo uma ambivalência cunhada de pragmatismo, com um olhar realista sobre meios e capacidades, e um sentimento de orgulho imperial que ainda persiste nas suas políticas. Os objectivos são balanceados pelos meios, o interesse nacional modelado e reajustado de acordo com oportunidades e constrangimentos, e a projecção de poder regional condicionada pela necessidade de colaboração com outras grandes potências. Estas dinâmicas têm lugar de modo a que o Kremlin prossiga os seus objectivos de política externa, em particular em áreas geoestratégicas definidas nos termos russos como vitais, enquanto procura evitar que sejam adicionados novos ingredientes de competição a um jogo já de si complexo, particularmente na sua área de vizinhança.

Quanto aos Estados Unidos, inicialmente assumindo uma atitude assertiva, projectada essencialmente com o 11 de Setembro, com expressão muito clara, por exemplo, nas suas intervenções no Afeganistão e Iraque, foi gradualmente notória a diminuição na intensidade das acções unilaterais e a procura de apoios e contextos multilaterais de legitimação das suas acções. No segundo mandato de George W. Bush, e apesar das políticas de segurança e defesa se manterem um tópico prioritário na agenda, a forma e os meios de actuação assumiram contornos marcadamente mais flexíveis, num sinal claro da necessidade de uma resposta diferenciada face a uma ordem internacional cada vez mais competitiva e menos previsível.

Há sessenta anos, um diplomata americano avisado, George Kennan, propôs que a política certa do Ocidente para com a União Soviética, então sob Estaline, seria a "contenção". Hoje, a Rússia já não constitui o mesmo tipo de ameaça, mas ainda é importante e o Ocidente deve manter-se atento aos seus rumos. A melhor política já não é uma política de contenção, mas de "envolvimento cauteloso" (*The Economist*, 2006).

Putin restabeleceu laços com os seus vizinhos próximos e longínquos, e colocou as relações da Rússia numa base mais sóbria. Mas introduziu também uma nova assertividade, ao demonstrar que não seria um pária, mas também não seria subserviente ao Ocidente. Era uma relação com base em princípios de *realpolitik*, um equilíbrio de forças e interesses económicos mais do que um verdadeiro encontro de mentes e valores (Jack, 2004: 296). As regras do jogo tornaram-se mais claras, com o pragmatismo e um olhar realista a liderarem a formulação de políticas do Kremlin. A Rússia prosseguiu o seu próprio curso, discordando dos EUA quando necessário, mas mantendo uma abordagem diplomática e certamente contida. Washington deveria assentar as suas políticas para com a Rússia em «interesses comuns e não na expectativa de valores comuns» (Trenin, 2005b), dado que é cada vez mais claro que os valores subjacentes são diferentes, assim como o são as interpretações normativas de conceitos como o de democracia.

Quanto ao relacionamento entre ambos os países, e nos dois mandatos de George W. Bush e Vladimir Putin, parece que as linhas de negociação e diálogo assimétricas, com prevalência de Washington, se foram diluindo, dando lugar a uma relação com contornos distintos e, de algum modo, mais simétrica, no que é um balanço possível destas duas presidências. No entanto, esta maior simetria não é sinónimo de relações mais próximas de cooperação e mesmo integração, nem de clivagens e rivalidades inultrapassáveis. Significa simplesmente um posicionamento mais equitativo no diálogo entre as partes. Deste modo, as dificuldades acrescidas e o aumento de tensão que se têm verificado nos últimos anos, em particular com a questão do escudo de defesa antimíssil, permitindo uma retórica e acções mais assertivas, não significam uma nova guerra fria num realinhamento das relações internacionais.

Num tom um pouco diferente, mas igualmente determinado, George W. Bush iniciou o seu último discurso sobre o estado da nação com as seguintes palavras:

Sete anos passaram desde a primeira vez que aqui estive. Nessa altura, o nosso país foi testado de formas que nenhum de nós poderia ter imaginado. Enfrentámos decisões difíceis sobre guerra e paz, uma concorrência cada vez maior na economia mundial e a questão da saúde e bem-estar dos nossos cidadãos. Estes temas apelaram ao debate vigoroso e penso que é justo afirmar que correspondemos a esse apelo. Contudo, a história recordará que, apesar das nossas diferenças, agimos com determinação. E, juntos, mostrámos ao mundo o poder e resiliência do governo americano (Bush, 2008).

Apesar da dissensão interna, Bush deixa claro o interesse nacional enquanto objectivo primeiro que, no seu entender, norteou a sua actuação nos seus dois mandatos na Casa Branca. Com a afirmação da supremacia norte-americana no horizonte – traduzida na forma como os Estados Unidos conduziram as suas políticas em diferentes momentos, seja face aos atentados de 11 de Setembro de 2001, à intervenção no Afeganistão e mais tarde no Iraque, ou ao modo como lidaram com a questão do Kosovo, por exemplo –, George W. Bush assumiu um modelo para a sua política externa simultaneamente reactivo e proactivo como resposta aos desafios na cena internacional.

PARTE III

O vector oriental na política externa russa: poder e influência

O Eurasianismo ganha uma clara relevância na agenda da política externa russa com Vladimir Putin, expandindo-se o vector oriental como continuação natural dos interesses russos na Ásia Oriental. A identificação da Federação Russa como um país europeu, mas também com uma dimensão asiática sublinha a importância crescente que as relações a oriente vão assumir ao longo dos dois mandatos de Putin. Desde logo este posicionamento fica claro no conceito de política externa:

> Uma característica distintiva da política externa russa é a de que é equilibrada. Isto foi predeterminado pela posição geopolítica da Rússia como um dos maiores poderes eurasiáticos, exigindo uma combinação óptima de esforços em todos os vectores. Esta abordagem predetermina a responsabilidade da Rússia pela manutenção da segurança no mundo, quer a nível global, quer regional, e pressupõe o desenvolvimento e complementaridade mútua da actividade de política externa a nível bilateral e multilateral (FPC, 2000).

Um dos factores que contribuiu decisivamente para o fortalecimento desta atitude, no contexto pós-soviético, foi a ascensão chinesa entendida como um desafio à nova Rússia. Por outro lado, o dinamismo económico asiático, protagonizado não só pela China, mas também pela Índia e pelo Japão, tornam esta área um pólo de atracção para a Rússia em termos de investimentos. Além do mais, o crescente envolvimento norte-americano, para além do de outros actores, com implicações directas em áreas muito próximas dos interesses russos, como a Ásia Central, e o que a Rússia considera como factor de desequilíbrio regional, sustentam a relevância que este vector assume na política externa russa.

Esta estratégia russa de equilíbrio entre as dimensões ocidental e oriental parece reflectir um entendimento que se tem vindo a desenvolver no Kremlin de que, «para ser bem-sucedida e competitiva, a Rússia precisa de reverter a sua abordagem tradicional de política externa. Em vez de a olhar apenas em termos de projecção (de poder, influência, etc.), precisa de a entender como um meio para atrair recursos externos para benefício da sua agenda interna» (Trenin, 2006: 112). Só com uma dimensão doméstica consolidada e forte poderá a Rússia projectar efectivamente uma política externa também ela robusta, conforme já foi analisado. Desta forma, a agenda russa para oriente está essencialmente concentrada em questões económicas e energéticas e no aprofundamento de laços políticos com países nesta área geográfica que, de algum modo, têm impacto nos desenvolvimentos da região e, consequente-mente, também na própria Rússia.

Putin manteve o pragmatismo derivado do interesse nacional na base das suas relações e iniciou a sua política eurasianista com base no pressuposto da negociação de benefícios no comércio de armas e energia. Ou seja, as alianças estratégicas diplomáticas e as afinidades culturais são negligenciadas na fase inicial da presidência de Vladimir Putin, com um enfoque claro no objectivo primeiro de desenvolvimento da Rússia. Uma tendência que se irá alterar ao longo da presidência, com acentuação do factor projecção, em que questões como armamento e energia serão centrais, assim como da sua participação no âmbito da Organização de Cooperação de Xangai, mas que irá ser complemen-tada por uma forte agenda de contactos diplomáticos e iniciativas culturais.

Além do mais, a procura de preponderância em termos regionais e de maior influência nas políticas globais encaixa bem na imagem russa de poder emer-gente, construída e promovida pelo Kremlin, com abordagens e meios concor-rentes na Ásia Oriental a conferirem contornos globais às políticas regionais na área. A Rússia, juntamente com a China, a Índia e o Japão, é um actor central na Ásia Oriental, num jogo desequilibrado em que a China e a Índia são poderes em ascensão, o Japão é muito dependente do Ocidente e a Rússia procura afirmação, apostando em meios e capacidades. A Organização de Cooperação de Xangai constitui neste contexto um quadro institucional fundamental, que combina preocupações partilhadas, embora nem sempre objectivos partilha-dos, em particular, face a divergências internas que constrangem/projectam dinâmicas regionais de cooperação e competição.

Na Ásia Oriental, a Rússia enfrenta interesses contraditórios e uma projec-ção de poder desequilibrada, com várias oportunidades de cooperação que subjazem a muitas das suas opções políticas, mas com um cariz de ambigui-dade face a uma gama de escolhas difíceis e à nem sempre explícita proactivi-dade das acções russas. Nas palavras de Yevgeny Primakov, «ao fortalecer, sob a pressão das circunstâncias, o seu potencial militar estratégico e táctico, a Rússia demonstra o seu desejo de se tornar uma força estabilizadora no mundo» (Primakov, 2007: 69). Face à primazia e à atitude revisionista dos EUA pós--11/9, a Rússia fortaleceu a sua estratégia para a Ásia Oriental, descrita como a "ofensiva pacífica na Ásia" (Aleksandr Ivanov, 2006: 54), implicando um envolvimento mais profundo de Moscovo como forma de reforçar a sua influência e projectar o seu poder.

«A única escolha realista para a Rússia é a escolha por um país forte, forte e confiante na sua força; forte, não face à comunidade mundial, não contra outros Estados fortes, mas juntamente com eles» (Putin, 2000b). Estes objectivos traduzem-se na opção por uma abordagem de política externa multilateral, que deverá avançar os interesses russos fora do país e com um enfoque mais claro nas dinâmicas regionais. O novo olhar para a Ásia Oriental reflecte a mudança no entendimento da política externa na Rússia, movido pelo objectivo de estabelecer um pólo alternativo ao Ocidente (como legado do pensamento bipolar) para um reconhecimento de um curso independente e autónomo (Sakwa, 2008: 276-277). Este traduz-se no multivectorialismo. As palavras de Aleksandr Medvedev, vice-presidente da Gazprom responsável pela exportação, sumariam bem o alcance e as implicações desta opção oriental russa: «não é segredo que nós queremos ser o maior fornecedor de gás natural na região Ásia-Pacífico» (Moore, 2007). Paralelamente a estes desenvolvimentos, os contornos económicos da política externa russa são uma concretização do novo realismo da mesma (Sakwa, 2008: 275). A segurança económica, com ênfase em negócios relacionados com a energia, tem assumido primazia no Kremlin.

A relação co-constitutiva do desenvolvimento interno russo com as suas acções e reacções no quadro externo reflecte-se neste caso de forma muito particular ao incluir uma política de procura de equilíbrios claros face à intervenção de actores externos, como os Estados Unidos ou a União Europeia; mas também de autocontenção face ao crescimento acelerado de potências como a China e a Índia, cuja projecção na área regional compete directamente com os interesses russos. Temos assim dinâmicas paralelamente em competição e em complemento dos objectivos de política externa russos relativamente à sua afirmação no sistema internacional como grande potência e, no âmbito deste vector estruturante em particular, com rivalidades intra-regionais a marcarem uma agenda onde actividades de cooperação são entendidas como muito necessárias face à identificação de ameaças transnacionais comuns, bem como à partilha de oportunidades de crescimento e benefícios colectivos já identificados.

Esta secção amplia-se um pouco no seu entendimento das relações a Oriente, incluindo o que se designa por Grande Médio Oriente nas políticas russas, como extensão destas desde o Médio Oriente até ao Cáspio, inserindo-se neste contexto o capítulo relativo aos processos diferenciados de política externa da Rússia para com Estados como o Irão e a Síria, e o seu crescente envolvimento nas conversações israelo-palestinianas, ou seja, o envolvimento da Rússia no processo negocial entre israelitas e palestinianos. De acordo com os vectores fundamentais russos de política externa conforme definidos por Vladimir Putin, a questão do Médio Oriente foi claramente ganhando projecção, sendo que na lógica dos círculos concêntricos este é um vector que, apesar de assumidamente estruturante nos desafios de política externa, se encontra um pouco mais afastado dos objectivos enunciados como primários, incluindo a própria dimensão oriental acima enunciada.

CAPÍTULO 7

A DIMENSÃO ORIENTAL NA POLÍTICA EXTERNA RUSSA: FUNÇÃO DUPLA DE COMPLEMENTO E CONTRAPONTO

A Rússia tem prosseguido o seu curso afirmativo em formatos diferenciados na dimensão oriental da sua política externa. Tem alinhado bilateralmente com Estados da região e tem definido um quadro mais alargado de triangulação de relações – Rússia-China-Índia – enquanto potenciador de um posicionamento mais forte destes actores no sistema internacional, embora com limites que serão aqui analisados. Estes alinhamentos diferenciados têm permitido o desenvolvimento das relações em quadros também eles distintos. Através da Organização de Cooperação de Xangai, como organização regional, através da construção de "alianças de conveniência" (Bendersky, 2005), ou através do desenvolvimento de "parcerias bilaterais" com países na área (Luzyanin, 2007). Uma estratégia que tem tido resultados, mas que tem sido construída sobre fundações frágeis (uma economia russa muito dependente de recursos energéticos, problemas demográficos, com índices de declínio populacional assináláveis, entre outros), o que lhe confere contornos de uma política forte, mas com ingredientes de inconsistência – uma estratégia de barro em vez de aço, jogando com um contexto maioritariamente favorável à Rússia, talvez à excepção dos anos finais de governação de Vladimir Putin, mas que não contém necessariamente os ingredientes fundamentais para um desenvolvimento assente em bases consolidadas e de sustentação sólida.

Esta dimensão surge na política externa russa em paridade com a dimensão ocidental relativamente ao peso estrutural destas no quadro das relações externas russas. Desempenhando uma dupla função, Moscovo procura jogar com interesses divergentes e objectivos convergentes, ora complementando os interesses russos de forma convergente, projectando mesmo a sua influência; ora funcionando numa perspectiva de contraponto a actores externos cuja influência é entendida como minando os interesses russos e de outros actores relevantes, particularmente a China. E assim, neste registo duplo, a Rússia procura maximizar o seu potencial numa área definida como estratégica devido a vários factores que irão ser analisados neste capítulo. De facto,

> as perspectivas eurasianista, económica e multipolar estiveram ligadas às aspirações russas de grande potência na região. [...] As percepções da Ásia Oriental

como região economicamente dinâmica apresentaram oportunidades de projecção do poder e da influência russa e, simultaneamente, de contenção de ameaças que os pudessem minar (Rangsimaporn, 2009: 40).

Relações bilaterais: níveis diferenciados de proximidade num quadro diverso

Numa visita a Pequim, em Julho de 2000, Putin declarou: «sabemos que a Rússia é um Estado europeu e asiático. Temos respeito pelo pragmatismo europeu e pela sabedoria oriental. Assim, a política externa russa será equilibrada. Neste sentido, as relações com a República Popular da China serão uma das nossas prioridades» (Putin citado em Lukin, 2006: 150). Vladimir Putin prosseguiu uma política de construção de laços com a China, na linha da parceria estratégica, mas desenhando-a como «uma não-aliança, uma relação não confrontacional que não visa qualquer país terceiro» (Pant, 2004: 315). Uma abordagem cautelosa que sublinha duas dimensões diferenciadas mas inter-relacionadas: evitar um papel fortalecido da China que possa questionar o lugar da Rússia na Ásia Oriental e posicionar-se como contrapeso aos EUA, não devendo, contudo, minar definitivamente as relações com Washington. Note-se que as relações com a China assentam primariamente no exercício de um contrapeso à influência e poder dos Estados Unidos, uma vez que as afinidades entre Moscovo e Pequim são reduzidas: culturalmente as realidades são muito diferentes e os dois países mantêm-se à parte relativamente aos modelos de desenvolvimento que prosseguem.

A China e a Rússia partilham, no entanto, preocupações e objectivos políticos, em particular nas áreas da defesa e da tecnologia militar; em matéria energética, com a produção e o transporte no topo das agendas (a Rússia como produtora e a China enquanto consumidora); e preocupações relativas ao crescimento do nacionalismo étnico e dos movimentos islâmicos radicais na Ásia. Os laços políticos têm assentado nesta agenda partilhada e prosseguido com base na modelagem de ligações mais próximas, constituindo exemplo disso a promoção de 2006 como o ano da Rússia na China e de 2007 como o ano da China na Rússia; e também com o objectivo mais abrangente de promoção de uma ordem multipolar, que implica contrabalançar o poder dos EUA na região.

A relação sino-russa está, por isso mesmo, sob escrutínio apertado de Washington. Os Estados Unidos, embora tenham consciência das dificuldades associadas à consolidação de uma parceria estratégica entre a Rússia e a China (duas potências em competição na área), encaram com cuidado a aproximação entre os dois gigantes. É que estes partilham o discurso multipolar e de luta contra o terrorismo, assumiram a mesma posição na questão do Iraque e têm importantes ligações comerciais, em particular em termos militares e energéticos. «A política de defesa chinesa visa cada vez mais a capacidade de defesa dos EUA. Está também a desestabilizar uma região que já é volátil. Não pode haver segurança sistémica sem segurança na Ásia e não haverá segurança na Ásia sem um papel forte do Ocidente nesta» (Lindley-French, 2006: 55). As reacções e críticas de Washington podem, no entanto, proporcionar maior aproximação entre os dois Estados (Vnukov, 2006: 133; Titarenko, 2005: 5; Pant, 2004: 313-5), apesar de esta não significar necessariamente um envolvimento num alinhamento de parceria ou, mais do que isso, numa aliança estratégica.

Em Julho de 2001, Vladimir Putin e Jiang Zemin assinaram o "Tratado de Boa Vizinhança, Amizade e Cooperação", que estabeleceu um quadro de relações bilaterais com base na política multivectorial russa e focado essencialmente na contraposição à hegemonia dos EUA e à extensão do radicalismo islâmico na Ásia Central; aspectos territoriais que abrem caminho à resolução da disputa fronteiriça e reconhecendo claramente o apoio da Rússia à China relativamente à questão de Taiwan. Além do mais, a venda de armamento e de matérias-primas, e a transferência de tecnologia têm também uma presença central na relação, especialmente dado o facto de que tradicionalmente a China tem sido o maior mercado de exportação de armas russas (Isakova, 2005: 107).

Contudo, o Tratado foi criticado por estar próximo de ser um mecanismo regulador de venda de armas (Cohen, 2001), enquanto a imprensa russa lhe chamou a cimeira do "petróleo e do gás" (Herspring e Rutland, 2005: 286). No entanto, a cooperação tecnológica e a venda de armas russas, a par de exercícios militares conjuntos, assumiram um carácter regular. Mas, apesar da regularidade e da continuidade nos contactos, é interessante notar que os níveis de interdependência económica não são significativos. A economia chinesa é duas vezes e meia o tamanho da russa, e o volume comercial sino-russo representa apenas 2% do total do comércio externo chinês (Moore, 2007). O comércio precisa ainda de ser fortalecido, sendo que a Rússia consome produtos manufacturados enquanto a China é um consumidor primário de matérias-primas. Mas os receios mútuos de criação de condições de dependência com o desenvolvimento acelerado de relações comerciais têm limitado a aproximação entre as partes a este nível.

Esta atitude denota que os objectivos partilhados são sublinhados por dinâmicas de rivalidade e competição, com os limites ditados pela geografia nestes dois vizinhos gigantes como primeiro aspecto, adicionando aos receios relativos ao poder crescente do outro, entendido como ameaçador (Freire e

Mendes, 2009). Neste contexto, a Rússia joga com o que considera serem os limites ao seu envolvimento em tecnologia militar com Pequim, evitando uma China ameaçadora em termos militares. «Para Moscovo, a noção de uma China economicamente poderosa com um exército mais bem preparado do que o russo é inconcebível» (PINR, 2007). Contudo, os primeiros exercícios militares conjuntos, ainda que sejam entendidos como fundamentais na promoção da ordem regional, tiveram lugar apenas em 2005.

As dificuldades de gestão interna de um grande país como a Rússia, nomeadamente, em áreas remotas do leste e na Sibéria, e uma população em declínio, levando à quase desertificação de muitas destas regiões, exigiram o repensar de estratégias face a uma zona estratégica importante, rica em recursos minerais, mas praticamente despovoada. A emigração transfronteiriça chinesa para as regiões do Leste da Rússia tem sido entendida como ameaça à segurança nacional russa, com preocupações relativas à aculturação de regiões russas pouco habitadas que fazem fronteira com a China (fontes não confirmadas apontam para cerca de 600 mil chineses a entrarem na Rússia cada ano). «Não quero dramatizar a situação mas, se não fazemos um esforço real, até mesmo a população indígena russa em breve falará essencialmente japonês, chinês e coreano» (Putin citado em Tsygankov, 2006: 143). A realidade é clara: «muitas pessoas e falta de recursos do lado chinês, muitos recursos e poucas pessoas do lado russo» (Stuermer, 2008: 186). Assim, o potencial de tensão mantém-se elevado.

Este assunto tornou-se muito politizado e permanece nas agendas como questão delicada, apesar de a assinatura do tratado fronteiriço sino-russo ter resolvido desacordos antigos e ter permitido que uma fronteira altamente guardada militarmente se transformasse num entreposto económico movimentado (Sindelar, 2004). Além do mais, a assinatura da Declaração Conjunta Sino-Russa sobre a Ordem Internacional no Século XXI, em Julho de 2005, descrita como demonstrando «concordância de perspectivas fundamentais» (Rogachev, 2005: 85), deveria funcionar como medida de consolidação de confiança. No entanto, a competição regional por influência, apesar das considerações de ganhos de uma relação de cooperação, não pode ser descurada na aritmética que subjaz a esta relação dinâmica e complexa.

Relativamente à Índia, «a Rússia visa fortalecer a sua parceria tradicional [...], incluindo nos assuntos internacionais», tratando-se de uma breve menção a esta relação no conceito de política externa russo, que é complementada pela alusão da adesão de ambos ao Tratado de Não Proliferação Nuclear (FPC, 2000). Note-se, no entanto, que a venda de armas é sempre justificada numa lógica comercial, e tecnicamente limitada, não constituindo, no entender de

Moscovo, qualquer entrave aos acordos sobre não proliferação. As relações russas com a Índia são menos tensas do que com Pequim e construídas sobre a colaboração no fornecimento de equipamento militar e tecnologia russa à Índia (por exemplo, foi assinado em Dezembro de 2000 um acordo de armamento e mais tarde, em 2004, as partes assinaram um acordo de defesa), cujos objectivos passam pela compra por parte da Índia de equipamento militar à Rússia, o que simultaneamente permite à Índia o reforço da sua capacidade estratégica regional. No entanto, note-se que, à excepção de bens militares e energéticos, as relações comerciais bilaterais não são significativas, demonstrando uma interdependência económica quase sem expressão.

Contudo, a política russa face à Índia está em mudança, movida por considerações energéticas e comerciais e pelo entendimento de que o potencial de crescimento a este nível é elevado. A questão energética é já central nas relações, com a Índia a consumir e a investir em projectos de interesse mútuo com envolvimento russo. As relações na luta contra o terrorismo antecedem o 11 de Setembro, com um entendimento de apoio mútuo a causas comuns: a Rússia apoia o governo indiano no seu posicionamento face a Cashemira, e o reverso aplica-se ao caso da Chechénia. Neste quadro, ambas as partes têm também desenvolvido esforços conjuntos para contenção de actividades ilegais transfronteiriças, incluindo a cooperação antiterrorismo, acções de contenção do crescimento do radicalismo islâmico e a estabilização da vizinhança (Bajpaee, 2007). Lançada em 1992, esta política mantém a atitude indiana pós-Guerra Fria de actuação em múltiplas frentes. Também acarreta considerações geopolíticas sobre o poder crescente da China. Apesar da colaboração em exercícios militares conjuntos, por exemplo, a desconfiança face ao poderio chinês permanece.

A aproximação indiana aos EUA tem, neste contexto, sido notável. Os Estados Unidos assumiram o compromisso de apoio à Índia na sua emergência como "potência mundial", prestando assistência na modernização militar do país, como ficou patente na assinatura do "Novo Quadro para a Relação de Defesa Estados Unidos-Índia", em 2005 (Bajpaee, 2007; ver também Lavrov, 2007: 24-29), e na assinatura, em Março de 2006, de um acordo nuclear, exemplos do exercício de contraposição norte-americano ao crescimento chinês e ao aumento de influência russo numa área de interesse estratégico.

Apesar de estes desenvolvimentos preocuparem a Rússia, esta acredita que a Índia é suficientemente independente para não se tornar subserviente a nenhum outro actor regional, ou externo, incluindo os Estados Unidos. Entende ainda a sua ascensão como factor de equilíbrio no continente asiático, particularmente face aos níveis de crescimento chinês. A questão central está em como aprofundar relações para além de declarações políticas e do comércio de armamento. A institucionalização de cimeiras anuais Índia-Rússia, já na presidência de Putin, permitiu contactos mais continuados, sendo um primeiro passo essencial neste fortalecimento bilateral tão necessário para Moscovo. O investimento nesta relação permite a consolidação de interesses convergentes e dinamiza processos de contrapeso ao envolvimento norte-americano, assim como face ao crescimento chinês, coincidentes com os objectivos russos de política externa. Mas a delineação de uma estratégia clara nas políticas bilaterais ficou em aberto.

As relações com o Japão têm sido mais difíceis, com a disputa sobre as ilhas Curilhas (territórios do norte do Japão), ocupadas pela União Soviética em 1945, a permanecer no topo da discórdia. As ilhas, com abundante pescaria, estão numa área marítima também rica em reservas de petróleo e gás. Apesar de esforços no sentido de se encontrar uma solução e de maiores contactos diplomáticos para esse efeito, não tem havido avanços. As questões económicas, mas também as velhas políticas territoriais vestfalianas a impedirem a resolução do impasse. Contudo, a relação entre Moscovo e Tóquio ultrapassa em larga medida esta disputa territorial e o facto de as partes não terem assinado ainda o Tratado de Amizade pós-guerra não invalida relações de proximidade com enfoque nos temas pragmáticos da cooperação bilateral, incluindo comércio e bens energéticos. Exemplo disto mesmo tem sido a cooperação desenvolvida no âmbito de investimentos na Ásia Oriental, onde o Japão fornece tecnologia e apoia o desenvolvimento de projectos energéticos conjuntos, como o Sakhalin-1 e o Sakhalin-2 (petróleo e gás) (Mito, 2000: 10).

Em Janeiro de 2003, Putin e Koizumi reuniram-se em Moscovo e delinearam um plano de acção para o desenvolvimento das relações bilaterais em diferentes áreas, com a dimensão económica a assumir prevalência, mas também incluindo o nível cultural e social, de novo sublinhando a nova estratégia russa de conjugação de novas dimensões de actuação às tradicionais como forma de consolidar confiança e melhor avançar os seus interesses. A questão da disputa fronteiriça, que parece não ter fim à vista, manteve-se à margem das conversações, tendo sido aproveitada a ocasião para se formar um Comité de Sábios para apoiar a reflexão sobre estratégias de resolução política da disputa, cujos resultados foram sempre muito limitados e sem sucesso até ao final da presidência Putin.

Para a Rússia, o Japão é um grande recurso externo para o seu desenvolvimento interno, especialmente nas áreas a leste. É um recurso que Moscovo tem de saber como capitalizar. Para o Japão, a Rússia pode ser uma das suas maiores fontes energéticas e constituir um amigo no continente asiático. [...] um compromisso entre as partes deveria ir além da questão fronteiriça e poderia passar pelo apoio russo à entrada do Japão como membro permanente do Conselho de Segurança das Nações Unidas, incluindo ainda colaboração em matéria de segurança (Trenin, 2006: 121).

No entanto, o alinhamento nipónico com Washington é reprovado em Moscovo e a proposta de instalação do escudo de defesa antimíssil norte--americano também em solo japonês estigmatizou ainda mais a relação. A Rússia argumenta que a concretização desta instalação pode desencadear uma corrida ao armamento na região com potencial destabilizador. O Ministro dos Negócios Estrangeiros do Japão, Masahiko Komura, afirmou que, «de acordo com a Constituição japonesa, temos poder puramente defensivo, um escudo que nos protege em caso de ataque. [...] E gostaria de deixar claro que não prevemos de forma alguma um ataque da parte da Rússia» (Komura citado em Reuters, 2007). O Ministro dos Estrangeiros russo respondeu que «a cooperação entre o Japão e os Estados Unidos na defesa antimíssil é uma preocupação para nós. Estamos contra a criação de um sistema de defesa antimíssil como forma de alcançar superioridade militar. A instalação de tal sistema irá encorajar uma corrida armamentista a nível regional e global» (Ria Novosti, 2007).

Para alguns, esta militarização russa surge como resposta ao que a Rússia entende como um beco sem saída. «[A] Rússia não tem alternativa no novo sistema. Pode fazer uma aliança forte e duradoura com a China (por razões demográficas) ou a Índia (Nova Deli também se voltou para os EUA há algum tempo) [...] e não há parceiros de confiança no horizonte, para além dos países ocidentais» (Polikanov e Timmins, 2004: 231). Parece, no entanto, um cenário demasiado dramático face ao potencial de cooperação existente na área, embora se reconheçam as tendências de competição também presentes. Mas a Rússia não pode simplesmente voltar as costas à Ásia Oriental, uma área de grande relevância na sua política de afirmação e onde, apesar da adversidade, Moscovo tem recordado continuamente os seus parceiros de que é também um jogador activo (Freire, 2008c: 238-243). Além do mais, esta é uma dimensão essencial na complementaridade que oferece às relações de Moscovo a ocidente.

Rússia, China e Índia: triangulação de poder?
A ideia de um "triângulo estratégico" entre Moscovo, Pequim e Nova Deli foi avançada em 1998 pelo então primeiro-ministro russo, Yevgeny Primakov,

aquando da sua visita à Índia, como uma «força para uma maior estabilidade regional e internacional» (Pant, 2004: 313; AFP, 1998). Assim, esta política de equilíbrio nas políticas da Ásia Oriental não é uma tendência nova pós-11/9, embora tenha certamente sido reforçada após os ataques terroristas e o contexto que se seguiu. Contudo, esta aproximação parece mais o resultado de uma dinâmica negativa de contornar a primazia norte-americana do que genuinamente construída sobre princípios partilhados e objectivos comuns. Uma aproximação sino-russa sólida, apesar dos contactos crescentes, não parece ter um efeito de longo alcance dadas as dinâmicas regionais de competição, em particular no que toca a fontes energéticas e projecção de poder (Lo, 2004; Katz, 2006a). Além do mais, a rivalidade indo-chinesa não augura nada de bom para uma triangulação de poder cooperativa.

O peso diferenciado destas potências resulta num triângulo desarticulado, onde as relações de poder não estão equilibradas e onde os arranjos políticos, económicos e de segurança que as unem também diferem. Apesar do potencial para a cooperação em termos económicos e militares ser substancial, factores políticos e sociais obstam a uma relação livre de constrangimentos geopolíticos. Temas relacionados com minorias e competição entre gigantes por afirmação regional são disso exemplo.

No entanto, as agendas têm sido dominadas pelo poderoso elemento de contrapeso aos EUA, com base no princípio de que «quanto mais a Rússia e outras nações asiáticas cooperarem entre elas na criação de um sistema multipolar nesta região, mais a Rússia e outros esperam poder limitar os EUA na prossecução de objectivos que todos (especialmente a Rússia) aprovem» (Katz, 2006a: 147). Uma posição que tem sido reafirmada com o tempo, com a Cimeira Trilateral de Outubro de 2007 a definir a cooperação como «benéfica ao processo de multipolaridade global» e a sublinhar a tendência anti-EUA a par do apoio partilhado às Nações Unidas. Os três também reconheceram o seu papel na contribuição para a «paz mundial, segurança, estabilidade e prosperidade» (MNE da Federação Russa, 2007), exigindo assim contenção à hegemonia norte-americana. De acordo com fontes russas, o carácter multidimensional das relações e a «cooperação mutuamente benéfica tornaram-se uma característica distintiva das relações com os nossos grandes amigos asiáticos – China e Índia» (Igor Ivanov, 2003: 37).

> Uma das direcções cruciais da política externa russa na Ásia é o desenvolvimento de relações amigáveis com os Estados líderes na área, primeiramente a China e a Índia. A convergência das abordagens fundamentais da Rússia e da RPC nos

temas centrais da política mundial constitui um dos pilares de base da estabilidade regional e global (FPC, 2000).

Nesta óptica de consolidação da estabilidade regional e de contenção do envolvimento dos Estados Unidos na área e de promoção de uma ordem multipolar, dois competidores regionais – a China e a Rússia – cooperam num formato multilateral, para onde têm tentado cooptar a Índia, numa lógica com motivações de contrapeso, ou seja, uma lógica negativa. As bases desta atitude cooperativa não estão no reconhecimento simples de benefícios mútuos, mas antes numa leitura de contraponto aos Estados Unidos, com o objectivo explícito da contenção de Washington. De facto, «Índia, China e Rússia reunidas contam com cerca de 40% da população mundial, um quinto da sua economia e mais de metade das suas ogivas nucleares» (*The Times*, 2007), conferindo contornos interessantes a esta triangulação de poder, incluindo no exercício de contrapeso à primazia norte-americana.

Estas declarações demonstram a sua partilha do discurso multipolar e de luta contra o terrorismo, que levou a uma posição comum relativamente ao Iraque em 2003, e a partilha de uma abordagem comum face ao Irão, com o qual têm importantes relações comerciais, em particular em termos militares e energéticos. Excluem ainda a ingerência externa em assuntos que definem como internos e da exclusiva competência dos seus poderes soberanos, como é o caso das reivindicações independentistas que têm ocorrido, por exemplo, na Chechénia (Rússia) e na província de Xinjiang (China) ou da instabilidade no nordeste da Índia. Neste contexto, os russos afirmam que a «cooperação multidimensional, mutuamente benéfica tornou-se uma característica distintiva das relações com os nossos grandes amigos asiáticos – China e Índia» (Igor Ivanov, 2003: 37; ver também Khana, 2005: 21-27).

Contudo, a aproximação da Índia à Rússia faz parte em larga medida do esforço indiano de conter o poder crescente da China na Ásia Oriental. A Índia entende as manobras chinesas de desenvolvimento de rotas energéticas no Paquistão, Bangladesh e Myanmar como «parte de uma estratégia de envolvimento – "fio de pérolas" – económico e militar no sul e centro da Ásia» (Bajpaee, 2007). Além do mais, «como a Índia e China procuram acesso energético à Ásia Central – uma região dominada pela Rússia – a postura da Índia próxima a Washington pode levar a Rússia a favorecer a China ou o Japão em futuras explorações petrolíferas e de gás e acordos relativos a trânsito» (PINR, 2006). Deste modo, há sempre uma tensão subjacente a esta relação triangular, onde a flexibilidade é um ingrediente essencial ao equilíbrio de interesses divergentes.

A Estratégia Energética Russa até 2020, aprovada em Maio de 2003, refere explicitamente a dimensão regional, demonstrando o entendimento do Kremlin da questão energética como não unidireccional, uma vez que a Rússia é produtora, o que lhe confere poder, mas é também vendedora, o que exige flexibilidade negocial. Além do mais, se regionalmente enquadrada, a questão energética pode jogar a favor da Rússia na sua política de afirmação, como por exemplo no que respeita aos diferendos entre a China e o Japão por acesso a rotas energéticas com origem russa, mas também à competição regional entre a China e a Índia.

Em Julho de 2002 a China começou a construção do maior oleoduto do mundo, de Sin-Kiang a Xangai, recorrendo a recursos cazaques, numa discussão acesa com a Índia que pretendia também participação alargada e vantajosa neste projecto, mas que ficou a perder para a China (Marchand, 2007: 355). As infra-estruturas que passam por países como o Afeganistão e o Paquistão, apesar de logicamente fundamentais, nos tempos mais próximos estão politicamente excluídas por razões óbvias (Marchand, 2007: 355), o que também implica esforços de investimento adicionais em rotas alternativas. Deste modo, o acesso indiano a gás do Qatar ou a recursos indonésios torna-se mais acessível. Estas lógicas de diversificação não retiram à Rússia benefícios do potencial económico que estes dois grandes consumidores apresentam, dada a necessidade substancial de recursos sob demanda.

Dificuldades a ocidente têm, em certa medida, promovido a aproximação entre a Rússia e a China, bem como com a Índia, embora em menor grau com esta última. Dado o complexo jogo geoestratégico, em particular em matéria energética, permanece em aberto o modo como se poderão desenvolver e implementar quadros de cooperação. Os temas de segurança, os alinhamentos políticos e as questões económicas também são parte constituinte fundamental deste jogo político, quer constrangendo opções, quer abrindo novas oportunidades de cooperação. Os padrões mudam, essencialmente devido a abordagens competitivas, mas o desenvolvimento de maior colaboração a leste parece ser uma tendência subjacente sempre que as relações entre a Rússia e os seus parceiros a ocidente se tornam mais difíceis.

Parece assim que, apesar da potencialidade subjacente à triangulação de relações entre a Rússia, a China e a Índia, ainda permanecem muitos obstáculos que poderão impedir que alguma vez esta se transforme numa relação de cooperação reforçada e assente em três pólos: sendo claramente a rivalidade intra-regional a prevalecer nesta dinâmica, apesar do efeito minimamente agregador de esforços promovido pelo envolvimento alargado dos Estados Unidos na área (com menor efeito na Índia, conforme já foi analisado). «Apesar da "parceria estratégica" com a China não ser uma aliança, ela fortalece a voz da Rússia bem como a da China numa escala global e na Ásia constitui o cerne de uma combinação significativa» (Lukin, 2006: 162). A adição da Índia a esta relação procura fortalecer um eixo estratégico essencial no mapa estratégico a oriente, de acordo com os objectivos de Putin. Isto é prosseguido não só através dos vários acordos bilaterais em diferentes áreas entre a China e a Rússia, e em menor grau envolvendo a Índia, mas também, e muito particularmente, no âmbito da Organização de Cooperação de Xangai.

A "OTAN do Oriente": Organização de Cooperação de Xangai

A criação da Organização de Cooperação de Xangai, em Junho de 2001, seguiu o "espírito de Xangai", baseado em princípios de confiança mútua, na procura de benefícios mútuos, igualdade entre os membros, conversações e respeito pela diversidade, com vista a promover a cooperação em matéria militar e de segurança, incluindo tornar-se um bloco militar regional significativo (Kapila, 2006). A Declaração Conjunta sobre a Ordem Internacional no Século XXI, de Julho de 2005; e a primeira Cimeira Rússia-ASEAN (Associação das Nações do Sudeste Asiático), em Dezembro de 2005, são movimentos expressivos na promoção de interligações regionais. Estes têm sido descritos oficialmente como resultado do esforço regional de integração, logo numa lógica de cooperação positiva, e não, como muitas vezes veiculado a nível não oficial, direccionados para contrapor à primazia norte-americana. As possibilidades e limites da Organização de Cooperação de Xangai reflectem as mesmas ambivalências existentes nas relações entre a Rússia e a China, uma vez que, em grande medida, estão ausentes objectivos positivos comuns.

Por exemplo, a China procura mercados e recursos energéticos; a Rússia visa recuperar o seu estatuto de liderança no seio da CEI, bem como o de superpotência na arena internacional; e os regimes da Ásia Central consideram a Organização de Cooperação de Xangai como a sua garantia política de sobrevivência (Haas, 2006). Assim, as possibilidades estão todas em aberto e o jogo geoestratégico está em curso. Deve ser notado, contudo, que a «cooperação entre os seus membros e observadores é essencialmente baseada num objectivo estratégico negativo: contrabalançar a influência ocidental e dos EUA» (*ibid*). Em 2005, a Índia e o Paquistão foram admitidos como observadores, um reflexo deste entendimento da função de equilíbrio que a Índia pode e deve desempenhar na área. Além destes, o Irão e a Mongólia são também Estados observadores.

Os objectivos subjacentes à Organização de Cooperação de Xangai incluem, deste modo, o controlo da Ásia Central e a imposição de limites à influência dos EUA, fornecendo um contexto institucional para conter o terrorismo e promover a cooperação de segurança na área, oferecendo um equilíbrio institucional ao poder sino-russo e aos interesses diferenciados em competição, funcionando como instrumento de contenção. Exemplo disso foi a inclusão do Paquistão como observador, após insistência da China, para equilibrar um potencial bloco indo-russo. Simultaneamente, como parte das tentativas russas de inversão do poder proeminente chinês dentro da organização, a Rússia desenvolveu esforços para aproximar a Organização do Tratado de Segurança Colectiva a este formato. Em Outubro de 2007, foi acordada uma maior colaboração entre os dois fóruns, marcada no entanto por reticências da China quanto a um envolvimento próximo entre as duas organizações e as consequências que o mesmo poderia acarretar em termos dos equilíbrios de liderança.

Ainda em 2007, no seguimento de uma proposta do presidente russo, Vladimir Putin, a Organização de Cooperação de Xangai fundou o "Clube Energético" para coordenar estratégias energéticas. Inclui grandes produtores, como a Rússia, o Cazaquistão e o Usbequistão, e grandes consumidores, incluindo a China e a Índia, no seguimento de uma estratégia, em termos energéticos, de união de produtores, consumidores e países por onde se efectua o trânsito, com o objectivo de aumentar a segurança energética na área (Haas, 2007b; Luzyanin, 2007).

Mas embora os Estados Unidos tenham consciência das contrariedades no fortalecimento desta relação estratégica entre duas potências em competição na região, não deixam de demonstrar precaução face à dinâmica de aproximação. «A Rússia e a China têm tido sucesso em usar a forte aversão dos Estados Unidos face ao terrorismo desde 11/9 para os seus próprios fins – para lidar com a insurgência islâmica nos seus territórios» (Pant, 2004: 315; ver também Laumulin, 2007: 163-180). Trata-se de uma leitura que cria incerteza e desconforto nas políticas dos Estados Unidos para a área. Contudo, «[n]ão só a Rússia, a China e a Índia são demasiado fracas para contrabalançar o poder dos Estados Unidos numa medida significativa, como também o fascínio do poder norte-americano permanece demasiado forte para lhe resistirem» (Pant, 2004: 313). Assim, a ideia gizada de criação de um "triângulo estratégico" permanece ainda distante. As políticas norte-americanas levaram à aproximação da Rússia e da China, às quais a Índia se juntou devido à sua preocupação de longa data quanto à necessidade de uma ordem mundial multipolar. No entanto, parece claro que «a política russa para a Ásia não é resultado de uma doutrina, mas baseada no pragmatismo, e as políticas dinâmicas nesta área são contrabalançadas pelo domínio óbvio da sua política europeia» (Selezneva, 2003: 19).

Assim, este envolvimento regional parece reflectir um sentimento de desafio ocidental a áreas naturais de influência, de uma natureza estratégica relevante, como a Ásia Central e o Cáucaso do Sul. Mas não podemos esquecer o facto de estas mesmas áreas estarem sujeitas à competição regional e a um jogo de medição de forças entre a Rússia e a China, onde as políticas de poder jogam um papel fundamental. Mas tal como a Rússia procura posições de equilíbrio face aos Estados Unidos, a China faz o mesmo, evitando ser marginalizada nas questões de segurança internacional, desempenhando, por exemplo, um papel activo nas negociações com a Coreia do Norte, papel este muito apreciado por Washington (Pant, 2004: 324).

Esta mesma lógica aplica-se às possibilidades e limites da Organização de Cooperação de Xangai, uma vez que, em grande medida, estão ausentes objectivos comuns. Isto significa que várias possibilidades permanecem em aberto, com políticas de aproximação, colaboração, equilíbrio, competição e confrontação, sendo constantemente reequacionadas, quer em Moscovo, quer em Pequim. Neste quadro, a questão do Afeganistão e a instabilidade no Paquistão não podem nem devem ser descuradas, especialmente num contexto onde poderão funcionar como peões catalisadores de maior colaboração entre os Estados Unidos e a Federação Russa na área, conforme já foi analisado.

Em Agosto de 2007, os membros da Organização de Cooperação de Xangai assinaram um "Acordo de Longo Prazo sobre Relações de Vizinhança", assente em questões energéticas, segurança e cooperação, que consiste numa extensão do processo de integração regional. A par de grandes operações militares no contexto da Organização de Cooperação de Xangai, como a Missão de Paz 2007, envolvendo todos os membros (RFE/RL, 2007b), parece que a Organização de Cooperação de Xangai se está a tornar a organização regional líder, com base no potencial dos seus membros e projectando poder no jogo regional. Contudo, também inclui elementos de controlo. De facto, «ainda prevalece, na base, uma desconfiança fundamental entre os membros do grupo e a desconfiança sobre as intenções russas, particularmente da China e entre os membros mais pequenos do grupo, é de facto a principal falha desta organização» (Innes-Ker citado em Pannier, 2007).

No entanto, a negociação resultante de uma maior aproximação face ao contrapeso aos EUA pode funcionar como aspecto fundamental na colaboração conjunta, fortalecendo o papel da Organização de Cooperação de Xangai na

Ásia Oriental, seguindo um curso rápido de afirmação. Assim, os sentimentos anti-americanos podem ser suficientes no actual contexto regional para permitirem o fortalecimento deste quadro institucional, desempenhando um papel de dupla limitação: quanto às relações entre os membros e relativamente aos EUA.

Putin afirmava em 2004 que, «ao unirmos os nossos esforços regionais, poderemos alcançar um resultado sério que projecte o prestígio da Organização de Cooperação de Xangai na arena internacional. [...] Somos países de uma região, somos vizinhos. Estamos ligados por problemas comuns, interesses comuns, e fronteiras comuns» (citado em Pannier, 2004). Sublinhando áreas reconhecidas por todas as partes como centrais ao fortalecimento de relações neste quadro, Putin entende que as relações desenvolvidas a nível bilateral, trilateral e multilateral, desde que dentro de contornos entendidos por Moscovo como centrais aos seus interesses, permitirão a promoção da Rússia, a consolidação de dinâmicas de crescimento interno e, consequentemente, a projecção da sua política externa.

CAPÍTULO 8

A RÚSSIA E O "GRANDE MÉDIO ORIENTE"[26]

Neste capítulo analisa-se a política externa russa face ao denominado Grande Médio Oriente, um quadro securitário complexo onde a combinação de dinâmicas de cooperação e de competição marca as relações entre os actores na área. Sob uma perspectiva político-securitária, são identificadas duas dimensões de análise: a da gestão da conflitualidade e participação da Rússia no Quarteto negocial para a resolução do conflito israelo-palestiniano; e a de um contexto securitário denso, onde a luta contra o terrorismo e o ressurgimento do radicalismo islâmico, a questão armamentista e a gestão energética, assumem prioridade. A Rússia procura conciliar interesses com oportunidades, num cenário onde políticas de contenção, projecção e envolvimento se conjugam na delineação do que Moscovo pretende sejam contornos favoráveis às suas opções e acções. Deste modo, a política externa russa pragmática, assertiva e multivectorial afirma-se no Grande Médio Oriente em todas as suas componentes, com o objectivo subjacente de afirmação russa no cenário internacional.

A definição de prioridades em relação ao Médio Oriente no conceito de política externa apresentado por Vladimir Putin no início da sua presidência (FPC, 2000) concentrava-se essencialmente no fortalecimento da posição russa na área, especialmente em termos económicos, emergindo num plano secundário nos objectivos de política externa de Moscovo. No entanto, ao longo da presidência de Putin denota-se um aumento gradual da relevância do Médio Oriente no quadro da política externa, com um aumento das actividades relacionadas com a área. Este resulta de vários desenvolvimentos, incluindo a intervenção norte-americana no Iraque (2003), o estreitamento de contactos com Israel e a Síria, e a crescente pressão da questão iraniana. Pontos estes que se tornaram obrigatórios na agenda de política externa russa para o Médio Oriente.

> A Rússia vai trabalhar para estabilizar a situação no Médio Oriente, incluindo a zona do Golfo Pérsico e Norte de África, tendo em conta o impacto que a situação na região tem na situação mundial. Com base no seu estatuto de co-patrocinador do processo de paz, a Rússia pretende prosseguir uma participação

---

[26] Este capítulo tem por base um texto publicado na Revista *Nação e Defesa* (Freire, 2008d).

activa na normalização da situação pós-crise na região. A prioridade da Rússia neste contexto será o restauro e fortalecimento das suas posições, particularmente económicas, nesta região do mundo, tão rica e tão importante para os nossos interesses (FPC, 2000).

No mapa geoestratégico da política externa russa, o Grande Médio Oriente assume relevância acrescida ao incluir o Cáucaso do Sul, o Irão e a Turquia e, deste modo, ao adicionar ao jogo estratégico e de influências a pesada carta energética em termos de produção, rotas de trânsito e abastecimentos. Desta forma, o Médio Oriente tem-se apresentado à Rússia como uma área estratégica relevante em termos político-securitários e de crescente importância na sua agenda internacional. A presença de Moscovo no Quarteto é a demonstração da sua relevância no quadro internacional e do estatuto que procura reafirmar neste mesmo quadro. Estes alinhamentos, bem diferentes das relações informadas pela orientação ideológica característica do período de Guerra Fria, assumem contornos diferenciados e menos vincados que tornam as leituras dos relacionamentos, hoje com cariz fluído e interdependente, mais complexas.

A Rússia no Quarteto: ambivalência, contenção e duplicidade

O Quarteto é um grupo informal, criado em finais de 2001, e que inclui desde a sua formação a União Europeia, as Nações Unidas, a Rússia e os Estados Unidos como mediadores no processo negocial israelo-palestiniano. Mas o padrão tradicional das relações e dos apoios, tão marcado no período de Guerra Fria, tem vindo a dar lugar a reajustes, com uma maior aproximação de Moscovo a Israel, de algum modo contrariando o apoio tradicional à causa palestiniana (embora não o questionando), e pressões russas para um maior envolvimento da Síria em todo o processo. Desenvolvimentos recentes reflectem estas alterações: as «conversações israelo-sírias foram reavivadas com mediação turca. A França está preparada para actuar como intermediária. Washington é ainda um actor principal e Damasco admite que, sem a sua aprovação explícita, qualquer acordo poderá ser posto em questão» (Appakova, 2008). A mediação turca e o envolvimento da Síria através da abertura de conversações que quebram o seu isolamento têm incutido um novo dinamismo ao processo negocial. «O novo Quarteto é uma simbiose interessante de forças e interesses. Está a construir um eixo do Golfo Pérsico ao Mar Negro via Mediterrâneo e a unir todos os problemas regionais, do Irão ao Cáucaso, incluindo o Médio Oriente, num todo integrado» (Appakova, 2008).

Distanciando-se do quadro ideológico das décadas de rivalidade bipolar, a Rússia tem solidificado a sua relação com Israel, enquanto mantém o seu apoio à Autoridade Palestiniana e a uma solução que passe pela realização das suas aspirações territoriais. Quanto aos aliados árabes, nem sempre é fácil a gestão de críticas do que parece duplicidade na política externa russa para a questão: o apoio à causa palestiniana lado a lado com relações próximas com Israel. Claramente, o peso da ideologia deu lugar à economia na gestão das relações. Nas palavras do Ministro dos Negócios Estrangeiros Russo, Sergey Lavrov, «a política russa nem é pró-árabe nem pró-israelita. Tem por objectivo defender os interesses nacionais russos. A manutenção de relações próximas e amigáveis com Estados árabes é um deles» (Borisov, 2004).

A duplicidade da Rússia face ao conflito israelo-árabe revela-se mais enquanto parte de uma estratégia de influência numa área alargada que se assume de crescente relevância para Moscovo do que como reflexo do contexto de tensão entre Moscovo e o Ocidente. Este argumento é evidenciado na política russa na Chechénia como forte condicionante da sua atitude perante este conflito. A luta contra o terrorismo e a crescente influência de grupos radicais islâmicos, por um lado, e a procura de ajustamento de interesses e relacionamentos com o mundo islâmico, por outro, demonstram-no. Isto significa e traduz-se num tratamento diferenciado de grupos muçulmanos no seio da Rússia e para além das suas fronteiras.

No entanto, os argumentos russos são claros: a sua política repressiva dirige-se a grupos radicais islâmicos perpetradores de instabilidade nas suas fronteiras a sul e não necessariamente à comunidade islâmica enquanto expressando uma forma de organização e vivência diferenciadas. Nas análises comparativas entre chechenos e palestinianos, esta ambivalência torna-se clara. À procura de dividendos em resultado de apoios no seio de Israel, face ao discurso da luta contra o terrorismo, contrapõe-se a incongruência derivada da política dupla de Moscovo de aproximação a Israel ao mesmo tempo que mantém o seu apoio aos palestinianos. Deste modo, qualquer exercício comparativo torna-se insustentável.

No entanto, é de sublinhar que esta parece ser uma relação bastante personalizada e que se distancia claramente da postura de muitos elementos da elite no Kremlin (Katz, 2005: 51-59). E este factor é essencial nas interrogações sobre o futuro, pois as alterações ao nível da governação poderão fragilizar laços centrados em lideranças e, de novo, transpor a discussão para os quadros decisórios mais abrangentes de política externa. A substituição de Putin na presidência russa, a morte de Arafat e as alterações na liderança israelita poderão conjugar-se num novo desalinhamento.

Mas para além da questão da personalização de relações, outros factores intervenientes ajudam a compreender a complexidade destas relações que ultrapassam as tradicionais alianças e alinhamentos, dando lugar a uma teia complexa de relações nem sempre previsíveis. Vejamos: a Rússia e Israel cooperam na articulação de estratégias antiterrorismo, para além da cooperação que desenvolvem a nível comercial e tecnológico, incluindo equipamento militar, especialmente ao nível de meios aéreos. Apesar desta proximidade, a Rússia sente resistência da parte israelita quanto a um maior envolvimento russo no processo negocial do conflito israelo-palestiniano, que advém do contínuo apoio a uma solução que inclua o reconhecimento de um Estado palestiniano independente.

Por seu turno, Israel teme a relação da Rússia com o Irão, especialmente no apoio de Moscovo à opção nuclear de Teerão (que Moscovo sublinha, em linha com as autoridades iranianas, que se destina apenas a fins civis), face à inimizade entre esses dois Estados. Mas a Rússia vende também armas à Síria, o que preocupa Israel, assim como procedeu ao reconhecimento formal do Hamas, não o "catalogando" como grupo terrorista. De facto, em Março de 2006 a Rússia convidou o Hamas a Moscovo argumentando que se encontrava numa posição única para o fazer, uma vez que, diferentemente da União Europeia e dos Estados Unidos, nunca considerou o Hamas uma organização terrorista (Bourtman, 2006), estando por essa mesma razão numa posição privilegiada para dialogar e eventualmente ganhar poder negocial e maior influência no processo.

Por sua vez, os palestinianos, entendendo estas acções como reflexo do apoio de Moscovo, traduzido no posicionamento russo no quadro das Nações Unidas de protesto contra as incursões israelitas nos territórios palestinianos, bem como em defesa de uma solução de reconhecimento das reivindicações destes (Saltanov, 2005), não deixam de se sentir simultaneamente surpresos e inseguros face a uma política russa de proximidade com Israel (Bourtman, 2006; Katz, 2005: 51-59). No entanto, e apesar deste apoio continuado, a Rússia mostra-se relutante em contrariar Israel, que entende como uma fonte valiosa de tecnologias militares modernas (RFE/RL, 2008b) – ou seja, a interligação de apoios na luta contra o terrorismo, de cooperação ao nível do armamento e de questões energéticas a constituírem a essência do emaranhado de relações que se desenvolvem nesta área.

Face a um contexto de tensão nas relações com os Estados Unidos e na influência que o Irão e a Turquia têm enquanto actores regionais na fronteira entre o Cáucaso e o Médio Oriente, estes tornaram-se dois Estados centrais na política russa para o Médio Oriente. Este alinhamento deve, no entanto, ser entendido no quadro mais circunscrito de interesses de política externa da Rússia, nomeadamente na Eurásia, incluindo o Cáucaso do Sul e a Ásia Central. Neste quadro geoestratégico, a intersecção de preocupações securitárias, interesses energéticos e políticas diferenciadas revela a complexidade de análise de (des)alinhamentos pautados não tanto por uma estratégia clara, eventualmente assente em considerações ideológicas, mas mais por opções pragmáticas de política externa.

Um quadro securitário complexo: actores e dinâmicas
O Grande Médio Oriente afigura-se como uma área estratégica onde a luta contra o terrorismo e o ressurgimento do radicalismo islâmico, a questão armamentista e a gestão energética se assumem como tópicos prioritários e simultaneamente geradores de sinergias e rivalidades. A presença da Federação Russa, enquanto observador na Conferência Islâmica e na Liga de Estados Árabes, espelho do desejo russo de maior proximidade aos parceiros árabes num contexto de crescente radicalismo islâmico, é evidente. De facto, a luta antiterrorismo assume prioridade na agenda russa, dada a sua banda sul maioritariamente muçulmana, os desejos expressos de repúblicas maioritariamente islâmicas, incluindo a Chechénia, Inguchétia e Daguestão, de formarem uma grande república islâmica independente da Federação Russa, e a própria guerra na Chechénia ainda bem presente e foco de instabilidade. As ligações económicas, especialmente através da venda de equipamentos militares, tecnológicos e energéticos, incluindo urânio enriquecido ao Irão, a par das rotas da energia que intersectam zonas fulcrais de produção e trânsito, desde o Médio Oriente ao Cáspio e à Ásia Central, definem o quadro geral onde a Rússia procura defender e promover os seus interesses.

Deste modo, o Grande Médio Oriente cruza diferentes níveis de análise, combinando os diferentes níveis regionais identificados com a actuação de actores externos, em particular os Estados Unidos e a União Europeia. A este nível mais macro, as relações da Federação Russa com o Ocidente têm assumido um tom mais duro, de que os acontecimentos no Cáucaso do Sul em Agosto de 2008 são reveladores. De facto, estes resultam de um crescendo da tensão nas relações entre a Rússia e os seus parceiros ocidentais. A discórdia face à intervenção no Iraque, o apoio ao desenvolvimento de energia nuclear no Irão, o escudo de defesa antimíssil e o alargamento da OTAN, entre outros, são disso exemplo.

Por outro lado, a intervenção pós-11 de Setembro de 2001 no Afeganistão mereceu apoio da Rússia, cuja ameaça do regime radical Talibã e a instabilidade daí decorrente constituía uma preocupação partilhada com Washington. A referida intervenção permitiu a presença de tropas americanas no Quirguistão e no Usbequistão como forma de estabilizar as fronteiras com o Afeganistão e apoiar o controlo de movimentações no Vale de Ferghana, incluindo actividades de grupos radicais islâmicos. Estas acções juntam-se às preocupações reais com o radicalismo islâmico na Ásia Central, com a intensificação das actividades do Movimento Islâmico do Usbequistão a alertarem para a seriedade da situação, conforme foi analisado no Capítulo 4.

A Rússia pretende consolidar a sua posição na Ásia Central, sendo que de algum modo a Organização do Tratado de Segurança Colectiva, procurando responder a estas preocupações securitárias, tem funcionado como contrapeso aos Estados Unidos e à OTAN na área. Permite ainda que a Rússia promova a base legal para a permanência de forças russas na área sob o lema da luta contra o terrorismo. Contudo, nem o Usbequistão nem o Turquemenistão são membros desta Organização e, dada a relevância do Usbequistão na área, este factor pode ser claramente limitativo da capacidade russa de actuação. «Em linhas gerais, não é provável que a cooperação no quadro da Organização do Tratado de Segurança Colectiva signifique muito no desenvolvimento de uma identidade regional de segurança ou para responder aos desafios mais prementes da gestão regional de segurança» (Allison, 2004: 473), tal como já foi analisado.

Ainda neste quadro de luta regional contra o terrorismo, a Organização de Cooperação de Xangai tem ganho relevância, apesar de as motivações assentarem essencialmente em questões defensivas de dupla contenção: contenção dos Estados Unidos na área, mas também contenção mútua entre a Federação Russa e a República Popular da China. Em 2005, foi criada no âmbito desta Organização uma Estrutura Regional Antiterrorismo, trazendo a luta contra o terrorismo para o topo da agenda e conferindo à Organização de Cooperação de Xangai um papel crescentemente militar e securitário.

A lógica russa de consolidação de poder e influência inclui também o Cáucaso do Sul, mas aqui assumindo contornos diferentes, na medida em que a relação de Moscovo com as três repúblicas é distinta ao ponto de ser muito próxima em relação à Arménia, de menor influência relativamente ao Azerbaijão e com as dificuldades conhecidas no caso da Geórgia, agravada pela intervenção de Agosto de 2008 e o subsequente reconhecimento da independência das repúblicas da Abcásia e Ossétia do Sul (já após o término da presidência Putin). Na linha da luta contra o terrorismo, compras e vendas de armamento e rotas energéticas, o Azerbaijão é uma república central na produção e trânsito, bem como a Geórgia no que toca às rotas de abastecimento, actualmente comprometidas devido às acções russas na república. As ligações de proximidade entre a Arménia, a Rússia e o Irão permitem à primeira, isolada economicamente, segurança energética e outro tipo de apoios. A inexistência de relações diplomáticas entre a Arménia e o Azerbaijão devido ao conflito do Nagorno-Karabakh, as relações próximas do Azerbaijão com a Turquia, também rival da Arménia, e o posicionamento de interlocução da Geórgia, agora mais frágil, são de modo simplificado reveladores das ambivalências e desequilíbrios na região.

O modo como a Rússia procura articular e projectar os seus interesses na região, com dificuldades acrescidas quando em análise comparativa com a Ásia Central, vem adicionar à complexidade do puzzle que é a área do Grande Médio Oriente. Sucintamente, subjacente a objectivos mais concretos de política externa, em toda esta área a Rússia pretende, numa formulação ampla, reforçar os laços de cooperação na luta contra o terrorismo com parceiros estratégicos; negociar acordos energéticos preferenciais, em alguns casos, em detrimento claro de acções ocidentais; e aumentar o seu poder de influência numa área que considera vital.

Adicionando o vector Médio Oriente, através da negociação de concessões favoráveis e presenças estratégicas, como evidenciado no caso da Síria, e mesmo no quadro negocial do conflito israelo-palestino, Moscovo procura simultaneamente aumentar a sua projecção na área do Médio Oriente enquanto prossegue uma política de contenção do Ocidente. Esta pauta-se não só pela criação de condições adversas que joguem a favor da obstrução dos avanços ocidentais na Ásia Central e no Cáucaso do Sul, como também pela minimização dos ganhos destes na área do Médio Oriente, através de alianças e parcerias que entravam o livre jogo de interesses na região. Este mesmo jogo é alargado ao norte de África, como eventual alternativa em termos de recursos energéticos, área onde a Rússia gere também interesses, como no caso da Líbia,[27] sublinhando mais uma vez este esforço de contenção ocidental e de boicote a políticas de diversificação que contrariam os interesses de Moscovo e, eventualmente, uma posição privilegiada da Rússia enquanto fornecedora destes recursos.

Jogos de influência assimétricos
As relações da Rússia com os actores regionais, em particular a Síria, o Irão e a Turquia, são reveladoras, por um lado, dos interesses russos na área e, por outro, da complexidade existente ao nível de relacionamentos bilaterais e multilaterais.

---

[27] Os exemplos incluem as políticas de aproximação de Moscovo à Líbia e à Argélia.

Neste grande jogo, Moscovo prossegue os objectivos da "nova Rússia" de afirmação e consolidação do seu poder e influência, cruzando estratégias de cooperação, estabilização e compromissos numa formulação que pretende de soma positiva. No entanto, não são isentas de dificuldades.

Síria: para além do isolamento

As relações de Moscovo com Damasco têm sido pautadas pelos vectores securitários identificados ao longo do texto, numa lógica de compromisso. O isolamento sírio, em particular face às suas acções no Líbano e após a Resolução do Conselho de Segurança das Nações Unidas (1559), de Setembro de 2004, exigindo a retirada das forças sírias do Líbano, constituiu um factor de grande relevância na política de aproximação entre os dois países. O isolamento sírio foi entendido em Moscovo como uma oportunidade. Ambos partilham o objectivo contra-hegemónico de contenção dos Estados Unidos e, num contexto de isolamento que exigia a identificação de parcerias alternativas para a aquisição de armamento, a Rússia apresenta-se como uma alternativa viável. Moscovo afirma-se disponível para fornecer armas à Síria e promover um maior envolvimento desta no processo negocial do conflito israelo-árabe, contrariando a política de isolamento a que Damasco está sujeito, enquanto a Síria assina com a companhia russa Tafnet (Março de 2005) um acordo de exploração de novos depósitos de petróleo e gás natural (Katz, 2006b).

Esta política de aproximação e venda de armas não é, contudo, isenta de custos para a Rússia. Israel, em particular, tem revelado o seu descontentamento e desconfiança face a esta atitude russa, tratando-se a Síria de um adversário de longa data. Na "lista de compras" incluem-se mísseis anti-aéreos e terrestres, que as autoridades russas descrevem como "defensivos", num tom de apaziguamento face aos protestos israelitas, procurando mais uma vez gerir políticas contraditórias de apoios (Cohen, 2006). E, na base destas, as ligações claras entre armas e energia destacam-se nas contradições da política externa russa como matrizes de base do processo de envolvimento e negociação que vai pautando as suas orientações no jogo do Médio Oriente.

A 25 de Janeiro de 2005, Putin e Bashar al-Assad, presidente da Síria, reuniram-se no Kremlin. Após o encontro foi anunciado que a Rússia perdoava a dívida Síria acumulada na era soviética. Foi ainda reforçada a cooperação em matéria energética entre os dois países. A venda de armamento russo à Síria foi objecto de críticas, mas as partes sublinharam não se tratar de qualquer gesto ofensivo dirigido especificamente a um país, mencionando explicitamente Israel (RFE/RL, 2005a; 2005b). A divulgação de informação de que Moscovo poderia vender mísseis à Síria foi negada, mas o Ministro da Defesa, Ivanov, não deixou de sublinhar que apesar de não estarem a decorrer conversações nesse sentido, «esses mísseis não estão cobertos por nenhuma limitação no âmbito das obrigações internacionais assumidas pela Rússia. Não há quaisquer limitações ao envio desses mísseis para países estrangeiros» (citado em Synovitz, 2005).

Num reforço desta projecção russa, que – num jogo assimétrico de influências e parcerias, em particular em torno da venda de armas, luta contra o terrorismo e questões energéticas – procura aumentar o seu poder de influência na área, Moscovo tem procurado negociar a sua presença em bases navais sírias para ganhar acesso ao Mediterrâneo, um objectivo há muito almejado pelo Kremlin. Uma porta de entrada nos mares quentes permitiria à Rússia reformular rotas, aumentar influências e gerir diferenças numa óptica de maiores ganhos para Moscovo. Um passo adiante na lógica de projecção de poder da nova Rússia.

Irão: o parceiro difícil

O Irão tem-se assumido como centro de polémica devido ao seu programa nuclear, descrito pelas autoridades do país como sendo para fins civis, mas questionado internacionalmente quanto ao seu verdadeiro alcance. Há relatórios que apontam para a tentativa iraniana de desenvolvimento de capacidades de enriquecimento de urânio, o que a república islâmica nega, afirmando que as suas actividades nesta matéria se destinam apenas a fins civis, não constituindo qualquer contrariedade aos princípios do Tratado de Não-Proliferação Nuclear. Além do mais, atestam a sua cooperação com a Agência Internacional da Energia Atómica nesta matéria, sublinhando no entanto problemas vários com a Agência em matéria de verificação de informação que as autoridades de Teerão identificaram como sendo incorrecta e enviesando os esforços negociais em curso (IAEA, 2008). Os Estados Unidos, a Rússia, a China, o Reino Unido, a França e a Alemanha têm estado envolvidos em negociações com o Irão no sentido da clarificação de políticas e de negociação de alternativas no que concerne ao desenvolvimento de energia nuclear naquele país.

Nesta matéria, a Rússia tem desempenhado um importante papel de mediação, procurando evitar que a retórica confrontacionista que tem envolto a questão, num tom crescentemente acentuado, dê lugar a uma política de acção e intervenção, para além das medidas sancionatórias já adoptadas no quadro do Conselho de Segurança das Nações Unidas (ONU, 2006a, 2006b, 2007). De facto, Moscovo tem sido um dos principais intervenientes na tentativa de conter os esforços de isolamento do país. No entanto, não sem restrições. Uma ocasião clara foram as declarações do Presidente iraniano, Mahmoud Ahmadinejad, em Outubro de 2005, com grande eco internacional, de que «Israel deveria desaparecer do mapa» (Fahti, 2005; BBC News, 2005) e que foram objecto de duras críticas de Moscovo, que não pretende um cenário de escalada na retórica e consequentemente de possível escalada nas acções, que, na eventualidade de assumirem um carácter militar, entrariam em contradição directa com os interesses russos na área.

Com muitos altos e baixos, manifestações de apoio e suspensão prática de acções de cooperação, propostas e contrapropostas, incluindo em matéria de enriquecimento de urânio em território russo, a Rússia completou a entrega de 82 toneladas de energia para o reactor nuclear iraniano de Bushehr, que está em condições de começar a operar a 50% da sua capacidade (Land, 2008: 14; Aras e Ozbay, 2006: 134). Nesta lógica, e como forma de resposta e simultaneamente de mecanismo de contenção, a Rússia e o Cazaquistão acordaram quanto à construção de um centro de enriquecimento de urânio com o objectivo de fornecer de forma segura a matéria energética necessária para o funcionamento dos reactores atómicos, sob supervisão da Agência Internacional para a Energia Atómica, e com apoio de vários países do Médio Oriente, incluindo o Egipto, Turquia e Arábia Saudita, principais rivais do Irão. Por exemplo, a fábrica de Angarsk, na Sibéria, fez parte do programa nuclear soviético. Actualmente, fornece urânio enriquecido a reactores nucleares civis em vários países europeus, na China, na Coreia do Sul e nos Estados Unidos. Na mesma linha, esta proposta permitiria dissuadir receios quanto às reais intenções iranianas, uma vez que, tal como para Washington, um Irão nuclear não é do interesse da Federação Russa. Contudo, o alcance destas negociações tem sido limitado, com as autoridades de Teerão a mostrarem-se reticentes, embora esta seja ainda uma possibilidade em aberto.

A relação com o Irão revela-se fundamental porquanto a Rússia consegue neutralizar a influência iraniana na Chechénia e noutras questões islâmicas que define como uma ameaça, em particular nas suas repúblicas do sul. O Irão entende a sua aliança com a Rússia como um factor de protecção contra a ira ocidental, com Moscovo, por exemplo, a travar a adopção de sanções no seio do Conselho de Segurança. Um exemplo recente prende-se com as negociações para uma quarta ronda de sanções face ao incumprimento iraniano de compromissos internacionalmente acordados, à qual a Rússia se opõe, com o aval da China. O pacote de incentivos financeiros oferecido ao Irão no Verão de 2008, para que suspendesse o programa nuclear no formato que tem sido prosseguido, seguindo-se já a outras propostas anteriores, foi mais uma vez objecto de recusa de Teerão. As autoridades iranianas continuam a sublinhar a relevância do programa nuclear para o desenvolvimento do país, e a sua natureza pacífica. Ao manter esta postura de continuidade no diálogo, apesar das muitas dificuldades, a Rússia mantém uma posição de domínio no mercado nuclear iraniano, reforça a sua credibilidade como mediadora entre o Irão e os outros actores na área e aumenta a sua influência sobre o Irão, maximizando considerações geopolíticas de segurança (Aras e Ozbay, 2006: 139).

A Rússia e a China têm votado juntas no Conselho de Segurança na questão iraniana, mas têm também competido por contratos de construção de instalações nucleares no Médio Oriente (Land, 2008: 15). Uma constante duplicidade sublinha esta relação marcada por interesses partilhados, mas também por marcos de desacordo. A luta contra o terrorismo no quadro da Organização de Cooperação de Xangai e o reforço da cooperação securitária neste âmbito têm permitido uma maior proximidade, mas numa lógica de dupla contenção, como já foi referido. Na Cimeira da Organização de Junho de 2006, os Presidentes Vladimir Putin e Hu Jintao sublinharam a necessidade de resolução do problema por meios pacíficos. A participação do Irão como observador na Organização tem permitido aumentar os canais de diálogo. No entanto, a hipótese de o Irão vir a solicitar a adesão, intenção já manifestada publicamente,[28] pode alterar as regras do jogo.

Se para o Irão o facto de ser membro formal da Organização lhe permitiria outra capacidade de expressão internacional, alheada do isolacionismo e mais protegida de acções de retaliação do Ocidente, por outro lado colocaria a Rússia e a China numa situação delicada face a uma possível tendência para a instrumentalização da Organização de Cooperação de Xangai como mecanismo de oposição e, mais ainda, de confrontação directa ao Ocidente. Desenvolvimentos que se poderiam revelar desvantajosos para Moscovo e Pequim, eventualmente numa situação extrema, acabando por envolvê-las num conflito armado que ambas pretendem evitar. De facto, apesar da retórica por vezes dura, nem a China nem a Rússia têm interesse num corte de relações com Washington, apesar das muitas divergências existentes.

---

[28] Declarações do Ministro dos Negócios Estrangeiros iraniano, Manuchehr Mottaki, confirmam a intenção e, por exemplo, o actual Secretário-Geral da Organização, Bolat Nurgaliev, já manifestou o seu apoio à candidatura. Ver Najibullah (2008).

A Rússia tem interesse numa resolução pacífica da crise com o Irão, com base nas ligações que foi estabelecendo na região, incluindo os seus investimentos no poder nuclear iraniano e nas indústrias de armamento convencional (Land, 2007: 47). Moscovo afirma que tem trabalhado de forma «consistente e consciente», que as suas acções «correspondem aos seus interesses nacionais e que, nesta área, estes são coincidentes com os de vários países europeus e os dos Estados Unidos» (Putin citado por Reuters, 2008). E de facto Washington alinha com a Rússia neste tema e nestes termos. Tanto mais que toda a infra-estrutura energética será sempre um alvo possível e muito plausível em estratégias alargadas de terrorismo internacional. Uma boa gestão das relações com países produtores no Médio Oriente, como o Irão e a Arábia Saudita, são fundamentais para a Rússia, quer face à Índia e à China com procura crescente deste tipo de recursos, quer pelo facto de a Rússia utilizar oleodutos israelitas para o transporte do seu petróleo através do Mediterrâneo para o Índico, passando pelo Suez, tendo em vista estes mesmos mercados asiáticos (Widlanski, 2005).

As relações da Rússia com o Irão passam ainda pela colaboração na contenção da ameaça talibã no Afeganistão, na manutenção da paz no Tajiquistão e na tentativa de controlar os esforços azeris em tornar-se o Estado central no Cáucaso do Sul. Por outro lado, esta cooperação funciona como contrapeso à expansão da OTAN e, neste quadro também, a uma expansão da influência turca para leste. A competição na partilha de recursos no Cáspio tem sido evidente face ao acordo entre a Rússia e o Cazaquistão em Julho de 1998; contudo, o oleoduto BTC e o projecto do gasoduto do Transcáspio ajudaram na aproximação entre os dois face ao envolvimento e influência dos Estados Unidos e alguns países europeus nestes.

Turquia: entre o Leste e o Ocidente

Neste enquadramento lato, as relações com a Turquia são estrategicamente de grande importância. A Turquia importa equipamento militar russo e mais de metade do seu gás natural vem da Rússia. Apesar de competirem relativamente às rotas de trânsito do Cáspio, de que o BTC é o expoente máximo, o gasoduto *Blue Stream*, por exemplo, traz gás da Rússia para a Turquia, denotando a importância da cooperação. Note-se, no entanto, que Ancara foi jogando em várias frentes e procurou atrair projectos energéticos, quer envolvendo a Federação Russa, quer com outros parceiros, assumindo uma postura pragmática e uma política de centralização de condutas que lhe permite um posicionamento de força enquanto rota de transporte e distribuição de recursos energéticos, em diferentes direcções e por vias alternativas.

As relações Rússia-Turquia estão inseridas no contexto mais alargado de competição e rivalidade na Eurásia. Em termos político-diplomáticos, Ankara tem assumido um papel de mediação importante nas conversações entre a Síria e Israel, o que lhe confere peso adicional no quadro estratégico do Médio Oriente. Além do mais, tem-se tornado um actor mais activo e interventivo na área, jogando com o seu próprio posicionamento estratégico. Em termos energéticos, a Turquia é entendida no Ocidente como alternativa à Rússia na lógica de diversificação de rotas e de diminuição da dependência energética de proveniência russa, daí os cuidados acrescidos de Moscovo na gestão desta relação.

É interessante notar que, apesar de os países do Golfo serem ricos em energia e/ou terem infra-estruturas e rotas de trânsito bem estabelecidas para oeste, países como o Irão, o Egipto, a Síria e o Iraque consideram a Turquia um parceiro estratégico nesta matéria. Já a Arábia Saudita, o Qatar, os Emirados Árabes Unidos e Oman não sentem esta necessidade (Tekin e Walterova, 2007: 87-92). Ou seja, a Turquia, enquanto ligação entre o Leste e o Oeste, tem um papel mais visível em relação aos recursos do Cáspio do que aos do Golfo Pérsico. Expressão esta também mais visível nas relações da Turquia a leste.

No âmbito da política externa russa, a Turquia é claramente um elemento geoestratégico relevante, cuja contenção é necessária numa lógica de equilíbrios favoráveis a Moscovo, enquanto uma relação de proximidade serve esta mesma lógica através da capacidade funcional de equilíbrio face a terceiros, nesta imagem do país enquanto elemento de ligação entre Ocidente e Oriente.

Extensão de influência no Grande Médio Oriente?

A política externa russa no Médio Oriente tem-se tornado crescentemente visível, com o Eurasianismo a retornar à agenda, num quadro geográfico ampliado até ao Cáspio e à Ásia Central. No jogo alargado do Grande Médio Oriente, a Rússia joga para ganhar, com ambivalências, contrariedades e duplicidade a acompanhar uma política externa multivectorial e multipolar. As opções russas de conciliação de interesses divergentes têm sido habilmente manobradas num cenário onde factores como a luta contra o terrorismo, a venda de armas e a necessidade de recursos energéticos petrolíferos e de gás se tornam adjuvantes.

Nestas dinâmicas contraditórias, temos a Rússia a armar o Irão e a Síria, e simultaneamente a assinar acordos de cooperação tecnológica e militar com Israel. Temos ainda Moscovo a apoiar uma solução para o conflito israelo-palestiniano que passa pelo reconhecimento territorial da Palestina, incluindo o reconhecimento político do Hamas, enquanto desenvolve relações próximas com Israel. E, nesta mesma linha, a estratégia russa de contenção da ameaça islâmica, no quadro da luta global contra o terrorismo, pode, no entanto, revelar-se incongruente. Nas palavras de Dmitry Suslov, esta atitude constitui um grande risco para a Rússia que, ao oferecer maior legitimidade aos islamistas, pode trazer maior instabilidade ao Médio Oriente e à própria Rússia (Khrestin e Elliott , 2007: 21-28). Ou seja, a forma como Moscovo lida com o islamismo dentro de fronteiras, em particular, no seu território a sul, e com os países árabes nas suas políticas para o Médio Oriente pode traduzir-se numa orientação imbuída de contradições que questione a legitimidade e consequentemente a credibilidade das suas acções.

De modo simplificado, o contexto onde a Rússia projecta o seu poder e influência, e procura capitalizar as suas potencialidades, é um contexto de grande complexidade. As relações desenvolvem-se em diferentes tabuleiros: num nível de análise focalizado onde o papel da Rússia no Quarteto negocial para a paz no Médio Oriente é fundamental; num nível mais amplo onde a Turquia e o Irão se assumem como dois actores geopolíticos essenciais quanto às possibilidades reais de actuação russa; e, numa visão mais macro, nas complexidades geoestratégicas, económicas e políticas de um grande Médio Oriente englobando os interesses da Rússia numa faixa geográfica desde os países do Médio Oriente à Ásia Central. Estes diferentes níveis de análise são crescentemente indissociáveis num contexto de grande interdependência nas relações internacionais e face a temas como a questão energética, os negócios de armas e a segurança internacional em geral.

Nesta área, a Rússia tem conseguido vantagem, mas não substituirá no curto ou médio prazo os Estados Unidos. Tem contudo poder para, e já o demonstrou, perturbar o jogo norte-americano. Talvez a gestão da questão iraniana seja aqui um dos exemplos mais fortes. Desta forma, a intersecção de visões e opções dos diferentes actores reflecte não só dinâmicas regionais próprias, mas também, e em grande medida, o jogo internacional de redefinição da ordem internacional, onde Moscovo, incarnando os objectivos da "nova Rússia", pretende afirmar-se como actor central num multipolarismo crescentemente assimétrico. E, neste contexto, é já claro que a Rússia se tornou um actor fundamental nos problemas do Médio Oriente.

CAPÍTULO 9

UMA POLÍTICA EXTERNA MULTIVECTORIAL: GESTÃO DE EQUILÍBRIOS NUM CONTEXTO DE COMPETIÇÃO INTERNACIONAL

A política externa russa nos anos Putin é expressão do desejo de afirmação de Moscovo enquanto actor regional e global num contexto internacional diferenciado, onde os contornos da nova ordem internacional permaneciam ainda indefinidos. Neste contexto, assume-se como simultaneamente assertiva e defensiva. Assertiva, em áreas consideradas prioritárias pelo Kremlin, sendo esta assertividade clara nos alinhamentos, nos discursos, nas opções e nas acções, quer a nível geoestratégico, incluindo, em particular, o espaço da antiga União Soviética, quer a nível sectorial, por exemplo, relativamente a questões energéticas. Defensiva, no sentido em que é sublinhada pela contenção dos avanços ocidentais em áreas definidas como vitais para o interesse nacional russo. Esta delineação da política externa deve muito aos desenvolvimentos internos, a nível político, económico e social, com uma acentuação muito clara do crescimento económico assente na exploração de recursos energéticos a permitir uma atitude de maior confiança e a fornecer as bases para o processo de afirmação da Rússia no sistema internacional. «A principal tarefa da política externa russa é garantir os nossos interesses nacionais» (Putin, 2003b).

Na Rússia de Putin (2000-2008), a democracia soberana, significando autoritarismo, centralização de poder e participação selectiva e dirigida, caracterizou bem os alinhamentos políticos seguidos, com expressão interna, mas também externa. De facto, a afirmação da Rússia a nível externo tem sido o reflexo da sua imagem de desenvolvimento interno: consolidação de poder e reafirmação do seu estatuto. O anúncio, no início de 2008, do regresso às grandes paradas militares na Praça Vermelha é ilustrativo desta tendência, demonstrando como a recuperação de uma imagem de força é parte integrante desta dicotomia interno/externo. Neste mesmo alinhamento, a participação muito limitada da sociedade civil na modelação de políticas, o imobilismo de grupos da oposição e os limites impostos a liberdades fundamentais, de expressão e outras, adicionam à verticalidade da autoridade e ao centralismo decisório. Note-se que neste contexto a realização de processos eleitorais com ampla expressão de apoio ao poder central, e em particular ao presidente Putin, independentemente da qualidade destes mesmos processos, é sublinhada na Rússia como exemplo de sucesso do modelo de democracia soberana com amplo apoio popular.

Putin definiu a política externa russa como multivectorial e multipolar, contudo, esta foi essencialmente uma definição pela negativa, como forma de contraposição ao poder destabilizador de uma estrutura mundial unipolar, ou seja, definida em grande medida por oposição à primazia norte-americana. Os seus dois mandatos são marcados por acontecimentos vários, incluindo o 11 de Setembro e a intervenção norte-americana no Iraque, por exemplo, que serão claramente orientadores desta postura, exigindo um refinamento na política externa russa no sentido de melhor responder à delineação de uma ordem internacional que entende como desfavorável. Os vectores estruturantes da política externa russa vão reflectir estas preocupações e servir de guia à actuação de Vladimir Putin enquanto presidente da Rússia.

No documento de 2000 relativo à política externa russa (FPC, 2000), este alinhamento é evidente na definição dos círculos mais importantes desta: um primeiro círculo representado pela CEI, que a Rússia assume como área preferencial de intervenção, e onde apresenta menor flexibilidade negocial face ao envolvimento de terceiros; um segundo círculo mais alargado, com as dimensões europeia e asiática equacionadas lado a lado em termos de relevância; e, já num âmbito mais alargado, as relações da Rússia no e para o Grande Médio Oriente, aqui também objecto de análise. No entanto, deve-se realçar que a definição prioritária do vector CEI no quadro de afirmação de poder e influência russo não se materializou, de facto, como uma área onde a Rússia tenha recuperado primazia. A heterogeneidade do espaço CEI, as diferenças nos realinhamentos pós-Guerra Fria de muitas destas repúblicas e as políticas externas de grande autonomia face a Moscovo são exemplo das dificuldades de afirmação da Rússia numa área definida como estratégica e de interesse prioritário, conforme já foi analisado.

A Europa é definida enquanto vocação natural, uma Europa alargada com a participação da Rússia, apesar de diferenças conhecidas e difíceis, mas não inultrapassáveis. A Rússia define-se como um actor europeu, apesar de também conter uma importante dimensão asiática enquanto grande potência, exigindo no seu relacionamento com a UE um tratamento paritário, onde as discussões sejam de igual para igual, o que claramente não foi um padrão constante ao longo da presidência Putin. O discurso partilhado muitas vezes em documentos e palavras, mas quase nunca em acções, vai-se adensando no tempo e a não reformulação dos princípios legais desta relação, expressos na renovação automática do velho APC, são ilustrativos das dificuldades existentes. Mas, apesar das diferenças, a vizinhança comum e a proximidade geográfica dos dois gigantes, que partilham inclusivamente longas fronteiras, ajudam no reconhecimento mútuo das vantagens da cooperação. Este pragmatismo tem permitido continuidade no diálogo mesmo em momentos de maior tensão, conforme já foi analisado.

Numa lógica de maior confrontação encontramos as relações com os EUA e de forma particular a OTAN (neste caso, mesmo em contextos de fabricação ideacional de imagens persistentes do velho inimigo), muito marcadas por diferentes processos de desenvolvimento em diferentes áreas sectoriais, que têm contribuído para a falta de diálogo e, por vezes, para conversas de sentido único, em que se vai falando mas pouco se ouve. Nos mandatos de Putin, as relações com os EUA e, obviamente, no quadro da OTAN foram mais difíceis do que com a vizinha UE, donde a definição de contraposição à hegemonia norte-americana inerente à definição de multipolaridade russa se vai manter e adensar, particularmente após a questão do Iraque em 2003.

Quanto à dimensão oriental, esta complementa a política externa russa e tem funcionado como factor de equilíbrio na multivectorialidade das políticas russas. O triângulo Rússia-China-Índia, longe de real, foi na presidência Putin um importante elemento de contraponto à presença norte-americana extensiva e crescentemente ostensiva em áreas consideradas fundamentais por estes Estados. Mas a criação de uma verdadeira parceria China-Rússia, apesar do quadro institucional da Organização da Cooperação de Xangai, que poderia servir como elemento catalisador de processos de aproximação e aprofundamento neste relacionamento, vai manter-se uma questão em aberto. As resistências que se mantêm resultam, como já se analisou, dos limites bem conhecidos no aprofundamento da relação bilateral e, essencialmente, no reconhecimento destes dois actores como competidores regionais. Já a Índia se manteve sempre um parceiro mais distante que jogou mais fortemente com as suas relações privilegiadas com Washington na procura de concessões e benefícios nas relações com Moscovo. Contudo, e apesar das dificuldades assumidas, Washington manteve-se sempre atento aos desenvolvimentos na área, tentando sempre que possível evitar relações de maior proximidade cujo desenvolvimento contrariaria os seus interesses. O Afeganistão constituiu de forma muito particular ao longo destes anos um factor simultaneamente de cooperação e distanciamento, ao implicar benefícios para Moscovo na luta contra o radicalismo islâmico, mas ao implicar simultaneamente uma presença alargada na área, incluindo da OTAN. Um dualismo que se mantém presente nas relações a ocidente.

Contudo, e como já foi analisado, a política externa russa nos anos Putin não foi nem linear nem imutável. Pelo contrário, foi marcada por registos diferenciados de maior ou menor cooperação, que resultaram da combinação de desenvolvimentos internos e processos externos que, de forma co-constitutiva, foram moldando opções e procedimentos. Como já se analisou antes, se inicialmente a política de boas relações de vizinhança com o Ocidente dominava, essa tendência cedo se inverteu nas lógicas discutidas de crescente assertividade e pragmatismo nas políticas russas. Em 2002, Vladimir Putin afirmava num tom optimista que

> um ambiente favorável desenvolveu-se no início do novo século assegurando à Rússia um lugar relevante na arena internacional. Acima de tudo, em resultado de iniciativas e acções proactivas, a política externa russa preservou o seu âmbito global, multivectorial. Graças a isto, foram criados pré-requisitos para o desenvolvimento de mecanismos de cooperação multilateral, quer com o Leste, quer com o Ocidente. Este é sem dúvida o maior feito – i.e., o facto de estarmos activos por toda a área Eurasiática. Os principais resultados aqui são a Organização de Cooperação de Xangai e o Conselho OTAN-Rússia (Putin, 2002).

O contexto interno é um factor prejudicial nestes desenvolvimentos. Como já se analisou, os objectivos russos incluem a projecção dos interesses de política interna, integração no sistema internacional, reconhecimento do seu poder e influência e legitimação como grande actor. Na base destes objectivos está o pressuposto de que a Rússia necessita de uma economia forte e consolidada, daí advindo o reconhecimento da importância da sua integração no G8 e da sua adesão à OMC, processo que não ficou concluído durante o mandato de Putin na presidência, que terminou na Primavera de 2008. «Assegurar às populações boas condições de vida, ser um membro dos países mais desenvolvidos, sermos lembrados pela nossa grandeza e pela grandeza da nossa história, este é o nosso objectivo estratégico» (Putin, 2003b).

Os russos enriqueceram mais de seis vezes durante o mandato de Vladimir Putin na presidência. Em 1999, o salário mensal médio era de cerca de 50 euros e em 2007 superava já os 350. Significativo foi ainda o crescimento da economia russa, que passou da 22ª posição a nível mundial, em 1999, para a 9ª, em 2008, sendo que os rendimentos oriundos da exploração e exportação de petróleo e gás natural foram aqui essenciais (Lucas, 2008: 87). No entanto, e apesar destes indicadores, não podem ser esquecidas as deficiências internas a nível económico, incluindo uma excessiva concentração nos recursos energéticos (directamente dependente dos preços no mercado mundial), e o declínio demográfico como condicionantes desfavoráveis a este crescimento. «O posicionamento da Rússia como centro autónomo de poder significa que a independência na política externa e a soberania nos assuntos domésticos serão os princípios orientadores» (Averre, 2007: 186).

Pode-se afirmar que a Rússia é um gigante com pés de barro, mas deve-se atender ao facto de que apenas passaram duas décadas desde a desagregação da URSS e que todo o esforço de reconversão, readaptação e reajuste que Moscovo teve de implementar implica tempo.

> A necessidade de lidar com os problemas domésticos, em particular a falta de uma base de coesão interna, e a procura russa de um novo lugar no sistema internacional, que tiveram de ser combinados com o repensar, e possivelmente a revisão, dos mapas mentais de amigos e inimigos, foram as duas características mais importantes do novo projecto de Estado russo nos anos após o colapso da União Soviética (Godzimirski, 2008: 19).

Em 2000, no Conceito de Política Externa, Vladimir Putin afirmava que

> a Federação Russa prossegue uma política externa independente e construtiva que assenta na consistência e na previsibilidade e num pragmatismo mutuamente vantajoso. Esta política é transparente; toma em consideração os interesses legítimos de outros Estados e procura alcançar decisões conjuntas. A Rússia é um parceiro de confiança nas relações internacionais. O seu envolvimento construtivo na resolução de problemas complexos a nível internacional tem sido genericamente reconhecido (FPC, 2000). Esta base pretende consolidar desenvolvimentos iniciados e afirmar a orientação das políticas russas e dos seus objectivos num mundo em mutação.

A evolução da política externa de Putin, inicialmente voltada para o reforço das relações a ocidente, como já se analisou antes, logo em 2003-2004 aposta fortemente na multivectorialidade, com o robustecimento da dimensão oriental a sinalizá-lo. A partir de finais de 2003, e muito na sequência da intervenção norte-americana no Iraque, junta-se ao pragmatismo alguma dose de assertividade e ingerência, com a influência russa na área da CEI a assumir contornos mais visíveis, como, por exemplo, nos resultados das eleições presidenciais na Ucrânia, na ingerência na Geórgia, na hostilização das relações com a UE ou no seu envolvimento mais activo no processo de mediação negocial no Médio Oriente, tendo desta forma uma actuação explícita nos diferentes vectores identificados como estruturantes da política externa russa. Estes alinhamentos serão reforçados por uma diplomacia de redes (Shevtsova, 2007a: 173), onde a Rússia joga com diferentes níveis de relacionamento e com diferentes actores na projecção da sua política externa. Consolida-se assim uma política pragmática assertiva que marca claramente a análise global do legado de Vladimir Putin.

Esta evolução marcadamente voltada para um reforço da acção e uma maior proactividade da Federação Russa, não só na área CEI, mas num espaço geopolítico e geoeconómico mais alargado, resulta de leituras diferenciadas que Moscovo faz da imprevisibilidade e mutação do sistema internacional. A crescente influência de actores externos em áreas de influência tradicional russa, a permanência e remanescência de estereótipos antigos ao estilo da Guerra Fria e a conduta unilateral e hegemónica norte-americana foram factores que condicionaram fundamentalmente o desenho da política externa russa, pressionando as elites políticas a adoptarem uma visão mais pragmática, realista e assertiva, coincidente com o seu objectivo de afirmação da Rússia no sistema internacional como grande potência (ver Thorun, 2009: 28-50).

Na prossecução destes objectivos, «a mistura na promoção do multilateralismo e na diversificação através do bilateralismo na política externa russa tornam-na difícil de interpretar». Por um lado, o exercício multilateral é essencial, mas pode ser restritivo. «A Rússia tem dificuldade em cooperar com protocolos e acordos multilaterais, onde seria uma entre muitos, [...] preferindo usar a sua diplomacia multilateral em organizações internacionais para criar um círculo de apoios às suas abordagens conceptuais a diferentes temáticas» (Smith, 2006: 14). Mas, por outro lado, este exercício permite-lhe maior projecção de poder e influência, quer bloqueando processos (como o veto no Conselho de Segurança da ONU em relação ao Kosovo), quer promovendo actividades inovadoras e ao encontro dos seus objectivos, como no quadro de gestão das relações no seio da Organização da Cooperação de Xangai.

A política externa russa tem revelado elementos de continuidade, com um curso afirmativo a sublinhar as suas políticas, ao nível da decisão, negociação e implementação. Traduz o desejo russo de reconhecimento como actor chave no sistema internacional, protestando contra o que descreve como sendo políticas de dois pesos e duas medidas, exigindo o reconhecimento das suas áreas tradicionais de influência e do seu potencial no ordenamento internacional e cooperando sempre que vantajoso. De facto, o curso afirmativo russo tem resultado de opções domésticas, incluindo uma forte construção de percepções e de confiança na liderança, construídas sobre o discurso da estabilidade e operacionalizadas na estabilização interna e no crescimento económico. Este contexto interno permitiu a projecção de poder a nível externo, construída com consentimento popular relativamente à afirmação da Rússia como grande potência, em linha com o seu passado histórico e procurando acomodar-se a um presente em mudança.

Embora esta procura de afirmação precise de raízes internas, também se baseia nas políticas de poder tradicionais russas e em acções assertivas quando aplicada à política externa. Isto demonstra a interligação entre as dimensões interna e externa da formulação política, e a relevância do apoio doméstico à sua expressão afirmativa no exterior. E este curso tem sido prosseguido essencialmente de modo proactivo, em particular ao longo dos dois mandatos da presidência Putin. O objectivo central é, então, o de afirmação do reconhecimento internacional da Rússia enquanto actor preponderante num sistema multilateral assimétrico. Permanece por isso ao longo destes oito anos num registo de continuidade no modelo institucional de ordenamento, multipolar e multilateral, onde o prolongamento da ordem Vestefaliana não oferece alternativas criativas e onde os princípios de *realpolitik* dominantes nas políticas russas, apesar de complementados mais tarde por acções e iniciativas de *soft power*, não deixam grande margem de manobra a processos emancipatórios, quer a nível interno, quer a nível externo, em particular no espaço CEI.

Desta análise fica também claro que a alteração essencial que se vai evidenciando nas acções de política externa russa se relaciona com a distribuição de poder, dinâmica onde o envolvimento da Federação Russa na procura de alteração/projecção dessas acções foi evidente no passado, tal como o ainda é actualmente. No entanto, tratando-se mais de uma nova versão de velhas teorias do que propriamente de um novo modelo alternativo ao pluralismo democrático, com momentos fundamentais, como a dissolução da União Soviética e o processo de transição que se lhe seguiu, o 11 de Setembro, ou mesmo as acções no Afeganistão, a atestarem isso mesmo. Ou seja, a nova versão "democrática" da velha teoria (soviética) da soberania limitada nada traz de inovador, não constituindo uma modificação fundamental da ordem do passado, que se mantém nas suas linhas essenciais. E, neste quadro, a Federação Russa não é, no sistema internacional actual, uma alternativa ao modelo de democracia neoliberal, nem o pretendendo ser (como se evidencia na sua atitude perante princípios de legitimidade internacional, que nem sempre reconhece; ou nas normas e instituições multilaterais, onde a presença russa demonstra continuidade, mas nem sempre consentimento), embora procurando a sua própria via em matéria de desenvolvimento político-social e económico. Uma via cuja definição identitária permanece ainda em delineação.

Neste jogo de envolvimentos diversos, a Rússia tem seguido quer uma política cooperativa, quer um curso competitivo, o que confere um sentido de ambiguidade à sua política externa: colaboração como forma de preservar a segurança internacional, de acordo com o modelo russo, assinando acordos e definindo o nível de envolvimento ocidental no espaço da antiga União Soviética, com o qual a Rússia apenas concorda quando conveniente; e competição sempre que Moscovo sente que os seus interesses estão ameaçados, usando o seu poder político e económico e recorrendo a pressão como forma de inverter tendências desfavoráveis. O discurso subjacente à promoção do sistema internacional multipolar, subscrito pelos parceiros a leste e oeste contra a primazia norte-americana, de forma mais ou menos explícita, é reflexo de uma negociação contínua entre expandir abordagens cooperativas e evitar perdas competitivas que possam dirimir a procura de primazia de Moscovo.

Além do mais, a Rússia tem lutado internamente com ambiguidade, tentando ajustar-se a uma evolução nas atitudes e a um contexto doméstico e internacional diferenciado, enquanto procura lidar com o seu passado histórico e as heranças de séculos de governação autocrática e estatuto imperial. Uma mistura de tendências distintas que se revela nos contornos da política externa da Rússia, demonstrando as dificuldades que o Estado tem enfrentado na definição da sua própria identidade, fundamental para justificar tendências, opções e atitudes. Dificuldades internas que têm obviamente expressão a nível externo.

> De acordo com relatos oficiais e não oficiais, Putin alcançou vários sucessos, em particular a estabilidade política, paz na Chechénia e no Cáucaso do Norte, restauro do estatuto da Rússia como grande potência e crescimento económico acelerado acompanhado de um crescimento acentuado nos níveis de vida russos (Godzimirski, 2008: 22).

De acordo com a maioria dos russos, Putin cumpriu as expectativas: resolveu em larga medida muitos dos problemas de um passado recente, estabilizou o país e restaurou a Rússia como grande potência. No Outono de 2009, em São Petersburgo, em conversas que tive oportunidade de entabular em diferentes ambientes – académicos, de café e mesmo de rua – e, em jeito de balanço, a opinião generalizada era a de que Putin era um grande estadista e um grande líder que tinha reconduzido a Rússia à sua posição de grande potência. Esta pequena amostra é atestada por sondagens de opinião.

No final da presidência de Putin a Rússia alcançou um nível de estabilidade considerável. O preço do petróleo foi crucial neste processo, permitindo a melhoria nos níveis de vida das populações. A revitalização económica manteve-se e não se delineou um verdadeiro sentimento popular de necessidade de mudança, face quer às alterações positivas que sentiram directamente nas suas vivências quotidianas, quer à falta de uma oposição coesa e com propostas alternativas aliciantes. A garantia de ordem e estabilidade, mesmo em face de casos sérios de corrupção e limites a liberdades fundamentais, parece permitir o progresso e o crescimento. Esta fórmula tem resultado, mas até quando é uma questão em aberto num país vasto onde a governação autoritária tem sido sinónimo de estabilidade (ver Shevtsova, 2007b: 904-905).

Vários documentos, discursos e outras fontes marcam claramente a presidência de Putin como tendo constituído um desafio, por um lado, à ordem interna herdada de Ieltsin, estabelecendo parâmetros de regulação, centralização e autoritarismo que resultaram num quadro de estabilidade e, por outro, à ordem internacional, com o reposicionamento da Federação Russa em diferentes fóruns internacionais e noutras instâncias informais a apontar para a procura de legitimidade e reconhecimento da sua relevância enquanto actor internacional. O seu papel influente a nível externo, num contexto multipolar, foi reforçado ao longo da presidência de Putin não só em palavras, mas também em acções, conforme já se analisou nos diferentes contextos de actuação e expressão da política externa russa. «O putinismo não é uma doutrina, não é um conjunto de teorias, nem mesmo um método: é um estilo» (Allaman, 2004: 135).

O curso afirmativo russo no sistema internacional é como o espelho da imagem doméstica da Rússia de consolidação e afirmação de poder. A presidência de Dmitry Medvedev promete manter a Rússia neste registo; contudo, se assim será só o tempo o dirá.

PROSPECTIVA

No dia seguinte a ter assumido a presidência russa, e no mesmo dia em que Vladimir Putin era conduzido ao cargo de primeiro-ministro, Dmitry Medvedev comentou relativamente ao seu antecessor: «sabemos o quanto o Presidente Putin fez para fortalecer o Estado russo, fortalecer a segurança do nosso país. Sabemos também que a posição internacional da Rússia mudou de forma fundamental. De uma forma simples: a Rússia voltou a ser respeitada» (Arnold, 2008). Deste modo, Medvedev sumaria em poucas palavras, mas de significado forte, os anos de presidência Putin. A transformação na Rússia, em diferentes sectores, desde 2000 é evidente, com o sucesso da mesma atribuída às políticas de Putin centradas num modelo de "democracia soberana", com ênfase no desenvolvimento económico e a prioridade máxima dada aos recursos energéticos, bem como em amplo apoio popular face a uma melhoria qualitativa das condições de vida das populações (ver Rose *et al.*, 2006).

A eleição de Dmitry Medvedev como Presidente da Federação Russa, em Março de 2008, parece deste modo oferecer continuidade à política externa russa, seguindo a tendência de acentuação das linhas do pragmatismo assertivo. A atestar esta tendência, o novo documento de política externa, adoptado em Julho de 2008 (FPC, 2008), sublinha os princípios activos da política externa russa, conferindo-lhe maior acutilância no que concerne ao papel da Rússia no cenário internacional e adicionando-lhe uma retórica forte relativamente ao Ocidente. Medvedev sublinha que na construção de "um novo regime global", de base multipolar, há uma série de temas que têm de ser discutidos, incluindo a eficiência energética e esforços combinados de prevenção de conflitos armados. «Simplesmente não precisamos voltar a um sistema paternalista onde alguns Estados decidem por todos os outros» (Medvedev, 2008). A crítica ao Ocidente na formulação "dois pesos e duas medidas" e nas tentativas de imposição de valores "estrangeiros" é clara.

De relevância é a não inclusão neste documento de referências à questão da redução de arsenais nucleares, em particular face ao crescendo de tensão em torno das políticas de capacitação nuclear em desenvolvimento no Irão e na Coreia do Norte. Esta ausência é comentada por Fyodor Lukyanov como «resultado da experiência dos últimos oito anos quando alguns Estados demonstraram o uso arbitrário da força. A invasão do Iraque levou muitos países a reverem a sua atitude face à arma nuclear e a entendê-la como garantia de não uso da força contra si mesmos» (Lukyanov, 2008). Aliás, o princípio do uso da força apenas em último recurso é revisitado no documento, permanecendo o princípio de não recurso à força como princípio de base. Contudo, nos discursos e nas acções tem-se acentuado a percepção de que este pressuposto pode ser invertido sempre que estejam em causa interesses vitais. A intervenção na Geórgia em Agosto de 2008 é aqui um bom exemplo.

A intervenção armada russa na Geórgia foi a concretização de uma acção esperada, tendo sido avançada num contexto internacional com contornos de dissensão claros. De facto, a Rússia demonstrou o seu descontentamento face a um conjunto de acções que descreve como provocadoras, não só da parte da república da Geórgia, mas também, e em grande medida, dos seus aliados ocidentais. Deste modo, Moscovo demarcou as linhas relativas a áreas de influência e interferência, enfraquecendo uma Geórgia cujo curso pós-soviético de desalinhamento era há muito entendido como provocador; reforçando a sua política de contenção dos Estados Unidos na Eurásia; e sublinhando o posicionamento que pretende ver reconhecido numa nova ordem internacional ainda em definição.

Numa lógica de afirmação de poder, que não inverte objectivos mas claramente reforça os meios de implementação, a política externa russa assume-se como mais proactiva, embora num alinhamento defensivo. O pragmatismo assertivo de Medvedev, num exercício de continuação da política externa de Vladimir Putin, reforça o princípio de que a CEI é uma área preferencial de intervenção, tendo aí menor flexibilidade negocial face ao envolvimento de terceiros. Ou seja, a maior assertividade nas políticas russas tem-se afirmado em reacção a um conjunto de desenvolvimentos e práticas (discutidos neste trabalho) que Moscovo entende como provocadores.

Relativamente à Geórgia, estes objectivos são concretizados nesta mesma lógica defensiva, embora nunca desenquadrados do facto de esta ser uma república estratégica no quadro da CEI. Apesar de a CEI apenas fazer sentido formalmente, dada a sua desarticulação e incapacidade de actuação, é ainda um marco referencial no espaço ex-soviético que Moscovo pretende preservar. Não tendo capacidade de travar o curso pró-ocidental das autoridades georgianas, bem como das ucranianas, Moscovo pretende com esta demonstração de força reforçar a sua oposição à política de alargamento da OTAN ao coração da CEI, enquanto sinaliza na área o poder e influência que ainda detém, evitando o desmoronamento de um referencial ainda com algum peso ideológico.

Por um lado, e apesar da ineficiência da CEI, a Rússia remarca a sua posição de liderança neste espaço, enquanto desenha uma frente de oposição clara ao alargamento da OTAN. Por outro lado, ao agir em defesa dos seus interesses, as críticas de Washington a Moscovo de violação da integridade territorial de um Estado soberano e independente são ridicularizadas na Rússia, que justifica as suas acções com base na defesa dos direitos das populações da Ossétia do Sul, vítimas de genocídio e acções de limpeza étnica perpetradas pelos georgianos (MNE da Federação Russa, 2008). Trocas de acusações e jogos de palavras que não são novos nestes contextos (vejam-se os argumentos e contra-argumentos de ambas as administrações nos casos do Iraque ou do Kosovo, por exemplo).

Ainda no novo conceito de política externa de 2008, uma pequena frase – «a Rússia pretende desenvolver e aprofundar relações com a Turquia, Egipto, Argélia, Irão, Arábia Saudita, Síria, Líbano, Paquistão e outros Estados fundamentais na região» – dá o mote para uma formulação ampla em termos geográficos. Mais adiante pode ler-se no documento, e especificamente em relação ao conflito israelo-árabe, que a Rússia procurará contribuir para a estabilização da situação através da negociação de um acordo que inclua o estabelecimento de um Estado palestiniano independente, uma afirmação da atitude tradicional russa face à diversificação da sua política e ao novo relacionamento com Israel.

Segue-se uma breve referência ao Iraque, sem conteúdo substantivo, e depois o reforço das relações da Rússia com os países islâmicos, através da sua participação como Estado observador na Conferência Islâmica e na Liga de Estados Árabes. Este posicionamento é de algum modo inovador, revelando a importância crescente da variável islâmica no equacionamento das relações de poder numa nova ordem internacional, que a Rússia pretende multipolar. Além do mais, é sublinhada a importância das ligações no sector energético, reforçando as relações em termos económicos e comerciais, mas também securitários (FPC, 2008). Incarnando esta tendência, com Putin o crescendo do Eurasianismo na Rússia foi evidente, após se ter popularizado com Ieltsin, e assumindo agora com Medvedev, na nova Rússia, uma formulação explícita (Shlapentokh, 2008: 251-268).

Deste modo, e apesar das dinâmicas e especificidades numa Rússia ainda em transição, as linhas de autoritarismo e verticalidade da autoridade traduzidas na chamada democracia soberana permanecem alicerces sólidos das políticas de afirmação da Rússia no sistema internacional sob a presidência de Dmitry Medvedev.

BIBLIOGRAFIA

Fontes primárias

ACORDO Rússia-UE (2006), "Acordo entre a Comunidade Europeia e a Federação Russa sobre a facilitação da emissão de vistos aos cidadãos da União Europeia e da Federação Russa", Sotchi, 25 de Maio, *Jornal Oficial da UE* n.º L 129, 17/05/2007, p. 27-34. Disponível em linha em: <http://eur-lex.europa.eu/LexUriServ/LexUriServ.do?uri=OJ:L:2007:129:0027:0034:PT:PDF>, consultado em 14 de Janeiro de 2010.

APC – Acordo de Parceria e Cooperação (1997), "Acordo de Parceria e Cooperação que estabelece uma parceria entre as Comunidades Europeias e os seus Estados-membros, por um lado, e a Federação da Rússia, por outro – Protocolo n.º 1 Relativo à criação de um grupo de contacto sobre questões relacionadas com o carvão e o aço – Protocolo n.º 2 Relativo à assistência administrativa mútua para a correcta aplicação da legislação aduaneira – Acto Final – Declarações comuns – Trocas de cartas – Acta de assinatura", *Jornal Oficial da UE* n.º L 327, 28/11/1997, p. 3-69. Disponível em linha em: <http://eur-lex.europa.eu/LexUriServ/LexUriServ.do?uri=CELEX:21997A1128(01):PT:HTML>, consultado em 14 de Janeiro de 2010.

BUSH, George W. (2004), "2004 State of the Union Address", Washington, 20 de Janeiro. Disponível em linha em: <http://georgewbush-whitehouse.archives.gov/news/releases/2004/01/20040120-7.html>, consultado em 2 de Dezembro de 2009.

BUSH, George W. (2008), "2008 State of the Union Address", Washington, 28 de Janeiro. Disponível em linha em: <http://georgewbush-whitehouse.archives.gov/stateoftheunion/2008>, consultado em 2 de Dezembro de 2009.

CE – Comissão Europeia (2002), "Comunicação da Comissão ao Conselho – Kalininegrado: Trânsito", COM(2002) 510 final, 18 de Setembro. Disponível em linha em: <http://eur-lex.europa.eu/LexUriServ/LexUriServ.do?uri=COM:2002:0510:FIN:PT:PDF> consultado em 16 de Janeiro de 2010.

CE – Comissão Europeia (2004), "Comunicação da Comissão ao Conselho e ao Parlamento Europeu sobre as relações com a Rússia", COM(2004) 106 final, Bruxelas, 10 de Fevereiro. Disponível em linha em: <http://eur-lex.europa.eu/LexUriServ/LexUriServ.do?uri=COM:2004:0106:FIN:PT:PDF>, consultado em 14 de Janeiro de 2010.

CHENEY, Richard (2006), "Vice President's Remarks at the 2006 Vilnius Conference", Reval Hotel Lietuva, Vilnius, Lituânia, 4 de Maio. Disponível em linha em: <http://georgewbush-whitehouse.archives.gov/news/releases/2006/05/20060504-1.html>, consultado em 2 de Dezembro de 2009.

CHIZHOV, Vladimir (2006), "Remarks by Ambassador Chizhov, Permanent Representative of the Russian Federation to the European Communities, at the 135th Bergedorf Round Table", Berlim, 1 de Outubro. Disponível em linha em: <http://www.koerber-stiftung.de/fileadmin/bg/PDFs/bnd_135_en_text.pdf>, consultado em 2 de Dezembro de 2009.

CHUDINOV, Igor (2009), "Speech of Prime-Minister of the Kyrgyz Republic I Chudinov at the Fifth World Water Forum Summit", Istambul, 16 de Março. Disponível em linha em: <http://www.docstoc.com/docs/65261175/Speech-of-prime-minister-of-the-Kyrgyz-Republic-at-the-Summit-of>, consultado em 2 de Dezembro de 2009.

CIMEIRA Rússia-União Europeia (2002), "Joint Statement, Russia-European Union Summit", DOC/02/12, Moscovo, 29 de Maio. Disponível em linha em: <http://europa.eu/rapid/pressReleasesAction.do?reference=DOC/02/12>, consultado em 14 de Janeiro de 2010.

CIMEIRA UE-Rússia (2002a), "EU-Russia Summit: Joint statement on the fight against terrorism", Bruxelas, 11 de Novembro. Disponível em linha em: <http://www.foreignpolicy.org.tr/documents/eu_russia_summit_111102_p.htm>, consultado em 2 de Março de 2010.

CIMEIRA UE-Rússia (2002b), "Joint Statement of the European Union and the Russian Federation on the Transit between the Kaliningrad Region and the Rest of the Russian Federation", Bruxelas, 11 de Novembro. Disponível em linha em: <http://www.consilium.europa.eu/uedocs/cms_data/docs/pressdata/en/er/74447.pdf>, consultado em 2 de Março de 2010.

CIMEIRA UE-Rússia (2003a), "Joint Statement: EU-Russia Summit", São Petersburgo, 31 de Maio. Disponível em linha em: <http://www.eu2003.gr/en/articles/2003/6/3/2963>, consultado em 2 de Março de 2010.

CIMEIRA UE-Rússia (2003b), "EU/Russia Summit, Rome, 6 November", Bruxelas, 4 de Novembro. Disponível em linha em: <http://europa.eu/rapid/pressReleasesAction.do?reference=IP/03/1496>, consultado em 14 de Janeiro de 2010.

CIMEIRA UE-Rússia (2008a), "EU-Russia Summit: The Start of a New Age", Khanty-Mansiysk, Rússia, 27 de Junho. Disponível em linha em: <http://www.eu2008.si/en/News_and_Documents/Press_Releases/June/2706KPV_EU_Rusija1.html>, consultado em 14 de Janeiro de 2010.

CIMEIRA UE-Rússia (2008b), "Joint Statement of the Eu-Russia Summit on the Launch of Negotiations for n New EU-Russia Agreement", Khanty-Mansiysk, Rússia, 27 de Junho. Disponível em linha em: <http://www.eu2008.si/includes/Downloads/misc/JS_Negotiation_EU-RF_Agreement.pdf>, consultado em 2 de Março de 2010.

COMMON Spaces Progress Report (2008), "EU-Russia Common Spaces Progress Report 2007", Março. Disponível em linha em: <http://eeas.europa.eu/russia/docs/commonspaces_prog_report2007.pdf>, consultado em 14 de Janeiro de 2010.

COMMON Spaces Roadmap (2005), "Road Map for the Common Economic Space". Disponível em linha em: <http://eeas.europa.eu/russia/docs/roadmap_economic_en.pdf>, consultado em 14 de Janeiro de 2010.

CONSELHO Europeu (1999), "Conclusões da Presidência, Conselho Europeu de Colónia, 3 e 4 de Junho" – Estratégia Comum para a Rússia (parágrafos 78 e 79) e Anexo II – Estratégia Comum da União Europeia em relação à Rússia. Disponível em linha em: <http://www.consilium.europa.eu/uedocs/cms_data/docs/pressdata/pt/ec/57890.pdf>, consultado em 16 de Janeiro de 2010.

CONSELHO da UE (2004), "Joint Statement on EU Enlargement and EU-Russia Relations", EU Council Press Release, 8664/04 (Presse 122), Luxemburgo, 27 de Abril. Disponível em linha em: <http://www.consilium.europa.eu/ueDocs/cms_Data/docs/pressData/en/er/80068.pdf>, consultado em 2 de Março de 2010.

CONSTITUIÇÃO da Federação Russa (1993), 25 de Dezembro, com as emendas de 9 de Janeiro e 10 de Fevereiro de 1996 e de 9 de Junho de 2001. Disponível em linha em: <http://www.constitution.ru/en/10003000-01.htm>, consultado em 16 de Janeiro de 2010.

BIBLIOGRAFIA 235

CSCE – Conferência de Segurança e Cooperação na Europa (1975), "Conference on Security and Co-operation in Europe, Final Act", Helsínquia. Disponível em linha em: <http://www.osce.org/mc/39501>, consultado em 16 de Janeiro de 2010.

CSCE – Conferência de Segurança e Cooperação na Europa (1993), "Communication 281", 2 de Fevereiro.

CSCE – Conferência de Segurança e Cooperação na Europa (1994), "Budapest Summit, Budapest Decisions, chapter II, 'Moldova'".

DEPARTAMENTO de Estado dos EUA (2005), "U.S., Russia see progress in Bratislava nuclear security initiative", Departamento da Energia, 10 de Novembro. Disponível em linha em: <http://www.america.gov/st/washfile-english/2005/November/200511101551 00xlrennef0.9593775.html>, consultado em 3 de Março de 2009.

EES – Estratégia de Segurança Europeia (2003), "Uma Europa Segura num Mundo Melhor", Bruxelas, 12 de Dezembro. Disponível em linha em: <http://www.consilium.europa. eu/uedocs/cmsUpload/031208ESSIIP.pdf>, consultado em 16 de Janeiro de 2010.

ENTREVISTA com ADAMYAN, Garik (2006), Director da Unidade de Coordenação Nacional do Programa TACIS, Ministério das Finanças e da Economia, Erevan, Arménia, 9 de Maio.

ENTREVISTA com BABAYAN, Maria (2006), Departamentos de Assuntos Russos, Ministério dos Negócios Estrangeiros da Arménia, Erevan, 10 de Maio.

ENTREVISTA com funcionários da UE na Geórgia (2007), Tbilisi, Geórgia, 7 de Maio.

ENTREVISTA com HEIDELBACH, Olaf (2008), Attaché, Gestor de Projectos, Delegação da Comissão Europeia na República do Quirguistão, Bishkek, Agosto.

ENTREVISTA com KASYBEKOV, Erkinbek Sh. (2008), Director do Programa de Governação Democrática, PNUD (Programa das Nações Unidas para o Desenvolvimento), Bishkek, Agosto.

ENTREVISTA com LEVITSKY, Eugene (1999), Representante Plenipotenciário do presidente da Ucrânia nas negociações na República da Moldova, Chisinau, Junho.

ENTREVISTA com LILOYAN, Armen (2006), Director da divisão da União Europeia, Ministério dos Negócios Estrangeiros da Arménia, Erevan, 10 de Maio.

ENTREVISTA com MBRTANNIAN, Valery (2006), Director, Departmento de Organizações Internacionais, Ministério dos Negócios Estrangeiros da Arménia, Erevan, 10 de Maio.

ENTREVISTA com MOTCO, Filaret (2008), Senior Political Officer, OSCE (Organização para a Segurança e Cooperação na Europa), Centro em Bishkek, Agosto.

ENTREVISTA com ÖBERG, Anna (2008), Attaché, Political and Economic Officer, Delegação da Comissão Europeia na República do Quirguistão, Bishkek, Agosto.

ENTREVISTA com SEMENENKO, Oleg (2008), Senior Human Dimension Officer, OSCE (Organização para a Segurança e Cooperação na Europa) Centro em Bishkek, Agosto.

EUBAM – European Union Border Assistance Mission to Moldova and Ukraine (2007), informação detalhada sobre mandato, objectivos e implementação disponível em linha em: <http://www.eubam.org/en/about/what_we_do>, consultado em 16 de Janeiro de 2010.

FEDERAÇÃO Russa (1999), "The Russian Federation Middle Term Strategy Towards the European Union (2000-2010)". Disponível em linha em: <http://www.delrus. ec.europa.eu/en/p_245.htm>, consultado em 2 de Março de 2005.

FERRERO-WALDNER, Benita (2006), "Statement on EU-Russia Summit", Comissária Europeia para as Relações Externas e a Política Europeia de Vizinhança, Plenário do Parlamento Europeu, SPEECH/06/758, Bruxelas, 29 de Novembro. Disponível em linha em: <http://europa.eu/rapid/pressReleasesAction.do?reference=SPEECH/06/758>, consultado em 2 de Março de 2010.

FPC (2000), "The Foreign Policy Concept of the Russian Federation", Approved by the President of the Russian Federation V. Putin, June 28. Disponível em linha em: <http://www.fas.org/nuke/guide/russia/doctrine/econcept.htm>, consultado em 16 de Janeiro de 2010.

FPC (2008), "The Foreign Policy Concept of the Russian Federation", President of Russia Official Web Portal, 12 de Julho. Disponível em linha em: <http://archive.kremlin.ru/eng/text/docs/2008/07/204750.shtml>, consultado em 16 de Janeiro de 2010.

GOVERNO da Geórgia (2007), "Georgia's Democratic Transformation: An Update since the Rose Revolution", Government of Georgia, Outubro. Disponível em linha em: <http://www.president.gov.ge/files/baners/dem_transform_3.pdf>, consultado em 3 de Março de 2009.

IAEA (2008), "Communication dated 3 October 2008 received from the Resident Representative of the Islamic Republic of Iran to the Agency concerning the Safeguards Implementation Report for 2007", INFCIRC/739, 9 de Outubro. Disponível em linha em: <http://www.iaea.org/Publications/Documents/Infcircs/2008/infcirc739.pdf>, conultado em 16 de Janeiro de 2010.

IVANOV, Sergei (2006), "Speech at the 42nd Munich Conference on Security Policy", Munique, 5 de Fevereiro. Disponível em linha em: <http://www.securityconference.de/archive/konferenzen/rede.php?menu_2006=&menu_konferenzen=&sprache=en&id=171&>, consultado em 3 de Março de 2009.

MEDVEDEV, Dmitry (2008), "Speech at the Meeting with Russian Ambassadors and Permanent Representatives to International Organisations", Ministério Russo dos Negócios Estrangeiros, Moscovo, 15 de Julho. Disponível em linha em: <http://www.un.int/russia/new/MainRoot/docs/off_news/160708/newen4.htm>, consultado em 16 de Janeiro de 2010.

MINISTÉRIO da Defesa da Bielorrússia (1999), "The Vienna Document 1999 of the Negotiations on Confidence- and Security Building Measures (Vienna Document 1999)", Ministry of Defence of the Republic of Belarus, Military Strategy. Disponível em linha em: <http://www.mod.mil.by/wena_eng.html>, consultado em 14 de Janeiro de 2010.

MISSÃO Permanente da Bielorrússia junto da OTAN (s.d.), "Belarus: Real Contribution to the System of International Security and Disarmament", Permanent Mission of the Republic of Belarus to NATO, Bruxelas.

MNE da Arménia (2004), "Armenia's Foreign Relations in 2003: A Summary", Ministry of Foreign Affairs of the Republic of Armenia, 14 de Janeiro. Disponível em linha em: <http://www.www.armeniaforeignministry.com/pr_04/040114vo_summary.html>, consultado em 3 de Março de 2009.

MNE da Bielorrússia (2008), "Multilateral Cooperation, International Organizations: North Atlantic Treaty Organization". Disponível em linha em: <http://www.mfa.gov.by/en/organizations/membership/list/c6eaf2b20c037582.html>, consultado em 16 de Janeiro de 2010.

BIBLIOGRAFIA   237

MNE do Cazaquistão (2009), "Kazakhstan and countries of the CIS". Disponível em linha, na secção "Kazakhstan's Foreign Policy", em: <http://portal.mfa.kz/portal/page/portal/mfa/en/content/policy/cooperation/CIS>, consultado em 11 de Dezembro de 2009.

MNE da Federação Russa (2007), "Joint Communique of the Meeting of the Foreign Ministers of The People's Republic of China, the Russian Federation and The Republic of India", Harbin, China, 24 de Outubro, Ministério dos Negócios Estrangeiros da Federação Russa, Departamento de Informação e de Imprensa, 25 de Outubo. Disponível em linha em: <http://www.mid.ru/brp_4.nsf/e78a48070f128a7b43256999005bcbb3/f212adfa57d41fe6c325737f00254d79?OpenDocument>, consultado em 16 de Janeiro de 2010.

MNE da Federação Russa (2008), "Transcript of remarks and response to media questions by Minister of Foreign Affairs of the Russian Federation Sergey Lavrov", Ministério dos Negócios Estrangeiros da Federação Russa, Departamento de Informação e Imprensa, Moscovo, Ref. 1213-19-08-2008, 19 de Agosto. Disponível em linha em: <http://www.ln.mid.ru/brp_4.nsf/e78a48070f128a7b43256999005bcbb3/8312c3901459554ac32574ab0032d6aa?OpenDocument>, consultado em 16 de Janeiro de 2010.

MNE do Tajiquistão (2007), "Bilateral and Multilateral Cooperation", Ministry of Foreign Affairs of the Republic of Tajikistan. Disponível em linha em: <http://mfa.tj/index.php?node=article&id=263>, consultado em 3 de Março de 2009.

ONU (1995), "Mainenance of international security. Permanent neutrality of Turkmenistan", Resolução da Assembleia Geral das Nações Unidas", A/RES/50/80, 12 de Dezembro. Disponível em linha em: <http://www.un.org/documents/ga/res/50/a50r080.htm>, consultado em 16 de Janeiro de 2010.

ONU (2006a), "Resolution 1696 (2006), Adopted by the Security Council at its 5500th meeting on 31 July". Disponível em linha em: <http://un.org/sc/comittees/1737/resolutions.shtml>, consultado em 16 de Janeiro de 2010.

ONU (2006b), "Resolution 1737 (2006), Adopted by the Security Council at its 5612th meeting on 23 December". Disponível em linha em: <http://un.org/sc/comittees/1737/resolutions.shtml>, consultado em 16 de Janeiro de 2010.

ONU (2007), "Resolution 1747 (2007), Adopted by the Security Council at its 5647th meeting on 24 March 2007". Disponível em linha em: <http://un.org/sc/comittees/1737/resolutions.shtml>, consultado em 16 de Janeiro de 2010.

OSCE Border Monitoring (2008), "Mandate: promoting a peaceful political settlement", OSCE Mission to Georgia (Closed). Disponível em linha em: <http://www.parliament.ge/files/1_899_921561_osce_mandate.pdf>, consultado em 14 de Janeiro de 2010.

OTAN (1997), "Founding Act on Mutual Relations, Cooperation and Security between NATO and the Russian Federation", Paris, 27 de Maio. Disponível em linha em: <http://www.nato.int/cps/en/natolive/official_texts_25468.htm>, consultado em 16 de Janeiro de 2010.

OTAN (2007), "NATO Response to Russian announcement of intent to suspend obligations under the CFE Treaty", Press Release (2007)085, 16 de Julho. Disponível em linha em: <http://www.nato.int/docu/pr/2007/p07-085e.html>, consultado em 16 de Janeiro de 2010.

OTAN (2008), "Bucharest Summit Declaration, Issued by the Heads of State and Government participating in the meeting of the North Atlantic Council in Bucharest on 3 April 2008". Disponível em linha em: <http://www.nato.int/cps/en/natolive/official_texts_8443.htm>, consultado em 3 de Março de 2009.

PRESIDENTE da Rússia (2001), "Top-level Russian-Azerbaijani negotiations were held" e "A package of inter-governmental agreements was signed following Russian-Azerbaijani negotiations", 9 de Janeiro. Disponível em linha em: <http://archive.kremlin.ru/eng/events/chronicle/2001/01/138123.shtml>, consultado em 3 de Março de 2009.

PRESIDENTE da Rússia (2003), "Russian-Armenian summit talks were held in the Kremlin", Moscovo, 17 de Janeiro. Disponível em linha em: <http://archive.kremlin.ru/eng/text/news/2003/01/154120.shtml>, consultado em 16 de Janeiro de 2009.

PRESIDENTE do Usbequistão (2004), "Working Visit – 15-16 April, Russia", Press Service of the President of the Republic of Uzbekistan. Disponível em linha em: <http://2004.press-service.uz/eng/vizits_eng/ve15042004.htm>, consultado em 3 de Março de 2009.

PRIMAKOV, Yevgeny (1997), "Yevgeny Primakov Talks about Russia's Foreign Policy", *Rossiiskaya Gazeta*, 10 de Janeiro.

PRIMAKOV, Yevgeny (2007), "Russia is restoring its great power status", *International Affairs: A Russian Journal of World Politics, Diplomacy and International Relations*, 53(2), 63-69.

PUTIN, Vladimir (1999), "Russia on the Cusp of the Millenium", *Nezavisimaya Gazeta*, 30 de Dezembro.

PUTIN, Vladimir (2000a), "Open letter to voters", *Izvestija*, 25 de Fevereiro.

PUTIN, Vladimir (2000b), "State of the Nation Address to the Federal Assembly – The State of Russia: The Way to an Effective State", 8 de Julho. Disponível em linha em: <http://www.un.int/russia/pressrel/2000/00_07_00.htm>, consultado em 3 de Março de 2009.

PUTIN, Vladimir (2002), "Annual Address to the Federal Assembly of the Russian Federation", 18 de Abril. Disponível em linha em: <http://archive.kremlin.ru/eng/speeches/2002/04/18/0000_type70029type82912_70662.shtml>, consultado em 3 de Março de 2009.

PUTIN, Vladimir (2003a), "Statement by Russian President Vladimir Putin at the 58th Session of the General Assembly of the United Nations", Nova Iorque, 25 de Setembro. Disponível em linha em: <http://www.geneva.mid.ru/press/08.html>, consultado em 3 de Março de 2009.

PUTIN, Vladimir (2003b), "Annual Address to the Federal Assembly of the Russian Federation", Moscovo, 16 de Maio. Disponível em linha em: <http://archive.kremlin.ru/eng/speeches/2003/05/16/0000_type70029type82912_44692.shtml>, consultado em 3 de Março de 2009.

PUTIN, Vladimir (2004a), "Concluding Remarks at the World Congress of News Agencies", President of Russia Official Web Portal, 24 de Setembro, disponível em linha em: <http://archive.kremlin.ru/eng/speeches/2004/09/24/1809_type82913_77200.shtml>, consultado em 3 de Março de 2009.

PUTIN, Vladimir (2004b), "Speech at a Plenary Session of the Russian Federation Ambassadors and Permanent Representatives Meeting", 12 de Julho. Disponível em: linha em: <http://archive.kremlin.ru/eng/speeches/2004/07/12/1323_type82912type82913type84779_74425.shtml>, consultado em 3 de Março de 2009.

PUTIN, Vladimir (2006a), "Annual Address to the Federal Assembly", 10 de Maio. Disponível em linha em: <http://archive.kremlin.ru/eng/speeches/2006/05/10/1823_type70029type82912_105566.shtml>, consultado em 16 de Janeiro de 2010.

PUTIN, Vladimir (2006b), "Russia-EU partnership crucial for united, prosperous Europe", artigo do Presidente Vladimir Putin, publicado em vários jornais europeus nas vésperas da Cimeira UE-Rússia. Disponível em linha em: <http://en.rian.ru/analysis/20061123/55909085.html>, consultado em 3 de Março de 2009.

PUTIN, Vladimir (2006c), "Press Statement and Extracts from Press Conference following the Tripartite Meeting between the Leaders of Russia, Germany and France – Vladimir Putin, Angela Merkel and Jacques Chirac", MFA of the Russian Federation, Information and Press Department, 23 de Setembro. Disponível em linha em: <http://www.un.int/russia/new/MainRoot/docs/off_news/250906/newen15.htm>, consultado em 3 de Março de 2009.

PUTIN, Vladimir (2007a), "Speech at the 43rd Munich Conference on Security Policy", 10 de Fevereiro. Disponível em linha em: <http://www.securityconference.de/archive/konferenzen/rede.php?menu_2007=&menu_konferenzen=&sprache=en&id=179>, consultado em 16 de Janeiro de 2010.

PUTIN, Vladimir (2007b), "50 Years of the European Integration and Russia", President of Russia Official Web Portal, 25 de Março. Disponível em linha em: <http://archive.kremlin.ru/eng/speeches/2007/03/25/1133_type104017_120738.shtml>, consultado em 16 de Janeiro de 2010.

PUTIN, Vladimir (2007c), "Annual Address to the Federal Assembly", President of Russia Official Web Portal, 26 de Abril. Disponível em linha em: <http://archive.kremlin.ru/eng/speeches/2007/04/26/1209_type70029type82912_125670.shtml>, consultado em 16 de Janeiro de 2010. Também publicado como artigo: "Our Foreign policy is Aimed at Joint, Pragmatic, and Non-ideological work to resolve the important problems we face", *International Affairs: A Russian Journal of World Politics, Diplomacy and International Relations*, 53(3), 1-23.

RMD (2000), "Draft Russian Military Doctrine", 21 de Abril, documento que actualiza a Doutrina de 1993. Disponível em linha em: <http://www.fas.org/nuke/guide/russia/doctrine/991009-draft-doctrine.htm>, consultado em 3 de Março de 2009.

RUSSIAN Economic Reports (2003-2008), The World Bank. Disponível em linha em: <http://web.worldbank.org/WBSITE/EXTERNAL/COUNTRIES/ECAEXT/RUSSIANFEDERATIONEXTN/0,,contentMDK:20888536–menuPK:7441767–pagePK:1497618–piPK:217854–theSitePK:305600,00.html>, consultado em 3 de Março de 2009.

SOLANA, Javier (2008), "Summary of remarks by Javier Solana, EU High Representative for the CFSP, after his meetings with President Fatmir Sejdiu and Prime Minister Hashim Thaçi in Pristina", Council of the European Union, S067/68, 20 de Fevereiro. Disponível em linha em: <http://www.consilium.europa.eu/uedocs/cms_data/docs/pressdata/EN/discours/98832.pdf>, consultado em 10 de Dezembro de 2010.

TRANSNÍSTRIA (2001), Informação sobre a economia da região, sítio oficial das autoridades da Transnístria, disponível em linha em: <http://www.pridnestrovie.net/taxonomy/term/38>, consultado em 6 de Abril de 2005.

VORONIN, Vladimir (2001), "Inaugural Speech of His Excellency Mr Vladimir Voronin, President of the Republic of Moldova", Abril. Disponível em linha em: <http://www.parties.edemocracy.md/en/electionresults/2001presidential/speech/>, consultado em 6 de Abril de 2005.

Fontes secundárias

ABASOV, Ali e Khachatrian, Haroutiun (2006), Karabakh Conflict – Variants of Settlement: Concepts and Reality. Baku e Erevan: Areat, Noyan Tapan.

ALEXANDROVA-ARBATOVA, Nadia (2008), "Troubled Strategic Partnership: The Black Sea Dimension of Russia's relations with the West", *in* Daniel Hamilton e Gerhard Mangott (orgs.), *The Wider Black Sea Region in the 21st Century. Strategic, Economic and Energy Perspectives*. Washington, D.C.: Centre for Transatlantic Relations.

ALLAMAN, Jacques (2004), *Vladimir Poutine et le Poutinisme*. Paris: L'Harmattan.

ALLISON, Roy (2004), "Regionalism, Regional Structures and Security Management in Central Asia", *International Affairs*, 80(3), 463-483.

ALLISON, Roy; Light, Margot e White, Stephen (2006), *Putin's Russia and the Enlarged Europe*. Londres: Blackwell.

AMANSARIEV, Bekdurdy (2007), "Sources of Turkmen Neutrality: From the Past to the Future", *Turkmenistan Magazine*, 33(12). Disponível em linha em: <http://www.turkmenistan. ru/?page_id=12&lang_id=en&elem_id=11777&type=event&sort=date_desc>, consultado em 16 de Janeiro de 2010.

APPAKOVA, Maria (2008), "New Middle East Quartet established in Damascus", *RIA Novosti*, 4 de Setembro. Disponível em linha em: <http://en.rian.ru/analysis/20080904/116561120. html>, consultado em 3 de Março de 2009.

ARAS, Bulent e Ozbay, Faith (2006), "Dances with Wolves: Russia, Iran and the Nuclear Issue", *Middle East Policy*, 13(4), 132-147.

ARBATOV, Alexei G. (2000), "The Transformation of Russian Military Doctrine: Lessons Learned from Kosovo and Chechnya", *The Marshall Center Papers* No. 2. Disponível em linha em: <http://www.marshallcenter.org/mcpublicweb/MCDocs/files/College/F_Publications/ mcPapers/mc-paper_2-en.pdf>, consultado em 3 de Março de 2009.

ARBATOVA, Nadezhda (2006), "Russia-EU Quandary 2007", *Russia in Global Affairs*, 2. Disponível em linha em: <http://eng.globalaffairs.ru/numbers/15/1023.html>, consultado em 16 de Janeiro de 2010

ARNOLD, Chloe (2008), "Putin confirmed as Russian Prime Minister", 8 de Maio. Disponível em linha em: <http://www.rferl.org/content/article/1117446.html>, consultado em 3 de Março de 2009.

ATAL, Subodh (2005), "The New Great Game", *The National Interest*, 81, 101-105. Disponível em linha em: <http://nationalinterest.org/article/the-new-great-game-856>, consultado em 3 de Março de 2009.

AVERRE, Derek (2006), "Russia-EU Security Cooperation" *in* Hanna Smith (org.), *The Two-Level Game: Russia's Relations with Great Britain, Finland and the European Union. Aleksanteri Papers 2*. Jyväskylä: Gummerus Kirjapaino Oy.

AVERRE, Derek (2007), "'Sovereign Democracy' and Russia's Relations with the European Union", *Demokratizatsiya*, 15(2), 173-190. Disponível em linha em: <http://findarticles. com/p/articles/mi_qa3996/is_200704/ai_n19434941>.

AVERRE, Derek (2008), "Russian Foreign Policy and the Global Political Environment", *Problems of Post-Communism*, 55(5), 28-39.

BAEV, Pavel (2004), "Assessing Russia's Cards: Three Petty Games in Central Asia", *Cambridge Review of International Affairs*, 17(2), 269-283.

BIBLIOGRAFIA   241

BAJPAEE, Chietigj (2007), "India Rediscovering East Asia", *Power and Interest News Report* (PINR), 24 de Outubro. Disponível em linha em: <http://www.pinr.com>, consultado em 14 de Janeiro de 2009.

BARANOVSKY, Vladimir (2008), "La Fabrique de la Politique Étrangère Russe", *in* Anne Tinguy (org.), *Moscou et le Monde: L'Ambition de la Grandeur: Une Illusion?* Paris: Éditions Autrement.

BENDERSKY, Yevgeny (2005), "Russia's Future Foreign Policy: Pragmatism in Motion", *PINR*, 4 de Maio.

BERDYMUKHAMMEDOV, Gurbanguly (2007), "Turkmenistan is open to the world today", Statement by the President of Turkmenistan H. E. Gurbanguly Berdimuhamedov at the 62nd session of the UN General Assembly, Nova Iorque, 26 de Setembro. Disponível em linha em: <http://www.turkmenistan.ru/?page_id=4&lang_id=en&elem_id=11128&type=event&sort=date_desc>, consultado em 14 de Janeiro de 2009.

BERDYMUKHAMMEDOV, Gurbanguly (2008), "Gurbanguly Berdimuhamedov: Law should serve people", entrevista ao Presidente do Turquemenistão por Mikhail Pereplesnin, *Turkmenistan Magazine*, Ashgabat, 26 de Setembro. Disponível em linha em: <http://www.turkmenistan.ru/?page_id=4&lang_id=en&elem_id=13810&type=event&sort=date_desc>, consultado em 14 de Janeiro de 2009.

BEREUTER, Douglas e Lis, John (2004), "Broadening the Transatlantic Relationship", *The Washington Quarterly*, 27(1), 147-162.

BHADRAKUMAR, M. K. (2007), "The new 'NATO of the East' takes shape", *Asia Times Online*, 25 de Agosto. Disponível em linha em: <http://www.atimes.com/atimes/Central_Asia/IH25Ag01.html>, consultado em 14 de Janeiro de 2009.

BIGG, Claire (2005), "Russia: NATO chief in Moscow for talks with Putin", *RFE/RL*, 24 de Junho. Disponível em linha em: <http://www.rferl.org/content/article/1059480.html>, consultado em 14 de Janeiro de 2009.

BIGG, Claire (2008), "Russia: Is the USSR back in vogue?", *RFE/RL*, 5 de Maio. Disponível em linha em: <http://www.rferl.org/content/article/1109681.html>, consultado em 3 de Março de 2009.

BLACK, Joseph Laurence (2003), *Vladimir Putin and the New World Order: Looking East, Looking West?* Londres: Rowman & Littlefield.

BLAGOV, Sergei (2004), "Putin Aims for Higher Russian Profile", *PINR*. Disponível em linha em: <http://www.pinr.com/report.php?ac=view_report&report_id=139&language_id=1>, consultado em 4 de Março de 2009.

BLAGOV, Sergei (2005), "Russia's gas dreams", *Asia Times Online*, 13 de Janeiro. Disponível em linha em: <http://www.atimes.com/atimes/Central_Asia/GA13Ag01.html>, consultado em 4 de Março de 2009.

BLANK, Stephen (2004), "Infrastructural Policy and National Strategies in Central Asia: The Russian Example", *Central Asian Survey*, 23(3-4), 225-248.

BLANK, Stephen (2008a), "The Strategic Importance of Central Asia: An American View", *Parameters*, 38(1), 73-87.

BLANK, Stephen (2008b), "Commentary: Russia versus NATO in the CIS", *RFE/RL*, 14 de Maio. Disponível em linha em: <http://www.rferl.org/content/article/1117479.html>, consultado em 16 de Janeiro de 2010.

242   A RÚSSIA DE PUTIN: VECTORES ESTRUTURANTES DE POLÍTICA EXTERNA

BLATOV, Igor (2007), "Russian-Turkmen relations reached a qualitatively new level", *Neutral Turkmenistan*, 12 de Junho. Disponível em linha em: <http://www.turkmenistan. ru/?page_id=4&lang_id=en&elem_id=10283&type=event&sort=date_desc>, consultado em 16 de Janeiro de 2010.

BOGATU, Petru (2001), "A new twist in the evolution of the Transnistrian conflict?", *Moldova Azi*, 4 de Setembro, disponível em linha em: <http://old.azi.md/comment?ID=13565>, consultado em 6 de Abril de 2006.

BORDACHEV, Timofei (2006), "Toward a Strategic Alliance", *Russia in Global Affairs*, 2. Disponível em linha em: <http://eng.globalaffairs.ru/numbers/15/1024.html>, consultado em 4 de Março de 2009.

BORISOV, Sergey (2004), "Russia and Israel to join forces in anti-terrorist cooperation", *Pravda*, 7 de Setembro. Disponível em linha em: <http://english.pravda.ru/world/asia/07-09-2004/6866-israel-0>, consultado em 3 de Março de 2009.

BOURTMAN, Ilya (2006), "Putin and Russia's Middle Eastern Policy", *The Middle East Review of International Affairs*, 10(2). Disponível em em linha em: <http://meria.idc.ac.il/journal/2006/issue2/jv10no2a1.html>, consultado em 4 de Março de 2009.

BOWERS, Stephen R.; Ciobanu, Valeria e Doss, Jr., Marion T. (2001), "The Moldovan Confederation Conundrum", *in* Stephen R. Bowers e Marion T. Doss, Jr. (orgs.), *Issues of the Post-Communist Transition: Structure, Culture and Justice*. Washington, D.C.: Council for Social and Economic Studies. Disponível em linha em: <http://works.bepress.com/stephen_bowers/19>, consultado em 4 de Março de 2009.

BRANSTEN, Jeremy (2004a), "NATO: Secretary-General in Moscow as two sides work out evolving relationship", *RFE/RL*, 8 de Abril. Disponível em linha em: <http://www.rferl.org/content/article/1052231.html>, consultado em 4 de Março de 2009.

BRANSTEN, Jeremy (2004b), "Russia: Powell's trip to address growing rift in U.S.-Russia relations", *RFE/RL*, 23 de Janeiro. Disponível em linha em: <http://www.rferl.org/content/article/1051297.html>, consultado em 4 de Março de 2009.

BREAULT, Yann; Jolicoeur, Pierre e Lévesque, Jacques (2003), *La Russie et Son Ex-Empire: Reconfiguration Géopolitique de l'Ancien Espace Soviétique*. Paris: Presses de Sciences Po.

BREMMER, Ian (2003), "The Future of Eurasia", *Security Dialogue*, 34(2), 238-243.

BURUTIN, A. G. (2007), "About Some Aspects of Military-Technical Policy of the State in the Light of Redrafted Military Doctrine of the Russian Federation", *Military Thought*, 16(2), 31-38.

CALLEO, David (2001), *Rethinking Europe's Future*. Princeton: Princeton University Press.

CAMPBELL, David (1993), *Politics without Principle: Sovereignty, Ethics, and the Narratives of the Gulf War*. Boulder: Lynne-Rienner.

CARLSNAES, Walter (2003), "Foreign Policy", *in* Walter Carlsnaes, Thomas Risse e Beth Simmons (orgs.), *Handbook of International Relations*. Londres: Sage, 331-349.

CHERNOV, O. (2004), "At the Heart of New Eurasian Expanse", *International Affairs: A Russian Journal of World Politics, Diplomacy and International Relations*, special issue on Russia and Central Asia after an International Conference held in Moscow on 23 October 2003.

CHIZHOV, Vladimir (2004), Deputy Minister of the Russian Federation, "European Union: A Partnership Strategy", *International Affairs, A Russian Journal of World Politics, Diplomacy and International Relations*, 50(6), 79-87.

CHUFRIN, Gennadiĭ Illarionovich (2001), *The Security of the Caspian Sea Region*. Oxford: Oxford University Press.

CIERCO, Teresa e Freire, Maria Raquel (2005), "Regional Security and the Nagorno-Karabakh Conflict", *Nação e Defesa*, 110, 59-86. Disponível em linha em: <http://www.idn.gov. pt/publicacoes/consulta/NeD/NeD110/NeD110.pdf>.

COHEN, Ariel (2001), "The Russia-China Friendship and Cooperation Treaty: A Strategic Shift in Eurasia?", *The Heritage Foundation, Backgrounder 1549*, 18 de Julho. Disponível em linha em: <http://www.heritage.org/Research/Reports/2001/07/The-Russia-China-Friendship-and-Cooperation-Treaty>, consultado em 3 de Março de 2009.

COHEN, Ariel (2006), "U.S. should warn Russia over its 'Soviet' Middle East policy", *The Heritage Foundation, WebMemo 1007*, 6 de Março. Disponível em linha em: <http:// www.heritage.org/Research/Reports/2006/03/US-Should-Warn-Russia-Over-Its-Soviet-Middle-East-Policy>, consultado em 3 de Março de 2009.

CORNELL, Svante (2004), "NATO's Role in South Caucasus Regional Security", *Turkish Foreign Policy Quarterly*, 3(2), 123-134.

CSPP – Centre for the Study of Public Policy (2000), "Presidential election: 26 March 2000", Information from the Central Electoral Commission, 6 de Abril. Disponível em linha em: <http://www.russiavotes.org/president/presidency_previous.php>, consultado em 16 de Janeiro de 2010.

DERGHOUKASSIAN, Khatchik (2006), "Balance of Power, Democracy and Development: Armenia in the South Caucasian Regional Security Complex", *AIPRG Working Paper*, 10.

DOTY, Roxanne (1997), "Aporia: A Critical Examination of the Agent-Structure Problematique in International Relations Theory", *European Journal of International Relations*, 3, 365-392.

DUBROVIN, Sergey (2005), "Reflections of the political scientist on Turkmenistan's decision to become an associated member of the CIS", *Turkmenistan.Ru*, 31 de Agosto, disponível em linha em: <http://www.turkmenistan.ru/?page_id=4&lang_id=en&elem_id=7051&type=event&sort=date_desc>, consultado em 4 de Março de 2009.

EGGLESTON, Roland (2004), "Russia: Moscow says CFE Treaty may be outdated", *RFE/RL*, 9 de Fevereiro. Disponível em linha em: <http://www.rferl.org/content/article/1051485. html>, consultado em 4 de Março de 2009.

EMERSON, Michael; Tassinari, Fabrizio e Vahl, Marius (2006), "A New Agreement between the EU and Russia: Why, What and When?", *CEPS Policy Brief, No. 103*. Disponível em linha em: <http://www.ceps.eu/book/new-agreement-between-eu-and-russia-why-what-and-when>, consultado em 3 de Março de 2009.

FATHI, Nazila (2005), "Wipe Israel 'off the map' Iranian says: New leader revives an old rhetorical tack", *International Herald Tribune*, 27 de Outubro.

FELGENHAUER, Pavel (2007), "Russian Security Council Plans to Draft Military Doctrine", *Eurasia Daily Monitor*, 4(57), 22 de Março.

FERGUSON, Joseph (2006), "Russian Strategic Thinking toward Central, South, and Southeast Asia", *in* Gilbert Rozman, Kazuhiko Togo e Joseph P. Ferguson (orgs.), *Russian Strategic Thought toward Asia*. Nova Iorque: Palgrave MacMillan.

FOGLESONG, David e Hahn, Gordon (2002), "Ten Myths about Russia: Understanding and Dealing with Russia's Complexity and Ambiguity", *Problems of Post-Communism*, 6, 5-16.

FREIRE, Maria Raquel (2002), "Crisis Management: The OSCE in the Republic of Moldova", *Journal of Conflict, Security and Development*, 2(2), 69-90.

244   A RÚSSIA DE PUTIN: VECTORES ESTRUTURANTES DE POLÍTICA EXTERNA

FREIRE, Maria Raquel (2003), *Conflict and Security in the Former Soviet Union: The Role of the OSCE*. Aldershot: Ashgate.

FREIRE, Maria Raquel (2006), "A Revolução Laranja na Ucrânia: Uma Democracia a Consolidar", *Relações Internacionais*, Instituto Português de Relações Internacionais (IPRI), 12, 49-64.

FREIRE, Maria Raquel (2008a), "The Russian Federation and CIS States", *in* Edward Kolodziej e Roger Kanet (orgs.), *From Superpower to Besieged Global Power: Restoring World Order after the Failure of the Bush Doctrine*. Athens, GA: University of Georgia Press.

FREIRE, Maria Raquel (2008b), "Two Unequal Partners: The EU and its Russian Neighbor", *in* André Barrinha (org.), *Towards a Global Dimension: EU's Conflict Management in the Neighborhood and Beyond*. Lisboa: Fundação Friedrich Ebert. Disponível em linha em: <http://library.fes.de/pdf-files/bueros/lissabon/06685.pdf>.

FREIRE, Maria Raquel (2008c), "Russia's Policy in East Asia", *in* Luís Tomé (org.), *East Asia Today*. Lisboa: EDIUAL, Prefácio, 233-249.

FREIRE, Maria Raquel (2008d), "Contenção, Projecção e Envolvimento: A Política Externa Russa para o Grande Médio Oriente", *Nação e Defesa*, 121, 135-155. Disponível em linha em: <http://www.idn.gov.pt/publicacoes/consulta/NeD/NeD121/NeD121.pdf>.

FREIRE, Maria Raquel (2009a), "A Política Externa em Transição: O Caso da Federação Russa", *Relações Internacionais*, Instituto Português de Relações Internacionais (IPRI), 23. Disponível em linha em: <http://www.scielo.oces.mctes.pt/pdf/ri/n23/n23a05.pdf>.

FREIRE, Maria Raquel (2009b), "Ukraine's multi-vectorial foreign policy: looking West while not overlooking its Eastern neighbor", *UNISCI Discussion Papers*, 20, 232 249. Disponível em linha em: <http://www.ucm.es/info/unisci/revistas/UNISCI%20 DP%2020-%20FREIRE.pdf>.

FREIRE, Maria Raquel (2010), "Eurasia at the Heart of Russian Politics: Dynamics of (In) dependence in a Complex Setting", *in* Maria Raquel Freire e Roger E. Kanet (orgs.), *Key Players and Regional Dynamics in Eurasia: The Return of the 'Great Game'*. Basingstoke: Palgrave MacMillan.

FREIRE, Maria Raquel e Mendes, Carmen Amado (2009), "Realpolitik Dynamics and Image Construction in the Russia-China Relationship: Forging a Strategic Partnership?", *Journal of Current Chinese Affairs*, 38, 2, 27 52. Disponível em linha em: <http://hup. sub.uni-hamburg.de/giga/jcca/article/view/44>.

FREIRE, Maria Raquel e Simão, Licínia (2007), "The Armenian Road to Democracy: Dimensions of a Tortuous Process", *CEPS Working Document*, 267, Centre for European Policy Studies, Maio. Disponível em linha em: <http://dev.ceps.eu/book/ armenian-road-democracy-dimensions-tortuous-process>.

FULLER, Liz (2004a), "Analysis: South Ossetia between war and demilitarization", *RFE/RL*, 15 de Julho. Disponível em linha em: <http://www.rferl.org/content/article/1053886. html>, consultado em 4 de Março de 2009.

FULLER, Liz (2004b), "Analysis: Abkhazia, South Ossetia reject Georgian president's new Peace Plan", *RFE/RL*, 24 de Setembro. Disponível em linha em: <http://www.rferl. org/content/article/1054992.html>, consultado em 4 de Março de 2009.

GALSTYAN, Garik (2007), *Les Intérêts Géopolitiques Russes dans la Région Caspienne: Rivalités Anciennes, Enjeux Nouveaux*. Paris: L'Harmattan.

BIBLIOGRAFIA   245

GODZIMIRSKI, Jakub (2008), "Putin and Post-Soviet Identity: Building Blocks and Buzz Words", *Problems of Post-Communism*, 55(5), 14-27.

GOMART, Thomas (2007), "The EU and Russia: The Needed Balance between Geopolitics and Regionalism", *in* Thomas Gomart e Tatiana Kastueva-Jean (orgs.), *Russie. NEI. Visions 2007. Understanding Russia and the New Independent States*. Paris: IFRI (Institut Français de Relations Internationales).

HAAS, Marcel de (2006), "Russia-China security cooperation", *PINR*, 27 de Novembro.

HAAS, Marcel de (2007a), "Russia's Upcoming Revised Military Doctrine", *PINR*, 26 de Fevereiro.

HAAS, Marcel de (2007b), "S.C.O. Summit Demonstrates its Growing Cohesion", *PINR*, 14 de Agosto.

HERD, Graeme P. e Akerman, Ella (2002), "Russian Strategic Realignment and the Post-Cold War Era?", *Security Dialogue*, 33(3), 357-72.

HERSPRING, Dale e Rutland, Peter (2005), "Putin and Russian Foreign Policy", *in* Dale Herspring (org.), *Putin's Russia: Past Imperfect, Future Uncertain*. Oxford: Rowman and Littlefield, 259-265.

HOFFMANN, Stanley (2003), "US-European Relations: Past and Future", *International Affairs*, 79(5), 1029-1036.

HONGJIAN, Yu (2008), "Russia introduces its new Foreign Policy Concept", *People's Daily Online*, 17 de Julho. Disponível em linha em: <http://english.peopledaily.com. cn/90001/90780/91343/6452442.html>, consultado em 16 de Janeiro de 2010.

HOSKING, Geoffrey (2003), *Russia and the Russians: A History*. Harvard: Belknap.

HOUGHTON, David (2007), "Reinvigorating the Study of Foreign Policy Decision Making: Toward a Constructivist Approach", *Foreign Policy Analysis*, 3(1), 24-45.

IMANALIEV, Muratbek (2008), "Keynote Speech: Central Asia: Where Is It?", Central Eurasian Studies Society (CESS) First Regional Conference, 5 de Agosto, Issyq Kol, Quirguistão.

INTERNATIONAL Affairs: A Russian Journal of World Politics, Diplomacy and International Relations (2003), "Special Issue on Russia and Central Asia", edição especial após uma Conferência organizada em Moscovo a 23 de Outubro de 2003.

ISAKOVA, Irina (2005), *Russian Governance in the Twenty-First Century: Geo-strategy, Geopolitics and Governance*. Londres: Frank Cass.

ISKYAN, Kim (2004), "Armenia in Russia's Embrace", *The Moscow Times*, 24 de Março. Disponível em linha em: <http://www.strategypage.com/militaryforums/47-885. aspx>, consultado em 4 de Março de 2009.

ISMAYILOV, Rovshan (2006), "Trade, investment take center stage at Russia-Azerbaijan summit", *Eurasianet*, 28 de Fevereiro. Disponível em linha em: <http://www.eurasianet.org/ departments/business/articles/eav022806.shtml>, consultado em 4 de Março de 2009.

IVANOV, Aleksandr (2006), "Russia's Asian Face", *International Affairs, A Russian Journal of World Politics, Diplomacy and International Relations*, 52(2), 54-59.

IVANOV, Igor (2003), "A New Foreign Policy Year for Russia and the World," *International Affairs: A Russian Journal of World Politics, Diplomacy and International Relations*, 49(6), 33-38.

JACK, Andrew (2004), *Inside Putin's Russia*. Londres: Granta Books.

JACKSON, Richard (2005), *Writing the War on Terrorism: Language, Politics and Counter-Terrorism*. Manchester: Manchester University Press.

Jonson, Lena (2001), "Russia and Central Asia", *in* Roy Allison e Lena Jonson (orgs.), *Central Asian Security: The New International Context*. Washington, D.C.: Brookings Institution Press.

Jørgensen, Knud Erik (2006), "Theoretical perspectives on the role of values, images and principles in foreign policy", *in* S. Lucarelli e Ian Manners (orgs.), *Values and Principles in European Union Foreign Policy*. Londres: Routledge, 42-58.

Kanet, Roger (2005), "Introduction: The New Security Environment", *in* Roger Kanet (org.), *The New Security Environment: The Impact on Russia, Central and Eastern Europe*. Aldershot: Ashgate.

Kapila, Subhash (2006), "Russia's Foreign Policy in a Resurgent Mode: An Analysis", *South Asia Analysis Group*, Paper no. 1682, 19 de Janeiro. Disponível em linha em: <http://www.southasiaanalysis.org/%5Cpapers17%5Cpaper1682.html>, consultado em 16 de Janeiro de 2010.

Karatnycky, Adrian (2000), "A Century of Progress," *Journal of Democracy*, 11(1), 187-200.

Katz, Mark (2005), "Putin's Pro-Israel Policy", *Middle East Quarterly*, 7(1), 51-59.

Katz, Mark (2006a), "Primakov Redux? Putin's Pursuit of 'Multipolarism' in Asia", *Demokratizatsiya*, 14(1), 144-152.

Katz, Mark (2006b), "Putin's Foreign Policy toward Syria", *The Middle East Review of International Affairs*, 10(1). Disponível em linha em: <http://meria.idc.ac.il/journal/2006/issue1/jv10no1a4.html>, consultado em 16 de Janeiro de 2010.

Kazantsev, Andrei (2008), "Russian Policy in Central Asia and the Caspian Sea Region", *Europe-Asia Studies*, 60(6), 1073-1088.

Keohane, Robert and Nye, Joseph (2000), *Power and Interdependenc*, 3rd edition. Nova Iorque: Longman.

Khana, V. (2005), "A Survey of the International and Regional Situation", *Far Eastern Affairs*, 33(4), 21-27.

Khrestin, Igor e Elliott, John (2007), "Russia and the Middle East", *Middle East Quarterly*, 14(1), 21-28. Disponível em linha em: <http://www.meforum.org/1632/russia-and-the-middle-east>, consultado em 16 de Janeiro de 2010.

King, Charles (2000), *The Moldovans: Romania, Russia, and the Politics of Culture*. Stanford: Hoover Institution Press.

Knox, Kathleen (2004), "Uzbekistan: Karimov makes rare visit to Moscow for talks with Putin", *RFE/RL*, 15 de Abril. Disponível em linha em: <http://www.rferl.org/content/article/1052328.html>, consultado em 16 de Janeiro de 2010.

Kolodziej, Edward e Kanet, Roger (orgs.) (2008), *From Superpower to Besieged Global Power: Restoring World Order after the Failure of the Bush Doctrine*. Athens, GA: University of Georgia Press.

Kortunov, Sergei (2000), "The Fate of Russia: Several Observations on 'New' Russian identity", *in* Gregory Freidin (org.), *Russia at the End of the Twentieth Century: Culture and its Horizons in Politics and Society (Conference Papers – Stanford 1998)*. Stanford: Stanford University.

Kortunov, Sergei (2002), "Russian-American Partnership: A Chance to Open a New Page", *International Affairs: A Russian Journal of World Politics, Diplomacy and International Relations*, 48(3), 23-39.

Kotz, David M. e Weir, Fred (2007), *Russia's Path from Gorbachev to Putin: The Demise of the Soviet System and the New Russia*. Londres: Routledge.

BIBLIOGRAFIA   247

KRASTEV, Nikola (2008), "UN Security Council deadlocks again over Kosovo's future", 17 de Janeiro. Disponível em linha em: <http://www.rferl.org/content/article/1079365.html>, consultado em 3 de Março de 2009.

KRATOCHVIL, Petr (2008), "The Discursive Resistance to EU-Enticement: The Russian Elite and (the Lack of) Europeanisation", *Europe-Asia Studies*, 60(3), 397-422.

KUBICEK, Paul (2004), "Russian Energy Policy in the Caspian Basin", *World Affairs*, 166(4), 207-217.

KUDRIN, Alyaksandr (2004), "Belarus: A decade with Lukashenko", *Transitions*, 26 de Julho.

KUZIO, Taras (2002), "Belarusian president Lukashenko warms to NATO", *RFE/RL* Newsline – End Note, 29 de Julho. Disponível em linha em: <http://www.rferl.org/content/article/1142725.html>, consultado em 4 de Março de 2009.

KUZNETSOVA, E. (2005), "Will the Roadmaps lead Russia to Europe?", *International Affairs: A Russian Journal of World Politics, Diplomacy and International Relations*, 51(4), 67-71.

LAMBROSCHINI, Sophie (2004), "Russia: Moscow may be stalling any withdrawal from Georgian bases", *RFE/RL*, 15 de Janeiro. Disponível em linha em: <http://www.rferl.org/content/article/1051198.html>, consultado em 12 de Fevereiro de 2007.

LAND, Thomas (2007), "Russia builds fuel-bank for Middle East reactors", *The Middle East*, Outubro. Disponível em linha em: <http://www.thefreelibrary.com/Russia+builds+fuel-bank+for+Middle+East+reactors.-a0169716147>, consultado em 16 de Janeiro de 2010.

LAND, Thomas (2008), "Iran expands its nuclear aspirations", *The Middle East*, 387, 14-15. Disponível em linha em: <http://www.thefreelibrary.com/Iran+expands+its+nuclear+aspirations.-a0176479652>, consultado em 12 de Fevereiro de 2007.

LANTRATOV, Konstantin (2006), "Russia Chooses Its Future Armament", *Kommersant*, 3(14). Disponível em linha em: <http://www.ato.ru/rus/cis/archive/14-2006/def/def4>, consultado em 12 de Fevereiro de 2007.

LARSEN, H. (1997), *Foreign Policy and Discourse Analysis: France, Britain and Europe*. Londres: Routledge.

LATYPOV, Ural (2000), Deputy Prime Minister, Minister for Foreign Affairs answers questions of Belarus magazine, Junho. Disponível em linha em: <http://www.president.gov.by/eng/faq/faq6.htm>, consultado em 12 de Fevereiro de 2007.

LAUMULIN, Murat (2007), "The Shanghai Cooperation Organization as 'Geopolitical Bluff?' A View from Astana", *in* Thomas Gomart e Tatiana Kastueva-Jean (orgs.), *Russie. Nei. Visions 2007*. Paris: Institut Français de Relations Internationales (IFRI), 163-180.

LAVELLE, Peter (2005), "Analysis: Ukraine, Russia start anew," *The Washington Times*, 12 de Janeiro.

LAVROV, Sergei (2007), "Russia and India: Mutually Beneficial Cooperation and Strategic Partnership", *International Affairs: A Russian Journal of World Politics, Diplomacy and International Relations*, 53(3), 24-29.

LEVGOLD, Robert (org.) (2007), *Russian Foreign Policy in the 21st Century & the Shadow of the Past*. Nova Iorque: Columbia University Press.

LEVINE, Steve (2007), *The Oil and the Glory: The Pursuit of Empire and Fortune on the Caspian Sea*. Nova Iorque: Random House.

LEVINE, Steve (2008), *Putin's Labyrinth: Spies, Murder, and the Dark Heart of the New Russia*. Nova Iorque: Random House.

LIGHT, Margot (2003), "In search of an identity: Russian foreign policy and the end of ideology", *Communist Studies and Transition Politics*, 19(3), 42-59.

LIKHACHEV, Vassily (2004), "Russia's economic interests in an united Europe", *International Affairs: A Russian Journal of World Politics, Diplomacy and International Relations*, 50(5), 75-87.

LIKHACHEV, Vassily (2006), "Russia and the European Union", *International Affairs: A Russian Journal of World Politics, Diplomacy and International Relations*, 52(2), 102-114.

LINDLEY-FRENCH, Julian (2006), "Big World, Big Future, Big NATO", *NATO Review*. Disponível em linha em: <http://www.nato.int/docu/review/2005/issue4/english/opinion.html>, consultado em 14 de Março de 2009.

LITVINENKO, Alexander e Felshtinsky, Yuri (2007), *Terror na Rússia: Revelações de um Ex-Espião do KGB*. Porto: Porto Editora.

LO, Bobo (2004), "The Long Sunset of Strategic Partnership: Russia's Evolving China Policy", *International Affairs*, 80(2), 295-309.

LOBJAKAS, Ahto (2004a), "EU: Brussels prepares to toughen stance on Russia", *RFE/RL*, 21 de Janeiro. Disponível em linha em: <http://www.rferl.org/content/article/1051266.html>, consultado em 12 de Fevereiro de 2007.

LOBJAKAS, Ahto (2004b), "EU: Brussels warns Russia of 'grave impact' on relations in enlargement dispute", *RFE/RL*, 23 de Fevereiro. Disponível em linha em: <http://www.rferl.org/content/article/1051640.html>, consultado em 12 de Fevereiro de 2007.

LOBJAKAS, Ahto (2004c), "EU/Russia: Landmark enlargement deal signed, but loose ends remains", *RFE/RL*, 27 de Abril. Disponível em linha em: <http://www.rferl.org/content/article/1052506.html>, consultado em 12 de Fevereiro de 2007.

LOBJAKAS, Ahto (2005), "EU/Russia: Partnership agreement inked at Moscow summit", *RFE/RL*, 10 de Maio. Disponível em linha em: <http://www.rferl.org/content/article/1058806.html>, consultado em 12 de Fevereiro de 2007.

LOBJAKAS, Ahto (2006), "EU: Brussels worries about dependence on Russian energy", *RFE/RL*, 18 de Janeiro. Disponível em linha em: <http://www.rferl.org/content/article/1064828.html>, consultado em 12 de Fevereiro de 2007.

LOBJAKAS, Ahto (2009), "EU Seems to Be Getting Serious about Southern Energy", *RFE/RL*, 5 de Maio. Disponível em linha em: <http://www.rferl.org/content/EU_Getting_Serious_About_Southern_Energy/1622033.html>, consultado em 16 de Janeiro de 2010.

LOWENHARDT, John (2000), "Russia and Europe: Growing Apart Together", *The Brown Journal of World Affairs*, 7(1), 167-174.

LUCAS, Edward (2008), *The New Cold War: The Future of Russia and the Threat to the West.* Basingstoke: Palgrave MacMillan.

LUKIN, Alexander (2006), "The Russian Approach to China under Gorbachev, Yeltsin, and Putin", *in* Gilbert Rozman, Kazuhiko Togo e Joseph Ferguson (orgs.), *Russian Strategic Thought toward Asia*. Basingstoke: Palgrave MacMillan.

LUKYANOV, Fyodor (2008), Editor da revista *Russia in Global Politics* citado em "'New Russia' determines its foreign policy", *InfoRos*, 16 de Julho, disponível em linha em: <http://inforos.com/?id=21598>, consultado em 16 de Janeiro de 2010.

LUZYANIN, Sergei (2007), "Russia Looks to the Orient", *Russia in Global Affairs*, 2, Abril-Junho.

LYNCH, Dov (2003a), "Russia Faces Europe", *Chaillot Papers 60*. Paris: Institute for Security Studies.

LYNCH, Dov (2003b), "The New Eastern Dimension of the Enlarged EU", *in* Judy Batt, Dov Lynch, Antonio Missiroli, Martin Ortega e Dimitrios Triantaphyllou (orgs.), *Partners and Neighbours: A CFSP for a Wider Europe. Chaillot Papers 64.* Paris: Institute for Security Studies.

MARCHAND, Pascal (2007), *Géopolitique de la Russie.* Paris: Ellipses.

MARGELOV, Mikhail (2006), "Russia and the US: Priorities Real and Artificial", *International Affairs: A Russian Journal of World Politics, Diplomacy and International Relations*, 52(1), 23-30.

MARPLES, David (2004), "The Prospects of Democracy in Belarus", *Problems of Post-Communism*, 51(1), 31-42.

MCMAHON, Robert (2004), "Georgia: Premier Urges Greater UN Security Council Activity on Abkhazia", *RFE/RL*, 30 de Abril. Disponível em linha em: <http://www.rferl.org/content/article/1052565.html>, consultado em 16 de Janeiro de 2010.

MCMAHON, Robert (2005), "Georgian diplomat blasts Russian interference", *RFE/RL*, 26 de Janeiro. Disponível em linha em: <http://www.rferl.org/content/article/1057101.html>, consultado em 16 de Janeiro de 2010.

MELVIN, Neil (1995), *Russians beyond Russia: The Politics of National Identity.* Londres: Pinter, Chatham House Papers.

MITE, Valentinas (2004), "Baltics: Russia sensitive to any troop deployment", *RFE/RL*, 3 de Março. Disponível em linha em: <http://www.rferl.org/content/article/1051749.html>, consultado em 12 de Fevereiro de 2007.

MITE, Valentinas (2006), "Russia: president accuses U.S. of holding up WTO talks", *RFE/RL*, 30 de Março. Disponível em linha em: <http://www.rferl.org/content/article/1067251.html>, consultado em 12 de Fevereiro de 2007.

MITO, Takamichi (2000), "Japan's Energy Strategy, Russian Economic Security, and Opportunities for Russian Energy Development: Major Issues and Policy Recommendations", *The Center for International Political Economy and the James A. Baker III Institute for Public Policy*, Rice University.

MOORE, Patrick (2007), "Russia: On the Margins of the Pacific Rim", *RFE/RL*, 11 de Setembro. Disponível em linha em: <http://www.rferl.org/content/article/1078625.html>, consultado em 16 de Janeiro de 2010.

NAJIBULLAH, Farangis (2008), "Iran: Russia, China unlikely to welcome Tehran into SCO", *RFE/RL*, 30 de Março. Disponível em linha em: <http://www.rferl.org/content/article/1079706.html>, consultado em 16 de Janeiro de 2010.

NAJIBULLAH, Farangis (2009), "Central Asia's Era of Cheap Gas Comes to a Close", *RFE/RL*, 6 de Janeiro. Disponível em linha em: <http://www.rferl.org/content/Central_Asias_Era_Of_Cheap_Gas_Comes_To_A_Close/1367074.html>, consultado em 16 de Janeiro de 2010.

NEACK, Laura; Hey, Jeanne e Haney, Patrick (1995), "Generational Change in Foreign Policy Analysis", *in* Laura Neack, Jeanne Hey e Patrick Haney (orgs.), *Foreign Policy Analysis: Continuity and Change in its Second Generation.* Englewood Cliffs: Prentice Hall.

NEUHOLD, Hanspeter (2003), "Transatlantic Turbulences: Rift or Ripples?", *European Foreign Affairs Review*, 8(4), 457-468.

NYGREN, Bertil (2008), "Putin's Use of Natural Gas to reintegrate the CIS Region", *Problems of Post-Communism*, 55(4), 3-15.

O'LOUGHLIN, John; Tuathail, Gearóid Ó e Kolossov, Vladimir (2004), "A 'Risky Westward Turn'? Putin's 9/11 Script and Ordinary Russians", *Europe-Asia Studies*, 56(1), 3-34.

O'ROURKE, Breffni (2004), "U.S.-Russia: 'Not enemies, not yet allies' – Ivanov, Rumsfeld work at intensifying relations", *RFE/RL*, 16 de Agosto. Disponível em linha em: <http://www.rferl.org/content/article/1054336.html>, consultado em 3 de Março de 2009.

PALACIOS, José Miguel e Arana, Paloma (2002), "Doctrina Militar Rusa: Herencia Soviética, Realidades Postsoviéticas, Perspectiva Europea", Revista *CIDOB d'Afers Internacionals*, 59, 81-103.

PANNIER, Bruce (2004), "Central Asia: Meeting in Tashkent, Regional Leaders Discuss Ways to Control Extremism", *RFE/RL*, 17 de Junho. Disponível em linha em: <http://www.rferl.org/content/article/1053384.html>, consultado em 12 de Fevereiro de 2007.

PANNIER, Bruce (2007), "Central Asia: Summit Shows Growing Interest in Shanghai Cooperation Organization", *RFE/RL*, 15 de Agosto. Disponível em linha em <http://www.rferl.org/content/article/1347622.html>, consultado em 16 de Janeiro de 2010.

PANT, Harsh V. (2004), "The Moscow-Beijing-Delhi 'Strategic Triangle': An Idea whose Time May Never Come", *Security Dialogue*, 35(3), 311-328.

PARROTT, Bruce (1997), "Perspectives on Postcommunist Democratization", *in* Karen Dawisha e Bruce Parrott (orgs.), *Conflict, cleavage, and change in Central Asia and the Caucasus*. Cambridge: Cambridge University Press, 1-37.

PEROVIC, Jeronim (2005), "From Disengagement to Active Economic Competition: Russia's Return to the South Caucasus and Central Asia", *Demokratizatsiya*, 1, 61-85.

PEUCH, Jean-Christophe (2005a), "Russia: foreign minister sees worldwide campaign to restore cold war climate", *RFE/RL*, 11 de Fevereiro. Disponível em linha em: <http://www.rferl.org/content/article/1057410.html>, consultado em 16 de Janeiro de 2010.

PEUCH, Jean-Christophe (2005b), "Georgia/Russia: Negotiations on Treaty Hit Deadlock", *RFE/RL*, 16 de Fevereiro. Disponível em linha em: <http://www.rferl.org/content/article/1057498.html>, consultado em 12 de Fevereiro de 2007.

PINR (2006), "Intelligence Brief: US-India Nuclear Deal", *PINR*, 7 de Março.

PINR (2007), "Intelligence Brief: Russia Sends Missile Signal to US and China", *PINR*, 1 de Junho.

POLIKANOV, Dmitry e Timmins, Graham (2004), "Russian Foreign Policy under Putin", *in* Cameron Ross (org.), *Russian Politics under Putin*. Manchester: Manchester University Press.

POLITKOVSKAYA, Anna (2006), *A Rússia de Putin*. Colares: Pedra da Lua.

POLITKOVSKAYA, Anna (2007), *Um Diário Russo – Retrato da Rússia de Ptuin: O derradeiro testemunho de jornalista brutalmente assassinada*. Lisboa: Bertrand.

PROZOROV, Sergei (2007), "The Narratives of Exclusion and Self-Exclusion in the Russian Conflict Discourse on EU-Russian Relations", *Political Geography*, 26, 309-329.

RAHR, Alexander (2007), "Germany and Russia: A Special Relationship", *The Washington Quarterly*, 30(2), 137-145.

RANGSIMAPORN, Paradorn (2009), *Russia as an Aspiring Great Power in East Asia: Perceptions and Policies from Yeltsin to Putin*. Basingstoke: Palgrave MacMillan.

ROGACHEV, Igor (2005), Member of the Russia Federation Council Committee for Foreign Affairs, "The Russia-China Summit in 2005", *International Affairs: A Russian Journal of World Politics, Diplomacy and International Relations*, 51(5), 85-95.

ROSE, Richard; Mishler, William e Munro, Neil (2006), *Russia Transformed: Developing Popular Support for a New Regime*. Cambridge: Cambridge University Press.

ROSENAU, James (1966), "Pre-theories and Theories of Foreign Policy", *in* R.B.Farrell (org.) *Approaches to Comparative and International Politics*. Evanston: Northwestern University Press, 27-92.

ROSENAU, James (org.) (1969), *Linkage Politics: Essays on the Convergence of the National and International Politics*. Nova Iorque: Free Press.

RYWKIN, Michael (2006), "Security and Stability in Central Asia: Differing Interests and Perspectives", *American Foreign Policy Interests*, 28, 193-217.

SAIDEMAN, S. e Ayres, R. W. (2007), "Pie Crust Promises and the Sources of Foreign Policy: The Limited Impact of Accession and the Priority of Domestic Constituencies", *Foreign Policy Analysis*, 3(3), 189-210.

SAKWA, Richard (2008), *Putin: Russia's Choice*, 2nd ed. Londres: Routledge.

SAKWA, Richard e Webber, Mark (1999), "The Commonwealth of Independent States, 1991-1998: Stagnation and Survival", *Europe-Asia Studies*, 51(3), 379-415.

SALTANOV, Aleksandr (2005), Ministro plenipotenciário dos Negócios Estrangeiros da Federação Russa, "Russian policy in Iraq, the Middle East and Africa", Ministry of Foreign Affairs of the Russian Federation, Information and Press Department, 13 de Janeiro.

SCHÖPPLIN, George (2007), "Russia's Reinvented Empire", *Open Democracy*, 3 de Maio.

SELEZNEVA, Ludmilla (2003), "Post-Soviet Russian Foreign Policy: Between Doctrine and Pragmatism", *in* Rick Fawn (org.), *Realignments in Russian Foreign Policy*. Londres: Frank Cass.

SEMENENKO, Irina; Lapkin, Vladimir e Pantin, Vladimir (2009), "Russia's Image in the West (Formulation of the Problem)", *Social Sciences*, 38(3), 79-92.

SHAIKHUTDINOV, Marat E. (2007), "Central Asia: Developing the Region in the Vortex of the Geopolitical and Geoeconomic Antagonisms of the World Powers", *American Foreign Policy Interests*, 29(1), 45-58.

SHARIPZHAN, Merhat (2008), "In central Asia Water could Lead to Fire", *RFE/RL*, 23 de Julho. Disponível em linha em: <http://www.rferl.org/content/Commentary_Water_Crisis_Central_Asia/1185586.html>, consultado em 16 de Janeiro de 2010.

SHEVTSOVA, Lilia (2005), *Putin's Russia*. Washington, D. C.: Carnegie Endowment for International Peace.

SHEVTSOVA, Lilia (2007a), "Post-Communist Russia: A Historic opportunity Missed", *International Affairs*, 83(5), 891-912.

SHEVTSOVA, Lilia (2007b), *Russia Lost in Transition: The Yeltsin and Putin Legacies*. Washington, D. C.: Carnegie Endowment for International Peace.

SHLAPENTOKH, Dmitry (2008), "Alexander Dugin's Views on the Middle East", *Space and Polity*, 12(2), 251-268.

SIMÃO, Licínia e FREIRE, Maria Raquel (2008), "The EU's Neighborhood Policy and the South Caucasus: Unfolding New Patterns of Cooperation", *Caucasian Review of International Affairs*, 2(4), 47-61.

SINDELAR, Daisy (2004), "Russia/China: Beijing announces joint military exercises with Russia", *RFE/RL*, 14 de Dezembro. Disponível em linha em: <http://www.rferl.org/content/article/1056398.html>, consultado em 12 de Fevereiro de 2007.

SJÖSTEDT, R. (2007), "The discursive origins of a doctrine: norms, identity, and securitization under Harry S. Truman and George W. Bush", *Foreign Policy Analysis*, 3(3), 233-254.

SMAGUINE, Mikhail A. (2001), "The Russian Military Doctrine and Nuclear Strategy: Past and Present", *The Journal of Public Affairs*, 5, 53-69.

SMITH, Hanna (2006), "Introduction: Russia's policy towards the European Union", *in* Hanna Smith (org.), *The Teo-Level Game: Russia's Relations with Great Britain, Finland and the European Union. Aleksanteri Papers 2*. Jyväskylä: Gummerus Kirjapaino Oy.

SNYDER, Richard; Bruck, H. W. e Sapin, Burton (1954), *Decision-Making as an Approach to the Study of International Politics*. Princeton: Princeton University Press.

SOCOR, Vladimir (2006), "Putin in Azerbaijan", *Eurasia Daily Monitor*, 3(39), 26 de Fevereiro.

SPLIDSBOEL-HANSEN, Flemming (2002), "Russia's Relations with the European Union: A Constructivist Cut", *International Politics*, 39(4), 329-421.

STUERMER, Michael (2008), *Putin and the Rise of Russia*. Londres: Phoenix.

SUSHKO, Oleksandr (2004), "The Dark Side of Integration: Ambitions of Domination in Russia's Backyard", *The Washington Quarterly*, 27(2), 119-131.

SYNOVITZ, Ron (2005), "Russia: Moscow denies reports of missile talks with Syria", *RFE/RL*, 13 de Janeiro. Disponível em linha em: <http://www.rferl.org/content/article/1056841. html>, consultado em 12 de Fevereiro de 2007.

SZYSZLO, Peter (2003), *Countering NATO Expansion: A Case Study of Belarus-Russia Rapprochement*, NATO Research Fellowship 2001-2003, Final Report. Disponível em linha em: <http:// www.nato.int/acad/fellow/01-03/szyszlo.pdf>, consultado em 12 de Fevereiro de 2007.

TARASIUK, Borys (2004), "Ukraine: interview with Borys Tarasiuk, Yushchenko's Foreign Policy Adviser", *RFE/RL*, 30 de Dezembro. Disponível em linha em: <http://www. rferl.org/content/article/1056636.html>, consultado em 12 de Fevereiro de 2007.

TARASOV, Anton (2007), "Turkmenistan and the United Nations assess the results of coopera-tion in last 15 years", *Turkmenistan.Ru*, 6 de Março. Disponível em linha em: <http://www. turkmenistan.ru/?page_id=4&lang_id=en&elem_id=9553&type=event&sort=date_ desc>, consultado em 16 de Janeiro de 2010.

TEKIN, Ali e Walterova, Iva (2007), "Turkey's Geopolitical Role: The Energy Angle", *Middle East Policy*, 14(1), 84-94.

THORUN, Christian (2009), *Explaining Change in Russian Foreign Policy: The Role of Ideas in Post-Soviet Russia's Conduct Towards the West*. Basingstoke: Palgrave MacMillan.

TIMMINS, Graham (2003), "Strategic or pragmatic partnership? The EU's policy towards Russia since the end of the Cold War", *in* Rick Fawn (org.), *Realignments in Russian Foreign Policy*. Londres: Frank Cass.

TIMMINS, Graham (2006), "German Ostpolitik under the Red-Green Coalition and EU-Russian Relations", *Debatte*, 14(3), 301-314.

TINGUY, Anne de (2005), "La Russie et Son Ancien Empire: Le Difficile Apprentissage d'une Nouvelle Vie Internationale", *in* Marie-Pierre Rey *et al.* (org.), *Les Russes de Gorbatchev à Poutine*. Paris: Armand Colin, 45-62.

TITARENKO, Mikhail (2005), "The Importance of Collaboration between Russia, China and India against the Backdrop of Current Global and Regional Challenges", *Far Eastern Affairs*, 33(4), 3-15.

BIBLIOGRAFIA   253

TOMIUC, Eugen (2004), "Moldova: president calls for international peacekeepers in breakaway Transdniester region", *RFE/RL*, 24 de Setembro. Disponível em linha em: <http://www.rferl.org/content/article/1055000.html>, consultado em 12 de Fevereiro de 2007.

TRENIN, Dmitri (2005a), "Moscow's Relations with Belarus: An Ally without a Handle", Moscow Carnegie Endowment. Disponível em linha em: <http://www.carnegie.ru/en/pubs/media/72720.htm>, consultado em 12 de Fevereiro de 2007.

TRENIN, Dmitri (2005b), "Freedom, not Democracy for Russia", *Project Syndicate*, 5 de Abril. Disponível em linha em: <http://www.project-syndicate.org/commentary/trenin3/English>, consultado em 12 de Fevereiro de 2007.

TRENIN, Dmitri (2006), "Russia's Asia Policy under Vladimir Putin, 2000-5", *in* Gilbert Rozman, Kazuhiko Togo e Joseph Ferguson (orgs.), *Russian Strategic Thought toward Asia*. Basingstoke: Palgrave MacMillan.

TRENIN, Dmitri (2007), "Russia Redefines itself and its Relations with the West", *The Washington Quarterly*, 30(2), 95-105.

TSYGANKOV, Andrei (2006), *Russia's Foreign Policy: Change and Continuity in National Identity*. Lanham: Rowman & Littlefield.

TULLY, Andrew (2004), "Georgia: Bush urges Russia to withdraw its forces", *RFE/RL*, 26 de Fevereiro. Disponível em linha em: <http://www.rferl.org/content/article/1051681.html>, consultado em 12 de Fevereiro de 2007.

TULLY, Andrew e Bransten, Jeremy (2004), "U.S./Russia: Ukrainian crisis strains relationship", *RFE/RL*, 8 de Dezembro. Disponível em linha em: <http://www.rferl.org/content/article/1056289.html>, consultado em 12 de Fevereiro de 2007.

VNUKOV, Konstantin (2006), "Russians, Chinese – Brothers Forever?", *International Affairs: A Russian Journal of World Politics, Diplomacy and International Relations*, 52(2), 129-134.

VOSKRESSENSKI, Alexei (2007), "The Rise of China and Russo-Chinese Relations in the New Global Politics of Eastern Asia", *in* I. Akihiro (org.), *Eager Eyes Fixed on Eurasia: Russia and its Eastern Edge Vol. 2*. Sapporo: Slavic Research Center, 3-46.

VUCHEVA, Elitsa (2008), "EU fudges Kosovo independence recognition", *EU Observer*, 18 de Fevereiro, disponível em linha em: <http://euobserver.com/9/25684> consultado em 16 de Janeiro de 2010.

WALTZ, Kenneth (1979), *Theory of International Politics*. Reading: Addison-Wesley.

WARNER, Margaret (2004), "East-west divide", *Online NewsHour*, 14 de Dezembro. Disponível em linha em: <http://www.pbs.org/newshour/bb/europe/july-dec04/divide_12-14.html>, consultado em 12 de Fevereiro de 2007.

WIDLANSKI, Michael (2005), "Putin Leads Russia's Return to the Middle East and the Arab Embrace", *Jerusalem Issue Brief*, 4(22), 5 de Maio.

WILHELMSEN, Julie e Flikke, Geir (2005), *'Copy That...': A Russian 'Bush Doctrine' in the CIS?* Oslo: Norwegian Institute of International Affairs (NUPI), Disponível em linha em: <www.nupi.no/content/download/550/7722/version/9/file/285.pdf>, consultado em 12 de Fevereiro de 2007.

YASMANN, Victor (2006), "Russia: Moscow gets tough with the EU", *RFE/RL*, 5 de Junho. Disponível em linha em: <http://www.rferl.org/content/article/1068906.html>, consultado em 16 de Janeiro de 2010.

YASMANN, Victor (2007a), "Russia: Reviving the Army, Revising Military Doctrine", *RFE/RL*, 12 de Março. Disponível em linha em: <http://www.rferl.org/content/article/1075216. html>, consultado em 16 de Janeiro de 2010.

YASMANN, Victor (2007b), "Russia: Kremlin sees its foreign policy star on rise", *RFE/RL*, 21 de Março. Disponível em linha em: <http://www.rferl.org/content/article/1075413. html>, consultado em 3 de Março de 2009.

YASMANN, Victor (2007c), "Russia: Is Putin's Azerbaijan radar proposal serious?", *RFE/RL*, 8 de Junho. Disponível em linha em: <http://www.rferl.org/content/article/1077027. html>, consultado em 16 de Janeiro de 2010.

ZAKARIA, Fareed (2008), *The Post-American World*. Nova Iorque: W. W. Norton.

Imprensa

AFP (Agence France Press) (1998), "Russia's Primakov urges 'Strategic Triangle' with China, India", 21 de Dezembro.

AFP (2005), "Russia slams US, NATO influence in Central Asia", 29 de Novembro. Disponível em linha em: <http://www.spacewar.com/2005/051129144011.mvngq14q.html>, consultado em 16 de Janeiro de 2010.

BBC News (2001), "Bush and Putin: Best of Friends", 16 de Junho. Disponível em linha em: <http://news.bbc.co.uk/2/hi/europe/1392791.stm>, consultado em 3 de Março de 2009.

BBC News (2005), "Iran leader's comments attacked", 27 de Outubro. Disponível em linha em: <http://news.bbc.co.uk/2/hi/middle_east/4378948.stm>, consultado em 3 de Março de 2009.

BBC News (2008), "Kosovo MPs proclaim independence", 17 de Fevereiro. Disponível em linha em: <http://news.bbc.co.uk/2/hi/europe/7249034.stm>, consultado em 3 de Março de 2009.

EURACTIV (2006), "EU-Russia Summit marred by tensions", 27 de Novembro. Disponível em linha em: <http://www.euractiv.com/en/trade/eu-russia-summit-marred-tensions/ article-160027>, consultado em 3 de Março de 2009.

MOLDOVA News (1999), "Russian Foreign Minister condemning separatism", 1 de Outubro. Disponível em linha em: <http://old.azi.md/news?ID=4796>, consultado em 14 de Dezembro de 2009.

NYT – The New York Times (2006), "Cheney's speech in Lithuania", 4 de Maio. Disponível em linha em: <http://www.nytimes.com/2006/05/04/world/europe/04cnd-cheney-text.html>, consultado em 3 de Março de 2009.

REUTERS (2007), "Japan tries to calm Russia's security fears", 23 de Outubro. Disponível em linha em: <http://uk.reuters.com/article/2007/10/23/uk-russia-japan-idUKT5722620071023>, consultado em 3 de Março de 2009.

REUTERS (2008), "Russia links its help on Iran to Georgia row", 29 de Agosto. Disponível em linha em: <http://uk.reuters.com/article/2008/08/29/us-nuclear-iran-russia idUKLS11027720080829>, consultado em 3 de Março de 2009.

RFE/RL (Radio Free Europe/Radio Liberty) (2001), "Lukashenka slams West, opposition in election campaign address", Poland, Belarus and Ukraine Report, 12 de Setembro.

Disponível em linha em: <http://www.rferl.org/content/article/1344139.html>, consultado em 14 de Outubro de 2008.

RFE/RL (2002), "Belarusian President Lukashenka warms to NATO", 29 de Julho. Disponível em linha em: <http://www.rferl.org/content/article/1142725.html>, consultado em 14 de Outubro de 2008.

RFE/RLE (2004a), "Russia's Putin gives Kuchma some support", 23 de Janeiro. Disponível em linha em: <http://www.rferl.org/content/article/1051308.html>, consultado em 3 de Março de 2009.

RFE/RL (2004b), "...and has sour words for the United States", 7 de Dezembro. Disponível em linha em: <http://www.rferl.org/content/article/1143295.html>, consultado em 14 de Outubro de 2008.

RFE/RL (2004c), "Georgian leader vows to restore 'territorial integrity'", 20 de Julho. Disponível em linha em: <http://www.rferl.org/content/article/1053948.html>, consultado em 3 de Março de 2009.

RFE/RL (2004d), "Moscow Complains to U.S. over Georgian Troop Use", 11 de Junho. Disponível em linha em: <http://www.rferl.org/content/article/1053290.html>, consultado em 3 de Março de 2009.

RFE/RL (2004e), "Georgia: Moscow talks on South Ossetia continue amid moderate optimism", 15 de Julho. Disponível em linha em: <http://www.rferl.org/content/article/1053879.html>, consultado em 3 de Março de 2009.

RFE/RL (2004f), "Putin Accuses West of Double Standards on Terrorists", 18 de Setembro. Disponível em linha em: <http://www.rferl.org/content/article/1054907.html>, consultado em 3 de Março de 2009.

RFE/RL (2004g), "Russia reiterates warning to NATO", 25 de Março. Disponível em linha em: <http://www.rferl.org/content/article/1052053.html>, consultado em 3 de Março de 2009.

RFE/RL (2004h), "Powell meets with Putin, Ivanov in Moscow", 26 de Janeiro. Disponível em linha em: <http://www.rferl.org/content/article/1051330.html>, consultado em 3 de Março de 2009.

RFE/RL (2004i), "Putin meets Rice to discuss Iraq, Mideast", 15 de Maio. Disponível em linha em: <http://www.rferl.org/content/article/1052802.html>, consultado em 3 de Março de 2009.

RFE/RL (2004j), "Rice says Russia, U.S., agree to move forward in Iraq", 16 de Maio. Disponível em linha em: <http://www.rferl.org/content/article/1052809.html>, consultado em 3 de Março de 2009.

RFE/RL (2004l), "Russia calls revised resolution on Iraq an improvement", 7 de Junho. Disponível em linha em: <http://www.rferl.org/content/article/1053191.html>, consultado em 3 de Março de 2009.

RFE/RL (2004m), "Putin concerned west trying to 'isolate' Russia", 23 de Dezembro. Disponível em linha em: <http://www.rferl.org/content/article/1056556.html>, consultado em 3 de Março de 2009.

RFE/RL (2005a), "Russia, Syria agree to boost cooperation", 25 de Janeiro. Disponível em linha em: <http://www.rferl.org/content/article/1057067.html>, consultado em 3 de Março de 2009.

RFE/RL (2005b), "Russia criticizes U.S. on Syria", 25 de Janeiro. Disponível em linha em: <http://www.rferl.org/content/article/1057060.html>, consultado em 3 de Março de 2009.

RFE/RL (2006a), "Putin says U.S. holding up Russia's WTO bid", 31 de Janeiro. Disponível em linha em: <http://www.rferl.org/content/article/1065271.html>, consultado em 3 de Março de 2009.

RFE/RL (2006b), "Russia calls for common G8 energy-security plan", 17 de Maio. Disponível em linha em: <http://www.rferl.org/content/article/1068466.html>, consultado em 3 de Março de 2009.

RFE/RL (2007a), "Moscow tries to steer Kosovo decision toward Security Council", 4 de Dezembro. Disponível em linha em: <http://www.rferl.org/content/article/1079229.html>, consultado em 3 de Março de 2009.

RFE/RL (2007b), "SCO States Hold Joint Military Exercises", 17 de Agosto. Disponível em linha em: <http://www.rferl.org/content/article/1078199.html>, consultado em 3 de Março de 2009.

RFE/RL (2008a), "Russia: Putin gives final annual news conference", 14 de Fevereiro. Disponível em linha em: <http://www.rferl.org/content/article/1079479.html>, consultado em 3 de Março de 2009.

RFE/RL (2008b), "Syrian leader highlights solidarity, seeks arms, in visit to Russia", 21 de Agosto. Disponível em linha em: <http://www.rferl.org/content/Assad_Highlights_Solidarity_Seeks_Arms_In_Visit_To_Russia/1192804.html>, consultado em 16 de Janeiro de 2010.

RIA NOVOSTI (2007), "Russia concerned by Japan-US missile shield – FM Lavrov", 13 de Outubro. Disponível em linha em: <http://en.rian.ru/russia/20071013/83758834.html>, consultado em 3 de Março de 2009.

RIA NOVOSTI (2008), "Putin says Russia will support Abkhazia and S. Ossetia", 3 de Abril. Disponível em linha em: <http://en.rian.ru/world/20080403/102935645.html>, consultado em 3 de Março de 2009.

RUSSIA in Global Affairs (2003), "Vladimir Putin: Russia and Azerbaijan Should Build on Relations Gaidar Aliev Began", 15 de Dezembro. Disponível em linha em: <http://eng.globalaffairs.ru/news/335.html>, consultado em 12 de Fevereiro de 2007.

TATAR-Inform News Agency of the Republic of Tatarstan (2008), "New page is opened in history of Turkmen-Russia relation. Disponível em linha em: <http://www.turkmenistan.ru/?page_id=4&lang_id=en&elem_id=13142&type=event&sort=date_desc>, consultado em 4 de Março de 2009.

THE ECONOMIST (2002), "Bush's Russian Romance", 22 de Maio. Disponível em linha em: <http://www.economist.com/node/1142749>, consultado em 4 de Março de 2009.

THE ECONOMIST (2006), "Living with a strong Russia", 13 de Julho. Disponível em linha em: <http://www.economist.com/node/7164828>, consultado em 4 de Março de 2009.

THE TIMES (2007), "Giants meet to counter US power", 15 de Fevereiro. Disponível em linha em: <http://www.timesonline.co.uk/tol/news/world/us_and_americas/article1386812.ece>, consultado em 16 de Janeiro de 2010.